QUEM VOCÊ PENSA QUE É?

MARK DRISCOLL

QUEM VOCÊ PENSA QUE É?

ENCONTRE SUA VERDADEIRA IDENTIDADE EM CRISTO

Traduzido por DANIEL FARIA

mundocristão
São Paulo

Os textos das referências bíblicas foram extraídos da *Nova Versão Internacional* (NVI), da Biblica Inc., salvo indicação específica. Eventuais destaques nos textos bíblicos e citações em geral referem-se a grifos do autor.

Dados Internacionais de Catalogação na Publicação (CIP)
(Câmara Brasileira do Livro, SP, Brasil)

Driscoll, Mark

Quem você pensa que é?: Encontre sua verdadeira identidade em Cristo / Mark Driscoll; traduzido por Daniel Faria. — São Paulo: Mundo Cristão, 2014.

Título original: Who Do You Think You Are?: Finding Your True Identity in Christ.
Bibliografia.

1. Autopercepção — Aspectos religiosos — Cristianismo 2. Identidade (Psicologia) — Aspectos religiosos — Cristianismo I. Título.

13-12283 CDD-248.4

Índice para catálogo sistemático:
1. Identidade: Psicologia religiosa: Cristianismo 248.4

Categoria: Inspiração

Publicado no Brasil com todos os direitos reservados pela:
Editora Mundo Cristão
Rua Antônio Carlos Tacconi, 79, São Paulo, SP, Brasil, CEP 04810-020
Telefone: (11) 2127-4147
www.mundocristao.com.br

1ª edição: março de 2014
3ª reimpressão: 2015

A Ashley Driscoll. É uma honra e uma alegria constante ser o seu "Paizinho". Agora que você é uma adolescente, acredito que o conceito central deste livro se mostra bastante oportuno, à medida que o Espírito Santo a prepara para o futuro que Jesus lhe reservou. Fico feliz em saber que você está em Cristo e oro pedindo que nunca se esqueça disso. Seu Pai no céu e seu pai na terra a amam muito! Mamãe e eu somos abençoados por ter você. Obrigado por ser uma expressão da graça de Deus em nossa família. Filhas são uma maravilha!

Sumário

Agradecimentos

Quero agradecer ao pessoal da Mars Hill Church, que forneceu os maravilhosos testemunhos relatados ao longo do livro. Também quero agradecer de coração a Jake Johnson (<thejakers.com>) por sua grande ajuda na edição e formatação deste livro. E quero agradecer aos líderes de nossa igreja por todo auxílio em tudo que fazemos, especialmente o pessoal de criação e mídia, os pastores e os presbíteros executivos Dave Bruskas e Sutton Turner. Por fim, agradeço a Grace e ao "Quinteto Fabuloso" (Ashley, Zac, Calvin, Alexie e Gideon) por serem pura alegria para mim.

CAPÍTULO 1

Eu sou ______?

É que eu tenho um problema.

LEONARD SHELBY, EM *AMNÉSIA*

No filme *Amnésia*, Leonard Shelby tenta rastrear o sujeito que matou sua esposa. Para complicar a busca, Leonard sofre de amnésia anterógrada, consequência de uma pancada na cabeça provocada pelo assassino. O problema o impede de lembrar-se de qualquer coisa recente por mais de alguns poucos minutos.

Na tentativa de lidar com essa amnésia, Leonard cria um intrincado sistema de anotações, fotos Polaroid e tatuagens a fim de relembrar fatos e ordenar provas para encontrar o assassino da esposa e se vingar. Entretanto, vários personagens obscuros tentam manipular a condição de Leonard em proveito próprio. Aproveitando-se da amnésia do protagonista, eles lhe contam mentiras sobre o passado, sobre quem ele é e sobre as intenções que têm para com ele.

Amnésia brinca com os conceitos de identidade e verdade. À medida que o filme progride, surgem dúvidas acerca da versão da história contada pelo protagonista, e o espectador começa a se perguntar se o personagem que o filme retrata é de fato o verdadeiro Leonard.

Numa importante cena, Teddy, o "amigo" vigarista de Leonard, lhe diz: "Você já não sabe quem você é".

"É claro que sei", responde Shelby. "Sou Leonard Shelby. Sou de São Francisco."

"Não, esse aí é quem você *era*", diz Teddy. "Talvez seja hora de você começar a investigar a si mesmo."

O que vem na sequência é uma série de revelações a respeito de Leonard que o fazem questionar a identidade que ele construiu para si. O personagem, então, sofre uma severa crise de identidade que culmina no chocante final do filme — tudo porque não consegue lembrar quem é.

CRISE DE IDENTIDADE

Nós, cristãos, somos bastante parecidos com Leonard. Nós também temos um problema. Vivemos esquecendo quem somos em Cristo e preenchemos esse vazio fixando nossa identidade em praticamente qualquer outra coisa. Isso muitas vezes nos leva a perguntar, como Leonard: "Quem sou eu?". Essa é uma pergunta abrangente que revela crenças, molda vidas e forma identidades. A resposta determina sua identidade e seu testemunho. Infelizmente, poucos — incluindo cristãos que conhecem a Bíblia e amam Jesus — dão uma resposta apropriada a essa pergunta.

Nossa identidade consiste no modo como enxergamos a nós mesmos. A cultura em que vivemos diz que identidade é a imagem ou a estima que alguém tem de si próprio. Como pai e pastor, acredito que conhecer corretamente a verdadeira identidade transforma tudo o mais.

Por anos pastoreei e aconselhei pessoas que enfrentavam problemas como alcoolismo, perversão sexual, orgulho, depressão, raiva, amargura e outros. Muitas vezes eu me sentia como se estivesse conversando com uma parede, pois, embora meus conselhos fossem bíblicos, as pessoas pareciam não ouvir ou não se importar; antes, prosseguiam em seu caminho de destruição. Era frustrante e desalentador. A meu ver, tinha de existir uma maneira de ajudar aquela gente a se libertar.

Então, sobretudo por causa das palavras sábias de conselheiros mais velhos e experientes, ocorreu-me que por trás de nossas lutas na vida reside a questão da identidade.[1]

O problema fundamental deste mundo é que não entendemos quem realmente somos — filhos de Deus criados à imagem dele. Em vez disso, procuramos nos definir por inúmeras outras coisas que não Jesus. Somente quando conhecemos nossa falsa identidade à parte de Cristo e a comparamos com a nossa *verdadeira* identidade nele é que conseguimos lidar de forma apropriada com os problemas da vida e assim superá-los.

Minha esperança é que, pela graça de Deus, pela verdade das Escrituras e pelo poder do Espírito Santo, este livro ajude você a conhecer sua identidade em Cristo, de modo que possa viver como deveria.

Você não é o que lhe fizeram, mas sim o que Jesus lhe fez. Você não é o que você faz, mas sim o que Jesus já fez. O que você faz não determina quem você é: quem você é em Cristo determina o que você faz. Essas são verdades fundamentais que exploraremos a fundo no decorrer deste livro.

Eu sou portador da imagem

Quem você pensa que é? Por onde começamos a responder a essa assombrosa pergunta? Comecemos pelo início. Você é um portador da imagem de Deus.

> Então disse Deus: "Façamos o homem à nossa imagem, conforme a nossa semelhança. Domine ele sobre os peixes do mar, sobre as aves do céu, sobre os grandes animais de toda a terra e sobre todos os pequenos animais que se movem rente ao chão". Criou Deus o homem à sua imagem, à imagem de Deus o criou; homem e mulher os criou.
>
> Gênesis 1.26-27

O Deus triuno que vive em amizade e comunhão eterna nos criou à sua imagem. Deus só conferiu essa honra à humanidade. Ele não fez mais nada à sua imagem. Em termos práticos, isso significa que Deus nos criou para reproduzir, ou refletir, sua imagem tal como um espelho. E, num mundo em que somos incentivados a passar boa parte do tempo contemplando a nós mesmos num espelho, é importante lembrar, sempre que olharmos para nosso reflexo, que devemos espelhar Deus para as pessoas. Ele nos criou para refletir sua bondade e sua glória ao mundo, como Moisés, que irradiou a glória de Deus depois de experimentar a presença dele (Êx 34.29).

Lugares errados

O ser humano sofre com a questão da identidade desde o princípio da criação. Nós só teremos humildade e dignidade quando entendermos, de fato e biblicamente, que estamos *entre* Deus e os animais. Somente assim seremos quem Deus pretendia que fôssemos. Quando compreendemos nossa posição *abaixo* de Deus, como seres criados, permanecemos humildes para com Deus e dependentes dele. Entendendo nossa posição de domínio *sobre* a criação, admitimos nossa dignidade como seres moralmente superiores aos animais e esperamos mais dos outros e de nós mesmos enquanto portadores da imagem de Deus.

Você foi criado por Deus. Você habita na terra para refletir Deus e glorificá-lo. Ao morrer, se estiver em Cristo, você viverá para sempre com Deus, refletindo-o e glorificando-o perfeitamente numa existência sem pecado.

Maneiras de refletir a Deus

Ser um reflexo de Deus implica pensar com a cabeça, sentir com o coração e agir com as mãos. Devemos pensar os pensamentos de Deus e concordar com sua verdade conforme revelada nas Escrituras. Precisamos sentir os sentimentos de Deus, como o ódio à injustiça e à opressão, o amor às pessoas, a tristeza pelos efeitos devastadores do pecado e a alegria na redenção. Temos de nos unir à obra de Deus usando nossas mãos para servir os outros — cristãos e não cristãos — com atos de compaixão e generosidade. Quando refletimos algo de Deus com nossa mente, nosso coração e nossas mãos, por amor a ele e às pessoas, cumprimos aquilo para que fomos criados. Isso nos alegra, beneficia o próximo e glorifica a Deus.

Como portadores da imagem do Deus triuno, também fomos criados para a amizade, a comunhão e a conversação. Muito do que Deus pretende que façamos deve ser efetuado na comunidade e por meio dela. É por isso que, em Gênesis 2.18, Deus diz que "não era bom" que estivéssemos sós, embora o pecado ainda não houvesse invadido o mundo; por essa razão ele criou outro ser humano, a fim de que nosso primeiro pai, Adão, tivesse nossa primeira mãe, Eva, a quem pudesse refletir a Deus.

Quando criou Adão e Eva, Deus foi até eles e lhes explicou que eram livres para desfrutar de toda a criação, com uma exceção: a árvore do conhecimento do bem e do mal. Deus se dirigiu a eles não porque fossem pecadores — a queda ainda não havia ocorrido — mas sim porque eram humanos. Nós, os humanos, e ainda mais hoje, sendo humanos pecadores, precisamos ouvir Deus para saber quem somos e, consequentemente, o que devemos ou não fazer.

O inimigo de Deus, e nosso adversário, lançou mão de uma *crise de identidade* para induzir nossos primeiros ancestrais ao pecado. O pai da mentira insinuou que os olhos deles estavam cerrados para sua identidade real. "Seus olhos se abrirão, e vocês, como Deus serão conhecedores do bem e do mal", disse ele. Na trágica sequência, a Bíblia registra o dia sombrio, devastador, desolador e destruidor em que o pecado invadiu o mundo (Gn 3).

A verdade é esta: Deus nos criou com nossos olhos abertos, à sua "semelhança", que é a nossa verdadeira identidade. Contudo, Satanás e gente como ele, movidos pelas mesmas razões pecaminosas (tais como os amigos de Leonard em *Amnésia*), mentem para nós a respeito de quem somos, com vista a servir seus *próprios* planos. E esta é a mentira: nós seremos "como" Deus se basearmos nossa identidade em algo ou alguém que não seja Deus nem a graça que ele nos outorga.[2] Foi por isso que Adão e Eva caíram. Em vez de simplesmente crer que já eram "como Deus", pois Deus os criara à "semelhança" dele, nossos primeiros pais descreram na identidade que Deus lhes tinha dado e buscaram criar uma identidade própria, separada da dele. Resultado: o primeiro pecado e a queda. Desde então, nós, humanos, sofremos uma crise de identidade; procuramos construir uma identidade própria, esquecendo-nos daquela que Deus já nos concedeu.

Eu sou um adorador

Deus nos criou como adoradores, e a adoração, devidamente entendida, começa com a doutrina da Trindade e a doutrina da Imagem. Em seu magnífico livro sobre adoração, Harold Best descreve a Trindade como a excepcional Efusão Contínua: infinitamente, ela derrama de si mesma entre os membros da Divindade em comunicação, amor, amizade e alegria intermináveis.[3] Nós, portanto, criados à imagem de Deus, também somos adoradores incessantes e efusões contínuas. Best diz:

> Nós fomos criados em contínua efusão. Perceba que eu não disse que fomos criados *para ser* efusões contínuas. Tampouco ouso insinuar que fomos criados *para* a adoração. Isso sugeriria que Deus é uma pessoa incompleta, que necessita de algo fora de si (a adoração) para completar a noção de quem ela mesma é. Talvez não seja seguro nem mesmo dizer que fomos criados *visando à* adoração, pois aí se pode inferir que a adoração é uma capacidade passível de ser separada e eventualmente relegada a uma de várias categorias do ser. Na minha visão, portanto, é estrategicamente importante afirmar que fomos criados em contínua efusão — fomos criados nessa condição, nesse instante, *imago Dei* [à imagem de Deus].[4]

A adoração não é apenas um aspecto de nosso ser, mas a própria essência de quem somos. Best assim sintetiza seus pensamentos sobre o assunto: "Desenvolvi uma definição para adoração que, a meu ver, abrange cada condição humana possível. Ei-la: *A adoração é a efusão contínua de tudo que sou, tudo que faço e tudo que posso me tornar à luz de um deus que escolhe ou é escolhido*".[5]

Nossa adoração não se inicia nem se interrompe. Não se limita a um prédio no qual participamos de reuniões sagradas e entoamos canções de louvor. Pelo contrário: nossa vida inteira é dedicada a derramar-nos continuamente em alguém ou alguma coisa. Em outras palavras, somos "adoradores incessantes".[6] Não somos criados *para adorar*, mas sim *em adoração*.

Tudo na vida é sagrado; nada é secular. Afirmar que a vida pode ser assim compartimentalizada é uma mentira de Satanás. Todos, de ateus a cristãos, adoram sem cessar. Aos olhos de Deus, nossas escolhas, nossos valores, nossas despesas, nossas palavras, nossas ações e nossos pensamentos constituem atos de adoração. Isso tudo compõe nossa identidade. A pergunta que resta é: Qual é o seu objeto de adoração?

Pode-se dividir a humanidade inteira em duas categorias: os que adoram o Criador e os que adoram as coisas criadas. Por causa do pecado, somos inclinados a adorar qualquer pessoa ou coisa que não seja o Deus que criou tudo e todos. O nome disso é idolatria.

Idolatria é o ato de transformar uma coisa criada num deus. A idolatria é tão destrutiva e difusiva que o conselheiro bíblico David Powlinson disse, com razão: "A idolatria é, de longe, o problema mais discutido nas Escrituras".[7]

Tudo aquilo em que baseamos nossa identidade e nossos valores se torna "deificado". Nosso deificado objeto de adoração, por sua vez, determina aquilo que glorificamos e pelo qual vivemos. Se nosso objeto de adoração é algo diferente de Deus, somos idólatras que adoram coisas criadas, incluindo os anjos caídos que Deus criou. Foi exatamente aonde Paulo queria chegar ao falar sobre idólatras que "trocaram a verdade de Deus pela mentira, e adoraram e serviram a coisas e seres criados, em lugar do Criador, que é bendito para sempre" (Rm 1.25). Simplificando: por trás de nossa falsa e pecaminosa adoração está o fato de nossa identidade ter fincado raízes na idolatria. É vital, portanto, aprender a conhecer nossa *idolatria da identidade*.

IDOLATRIA DA IDENTIDADE

Os tópicos descritos a seguir ajudarão você a entender o que são ídolos.

Bens materiais

As posses são o meio pelo qual projetamos publicamente a imagem que desejamos refletir. Os exemplos são inúmeros e incluem coisas como automóveis, roupas, produtos tecnológicos, joias e mobílias. Hoje, o consumismo é basicamente a religião norte-americana. A cultura do consumo está tão difundida que já não nos causa surpresas. Não há praticamente nenhum aspecto da vida que passe incólume por ela. Para onde quer que olhemos, deparamos com propagandas que nos dizem para comprar coisas de que não precisamos, com o dinheiro que não temos, para impressionar pessoas que não conhecemos.

São três as principais características do fenômeno do consumismo nos Estados Unidos. Primeiro, o consumismo não é apenas um *comportamento*, mas sim, em termos cristãos, uma visão de mundo que nos diz quem somos. Se os itens materiais definem sua identidade, então a marca estampada em suas roupas e o fabricante de seu carro são coisas vitais para você.

Segundo, o consumismo muitas vezes é impulsionado pelo desejo de obter *status* e prestígio entre os pares. O sociólogo Thorstein Veblen, que cunhou a expressão "consumismo ostensivo", articulou essa ideia na virada do século 19 para o 20. Veblen argumentava que a principal forma de obter prestígio social e poder consiste em fazer exibições ostensivas de lazer e consumismo. O prestígio social é vinculado à riqueza: ao alardeá-la, demonstramos quão abastados somos.

Atualmente, com programas de televisão que espreitam os lares mais ricos do mundo, nós já não comparamos nossos bens com os das gerações anteriores nem com os de nossos vizinhos, e sim com os da elite. Os resultados são a cobiça, os gastos excessivos e as dívidas alimentadas pela publicidade. Alguns sociólogos chamam isso de "consumismo competitivo", que obriga pessoas e famílias comuns a trabalhar duro, passar menos tempo com aqueles a quem amam e levar uma vida infeliz e escravizada pelas dívidas, num esforço contínuo para sustentar uma falsa sensação de identidade e de valor pessoal.

Terceiro, os produtos não são valorizados apenas por sua utilidade; hoje eles desempenham sobretudo um papel central no desenvolvimento e na manutenção de nossa identidade. Isso explica bem o fato de os bens de consumo serem muito mais que objetos de uso; são coisas pelas quais brigamos e, por vezes, até matamos.

Ocorre que, na atual cultura de consumo, nossos bens estão carregados de significado. Eles nos definem, emitem sinais sociais aos que nos rodeiam e constroem nossa identidade. Por conseguinte, vestir roupas sem grife, dirigir um carro antigo e dispor de algo que não seja a última novidade em tecnologia de algum modo nos desvalorizam como seres humanos. Em termos mais diretos, quando o consumismo é sua religião e coisas materiais são o objeto de sua adoração, "aquilo que você possui acaba possuindo você", citando Tyler Durden, do filme *Clube da Luta* (1999).

O problema não reside no *shopping center*, mas em nós. Não é pecado comprar coisas, tampouco apreciá-las e desfrutar delas. Entretanto, quando essas coisas se tornam a fonte de nossa identidade, nós nos tornamos culpados de idolatria.

Afazeres

A vida é uma lista de afazeres. Começa com nossos deveres domésticos e segue com as tarefas da escola, as exigências profissionais, as obrigações ministeriais na igreja, os deveres relacionais no casamento e até mesmo nossa responsabilidade familiar como pais e avôs. Quando entendidas corretamente, nossas obrigações podem ser uma forma de adorar a Deus; quando consideradas erroneamente, podem ser um deus a quem adoramos.

Se sua identidade se pauta pela realização de sua lista de afazeres, espere por problemas. Para começar, você sempre buscará algo em que possa ser melhor do que os outros, com o intuito de demonstrar sua superioridade. Uma vez que julgar ter "chegado lá", ficará excessivamente empenhado e talvez até obcecado em tornar-se especialista no assunto. As outras pessoas e coisas (sua saúde, por exemplo) já não terão importância e serão oferecidas ao deus da realização no altar do sucesso. Logo você se tornará tão competitivo que vencer será tudo o que importa. Quanto mais vencer, menos compaixão terá pelos outros. Com o tempo, isso se transformará em desdém por aqueles que estão sofrendo, batalhando ou fracassando. À medida que obtiver sucesso, você se tornará orgulhoso, uma companhia desagradável, que não para de se vangloriar — mesmo que seja de modo sutil, fazendo a conversa girar em torno de você e de suas realizações, sempre à espera de elogios. O fracasso ou a derrota o deixam deprimido, em pânico, desolado, causando infelicidade a você e aos que estão ao seu redor.

A verdade é que você não é o que faz. Você tem habilidades únicas, talentos naturais concedidos por Deus e dons capacitados pelo Espírito Santo. Também tem afazeres, mas eles não o definem, pois sua identidade não é determinada pelo que você faz. O fato de você ser alguém em Cristo o ajuda a buscar fielmente seus deveres e a usar suas capacidades, sem permitir que estas se tornem a essência de sua dignidade e identidade.

Pessoas

Deus nos criou para a amizade e a comunhão. É bom ter pessoas em nossa vida. No entanto, assim como todas as coisas, isso pode se converter em algo ruim, caso essas pessoas se tornem a fonte de nossa identidade. Em termos amplos, isso ocorre em nossa identificação com uma *tribo* coletiva de pessoas; em termos estritos, acontece em nossos relacionamentos *individuais* com os outros.

Sua tribo é aquela comunidade com a qual você mais se identifica. Esse grupo pode incluir não apenas sua família, mas também gente da mesma cidade, escola, sala de aula e time esportivo. A tribo pode incluir ainda pessoas da mesma nacionalidade, raça, gênero, etnia, cultura, classe social, *hobby*, partido político, afinidade teológica, orientação sexual, entre outros. Embora seja bom ter comunhão, nós convertemos o bom em ruim quando baseamos nossa identidade nas tribos e as tomamos por ídolos.

Quem idolatra sua tribo acaba demonizando as demais. Isso explica por que é comum existir uma desnecessária e profana hostilidade entre nações, cidades, gêneros, raças, escolas, classes, culturas, torcedores, igrejas, partidos políticos, sistema de ensino (por exemplo, particular ou público) e até mesmo entre denominações cristãs.

Falando de maneira mais objetiva, se nossa identidade é formada com base nos outros, então nossos relacionamentos pessoais serão insalubres. Essa tendência de encontrar a identidade em outras pessoas costuma ser caracterizada como algo típico de quem cede à pressão dos pares, agrada a terceiros, vive em codependência e tem temor do próximo. Na prática, isso explica por que tantas vezes mudamos a aparência e o comportamento de acordo com quem está por perto e quem desejamos impressionar.

A identidade obtida a partir de nossos relacionamentos se manifesta nos ídolos da independência ou da dependência. Quando servimos ao ídolo da independência, nós corretamente tememos permitir que nossa identidade seja determinada pelos outros. Infelizmente, no meio de nosso correto temor, nós erroneamente evitamos relacionamentos próximos, pois não queremos correr o risco de sofrer mágoas — ou seja, ainda assim os outros controlam nossa identidade.

Por outro lado, aqueles de nós que servem ao ídolo da dependência simplesmente não conseguem ficar sozinhos. Temos de estar em algum tipo de amizade intensa, no caso dos solteiros, ou depositar expectativas irreais em nosso parceiro, no caso de namorados ou casados. Não suportamos a ideia de ficar só. Embora isso possa parecer um ato de amor, ao sofrermos com o ídolo da dependência nós não estamos, de fato, amando as pessoas, mas sim usando-as para satisfazer nossa necessidade de pertencer a alguém, de ser querido e desejado.

É por essa razão que alguns amigos e familiares podem ser tão exigentes, sufocantes e carentes. E é também por isso que os elogios nos inflam tanto e as críticas nos deixam tão desanimados. É como se as pessoas tivessem a capacidade de determinar nossa identidade naquele dia com uma simples palavra ou mesmo um olhar de relance. Ao oferecer aos outros esse poder sobre nossa vida, nós lhes conferimos uma posição divina, para nos governar e definir quem somos. E, na era da tecnologia, em que é possível exercer esse poder publicamente, de modo que os demais possam presenciar *on-line*, uma leve porém constante ansiedade nos priva lentamente da paz e da alegria.

Desejos

Os desejos nos dão esperança de um amanhã melhor para que perseveremos hoje. Todos temos desejos; no entanto, quando esses anseios constituem a fonte de nossa identidade, a vida é excessivamente regida por sentimentos e por expectativas quanto ao futuro, em vez de ser controlada pelo que vivemos no presente e pela atuação favorável de Deus em nosso passado, presente e futuro.

Nossos desejos deixam nossa identidade à deriva, feito um balão de ar empurrado ao sabor dos ventos. Nos dias de saúde, de boas notícias ou de realizações, sentimo-nos poderosos e esperançosos. Nos dias de doença, de más notícias ou de fracassos, sentimo-nos incapazes e desanimados. Isso faz que a vida de algumas pessoas seja emocionalmente volátil, com altos e baixos: momentos extraordinários em que a identidade se eleva e ocasiões frustrantes nas quais a identidade cambaleia e tomba.

A identidade de quem vive pensando no futuro leva a identidade a estar sempre no amanhã, na próxima curva, e não na realidade presente, assegurada por Jesus e por sua obra na cruz. Quando vivemos para o futuro, depositamos toda a nossa esperança na tentativa de alcançar o pote de ouro no fim do arco-íris.

Não poucas vezes, a idolatria da identidade enraizada no desejo é confundida com a boa e necessária esperança bíblica. As Escrituras têm muito a dizer sobre a esperança, pois ela é produto da fé em Deus. Se de fato cremos que Deus está vivo, é bom e age em nossa vida, isso transforma nossas atitudes e ações. A esperança nos ajuda a sair da cama pela manhã, a buscar ao Senhor em oração e a enfrentar tudo o que vier pela frente no decorrer do dia. Algumas vezes, porém, nós usamos a esperança de maneira pecaminosa, convencidos de que a identidade que desejamos se estabelecerá no futuro, em vez de viver na identidade que já é uma realidade presente.

Com frequência, as pessoas que baseiam sua identidade no futuro são religiosas, sinceras, otimistas e gostam de falar a respeito de fé e confiança no Senhor. Em geral, são também propensas a soar piedosas e a citar versículos bíblicos fora de contexto sobre os cristãos serem vitoriosos, com declarações vigorosas como "Quando Deus fecha uma porta, ele abre uma janela" ou "Deus tem algo melhor guardado para você". Tais indivíduos encontram sua identidade em coisas como obter cura física, casar-se, ter filhos, cumprir a vocação ministerial, alcançar segurança financeira, chegar à próxima fase da vida e assim por diante.

Embora não seja pecado planejar e se esforçar por um amanhã melhor, é pecado definir nossa alegria e identidade em quem seremos, no que realizaremos ou no que teremos no futuro a partir de nossos próprios esforços, e não em quem somos em Cristo hoje e em quem ele nos fará ser, no que ele nos fará realizar e no que ele nos dará amanhã.

Sofrimentos

Enquanto vivermos, sofreremos. Sofremos fisicamente. Sofremos emocionalmente, ferindo os outros e sendo por eles feridos. Sofremos financeiramente, lutando pela sobrevivência e para encontrar ou manter um emprego decente. Sofremos mentalmente com muita coisa, desde as responsabilidades que nos oprimem a vida até os insultos, os assédios morais e as críticas despejadas em grandes porções dia após dia. Sofremos nos relacionamentos, com amigos que nos traem, filhos que nos ignoram e cônjuges que nos deixam. Sofremos espiritualmente quando, em meio à angústia, ficamos com a sensação de que Deus está ocupado, distante e desinteressado.

Nos momentos de sofrimento, não é difícil permitir que nossa dor se torne nossa identidade. O sofrimento se torna avassalador e massacrante. De fato, é tarefa complicada dizer a uma pessoa com câncer, a uma pessoa que enfrenta o divórcio ou a uma vítima de estupro que o sofrimento pelo qual ela passa não é o aspecto que define quem ela é. Mas, se realmente amamos os que sofrem, devemos, com humildade, graça e paciência, explicar que ser cristão não é viver isento de sofrimento; antes, o sofrimento deve nos levar a nos identificar com Jesus, que em nosso favor sofreu mais que qualquer outro na história.

Tina sabe bem como é isso. Alguns anos atrás, ela foi diagnosticada com um câncer cerebral. Duas semanas depois, passou por uma cirurgia de remoção do tumor. A seu ver, seria uma recuperação rápida, e logo estaria de volta à vida normal. Não tardou, porém, para se dar conta de que as coisas seriam bastante diferentes daquele ponto em diante.

O tumor havia corroído seu crânio, atravessando-o e produzindo um galo em sua cabeça (o sintoma primário que levou ao diagnóstico). Em razão disso, o neurocirurgião teve de remover aquela porção do crânio e cobrir o buraco com placas e parafusos de titânio. Desde então, ela sofre com dores de cabeça constantes, e esse sofrimento crônico e diário é um lembrete constante de seu tumor cerebral. Ela sofre igualmente com outros efeitos colaterais que persistem até hoje, incluindo mudanças em sua maneira de reagir às pessoas e em seu modo de processar certos tipos de informação.

Para piorar as coisas, seis meses após a cirurgia, na esperança de se recuperar e "voltar ao normal", Tina abandonou o emprego e se mudou para a casa dos pais. Em vez de encontrar um ambiente amável e sadio, acabou tendo de lidar com problemas sérios que seus pais enfrentavam para além das dificuldades da filha — e sua recuperação ficou em estado de espera. Nas palavras de Tina: "Minha vida se tornou uma questão de sobreviver dia a dia, presa naquela situação por não ter dinheiro e por ser incapaz de trabalhar para obter algum sustento e, então, poder partir. O período de turbulência e escuridão prosseguiu por anos".

No fim, pela graça de Deus, Tina obteve um atestado de incapacidade, alguém entrou em cena para cuidar de seus pais e ela se viu livre novamente para se virar por conta própria. Ela relata: "Foi preciso cerca de um ano e meio num ambiente seguro e normal, onde houvesse, semana após semana, pregação, ensino e louvores sobre Jesus, sem falar na interação com outros cristãos (eu vivera isolada por muito tempo), sendo cultivada calmamente pelo Espírito Santo, para que eu reconhecesse que tinha formado minha identidade primária no fato de haver sobrevivido a um tumor cerebral. Eu não era uma cristã que havia enfrentado um tumor cerebral. Eu era a sobrevivente de um tumor cerebral que por acaso também era cristã".

Essa percepção fez Tina deixar de definir sua identidade como sobrevivente de um câncer no cérebro e passar a se ver como filha amada de Deus, tendo Jesus como irmão, que sofreu em seu favor para que ela não tivesse de ser definida por seu sofrimento. Agora ela entende que ter sobrevivido a um tumor cerebral, com todas as limitações e cicatrizes consequentes, representava uma importante parte de sua vida, mas não formava sua identidade. "Talvez ajudem a me explicar", diz ela, "mas não me definem".

Isso não significa que a vida seja fácil. "Minha condição atual consiste em tentar pegar o que eu sei, isto é, a minha identidade em Cristo, por Cristo e para Cristo e aplicá-la à minha vida. A velha identidade esteve arraigada em mim por um longo período, e eu sei que levará ainda mais algum tempo até que os velhos hábitos se vão e os novos hábitos venham. O que sei é que, pela primeira vez desde que tudo aconteceu, neste ano eu encarei o aniversário do diagnóstico e da cirurgia celebrando o fato de estar viva, em vez de ficar lamentando como nos anos anteriores. Sei que o nome de Jesus procede de minha boca (em conversas) e de minhas mãos (em meus textos) mais que nunca. Sei que, embora ainda haja dias de luta e de retrocesso ao antigo modo de pensar, eu finalmente tenho a esperança de que, depois de tudo, possa haver um futuro, e não um futuro qualquer, mas um que valha a pena. E eu sei que desejo conhecer mais e mais da graça."

E quanto a você? De que maneira o pior de seus dias, seu maior sofrimento ou sua perda mais profunda marcou sua vida a ponto de se tornar sua identidade? Assim como aconteceu com Tina, de que modo você poderá tornar-se alguém definido por Jesus, e não por uma dor ou sofrimento? Não será fácil, mas é necessário.

Crise de identidade

Em geral desconhecemos a fonte de nossa identidade até que ocorram mudanças, muitas vezes na forma de dificuldades e dor. Nas adversidades, quando casamento, filhos, aparência, riqueza, sucesso, carreira, religiosidade, partido político, causa predileta, relacionamento amoroso, objetos de valor ou alguma outra coisa desmorona sob o peso de ser um deus, uma crise é gerada. Subitamente, o indivíduo descobre que a fonte de sua identidade era a idolatria àquela coisa estimada.

Uma vez que experimenta essa crise emocional de identidade, ainda que a esse indivíduo faltem palavras para defini-la teologicamente, um padrão de gestão de crise se instala. Primeiro, ele passa a viver ansioso e temeroso de que a fonte de sua identidade o abandone ou lhe seja tirada. Em seguida, à medida que sua identidade começa a cambalear, ele entra em pânico e busca salvar esse seu ídolo. Por fim, quando sua identidade o decepciona, ele sai à procura de alguém para culpar.

A culpa assume diferentes formas. Alguns culpam Deus por lhes tomar o ídolo e se tornam amargurados. Alguns culpam outras pessoas e ficam ressentidos, irritados e até violentos. Outros ainda culpam a si mesmos e se sentem fracassados, odiando-se pelo que aconteceu.

Infelizmente, muitos que perdem seu ídolo da identidade simplesmente escolhem outro, em vez de se voltar a Jesus Cristo. Em consequência disso, repetem sucessivamente esse doloroso processo. Tais indivíduos passam de um vício para outro, de uma compulsão para outra, de um compromisso religioso para outro, de um relacionamento para outro, numa busca contínua pela resposta à pergunta: "Quem sou eu?". Nesse ínterim, jamais encontram a única e verdadeira resposta para sua crise de identidade — Jesus.

O restante deste livro se propõe a ajudar você a descobrir o poder e a alegria presentes numa identidade fundamentada e sustentada em Jesus e por Jesus. Minha oração é que você encontre a resposta para "Quem sou eu?" em Cristo, que é o Eu sou.

CAPÍTULO 2

Eu sou em Cristo

Pois da mesma forma como em Adão todos morrem, em Cristo todos serão vivificados.

1Coríntios 15.22

Nós gostamos muito de uma boa biografia, não é mesmo? Ansiamos por esperança e exemplos de coragem, dedicação, sacrifício e triunfo. Se você entrar numa livraria, encontrará uma seção inteira dedicada a biografias. Se ligar a televisão, será inundado por uma biografia após outra. Deus, no entanto, nos oferece algo ainda maior que uma biografia. Ele nos oferece um testemunho.

A biografia trata de uma pessoa — sua vida, suas realizações e decisões. Na biografia, o indivíduo é o herói que resgata a si mesmo de algum terrível destino. Na biografia, olhamos além do pecado e transformamos o sujeito num salvador mítico. É por isso que tantas pessoas não sabem que Abraão entregou sua esposa duas vezes a outro homem (Gn 12; 20), que Noé se embriagou e ficou nu em sua tenda (Gn 9.20-21) e que o grande rei Davi em seu leito de morte sugeriu um assassinato político (1Rs 2.8-9). Isso também explica por que a maioria dos leitores não sabe que Gandhi era bissexual e deixou sua esposa para viver com um fisiculturista, além de apreciar a presença de garotas nuas e menores de idade em sua cama;[1] que os famosos líderes cristãos John Wesley, A. W. Tozer, David Livingston e Hudson Taylor eram péssimos pais e maridos, gravemente negligentes com suas famílias;[2] e que William Wilberforce, grande defensor da abolição da escravatura, tinha sérios problemas com o vício em ópio.[3]

O testemunho, por outro lado, trata de Jesus — sua vida, suas realizações e decisões. No testemunho, Jesus é o herói que me resgata do terrível destino do pecado, da morte, do inferno e da justa ira de Deus. No testemunho, o pecador deve ser honesto para que fique claro quem é o verdadeiro Salvador.

O primeiro e o último Adão

Na Bíblia, Paulo chama Jesus de "o último Adão" (1Co 15.45), pois ele é a cura para a idolatria e a redenção da humanidade, enquanto o primeiro Adão se tornou a fonte da idolatria e a ruína da humanidade. O primeiro Adão se afastou do Pai num jardim; o último Adão se voltou para o Pai num jardim. O primeiro Adão estava nu e envergonhado; o último Adão estava nu e carregou nossa vergonha. O pecado do primeiro Adão nos trouxe espinhos; o último Adão usou uma coroa de espinhos. O primeiro Adão se pôs no lugar de Deus; o último Adão era Deus colocando-se no lugar dos pecadores. O primeiro Adão pecou junto à árvore; o último Adão carregou nosso pecado num madeiro. O primeiro Adão morreu *como* pecador; o último Adão morreu *pelos* pecadores.

De acordo com a Bíblia, nós morremos em Adão mas renascemos em Cristo: "Pois da mesma forma como *em Adão* todos morrem, *em Cristo* todos serão vivificados" (1Co 15.22).[4] Em Adão há condenação; em Cristo há salvação. Em Adão recebemos uma natureza pecaminosa; em Cristo recebemos uma nova natureza. Em Adão somos amaldiçoados; em Cristo somos abençoados. Em Adão há ódio e morte; em Cristo há amor e vida.

Existem dois times na vida; cada indivíduo entra em campo com um deles, e as decisões tomadas pelos capitães afetam toda a equipe, para o bem e para o mal. Não é só o capitão que ganha ou perde; o time inteiro ganha ou perde com ele. Um time tem Adão como capitão. O outro tem Jesus. Embora haja diversas maneiras de categorizar as pessoas em nossa sociedade, estas são as duas categorias apresentadas pela Bíblia: aquelas cuja identidade está em Adão, as quais partilham de sua derrota, e aquelas cuja identidade está em Cristo, as quais partilham de sua vitória.

Em Jesus Cristo, Deus se fez homem e nos mostrou como é a vida de adoração perfeita e incessante de quem se identifica como portador da imagem de Deus. Muitos trechos do Novo Testamento, e o próprio Jesus, declaram isso:

- "Cristo, que é a imagem de Deus..." (2Co 4.4).
- "Ele é a imagem do Deus invisível..." (Cl 1.15).
- "[Ele] é o resplendor da glória de Deus e a expressão exata do seu ser..." (Hb 1.3).
- "Quem me vê, vê aquele que me enviou" (Jo 12.45).
- "Quem me vê, vê o Pai" (Jo 14.9).

Enquanto não olharmos para a Trindade no todo e para Jesus em particular, seremos incapazes de compreender como refletir Deus.

O pior lugar para começar a construir uma identidade é em você mesmo, justamente o ponto de onde parte a maioria dos conselhos. O melhor lugar para começar a construir uma identidade é Jesus Cristo, justamente o ponto de onde partem as Escrituras. Conhecer Jesus e ser salvo por ele na fé é a chave para sua identidade e para a derrota de sua idolatria. Não se trata de você. Trata-se totalmente de Jesus.

A identidade em Efésios

Quem você pensa que é? discorre sobre a construção de sua identidade em Jesus por meio das Escrituras. Para que isso aconteça, gostaria de ajudar você a estudar um livro da Bíblia chamado Efésios. Não se preocupe; não será um comentário acadêmico e complexo sobre todo o conteúdo de Efésios. Na verdade, esta obra se propõe a ser uma jornada prática por um único tema dessa carta — quem você é em Cristo.

Meu objetivo é pegar uma necessidade em sua vida, que é a necessidade de identidade, e conectá-la a um livro da Bíblia, Efésios. Felizmente, o Espírito Santo redigiu Efésios mediante Paulo justamente para esse propósito. Clinton Arnold, renomado estudioso em Efésios, diz: "Paulo escreveu esta carta [...] para ratificar os efésios em sua nova identidade em Cristo, como um meio de fortalecê-los".[5] O estudioso do Novo Testamento Klyne Snodgrass afirma que o principal objetivo da carta de Paulo é a "formação da identidade".[6] E um proeminente teólogo católico assim diz num comentário sobre Efésios: "A união com Cristo concede ao ser humano uma identidade radicalmente nova. Nós nos despimos do velho homem, da velha humanidade, e nos revestimos do novo (Ef 4.20-24)".[7]

Existe, em todo o espectro teológico, o entendimento de que o livro de Efésios versa sobre a nossa identidade em Cristo. Infelizmente, "de meados do século 17 para cá [...] esta grande joia na coroa da graça de Deus [estar em Cristo] caiu na obscuridade. Nos púlpitos de hoje, não se diz muita coisa acerca da união com Cristo; e, até recentemente, pouco se escreveu a respeito dela".[8] Embora receba destaque nas Escrituras, por algum motivo esse assunto tornou-se amplamente ignorado na aplicação diária. Não obstante, retomando as Escrituras em geral e Efésios em particular, é possível recuperar uma identidade bíblica e ter uma nova vida em Cristo.

Efésios é um livro maravilhoso. Os pais da igreja Orígenes, Crisóstomo e Jerônimo sentiam-se tão atraídos pela riqueza de Efésios que escreveram, todos eles, um comentário acerca da obra. Efésios era o livro bíblico favorito do reformador protestante João Calvino, que pregou 48 sermões e escreveu um comentário de 172 páginas a respeito, além das quase 280 citações que fez à carta em sua obra-prima, *As institutas*.[9] O reformador escocês John Knox mantinha os sermões transcritos de Calvino sobre Efésios em sua cabeceira e, quando estava às vésperas da morte, pediu que a esposa os lesse para ele. Entre outros que pregaram inúmeros sermões sobre Efésios estão Agostinho, Martinho Lutero, John Owen, Jonathan Edwards, John Wesley, Charles Hodge e Charles Haddon Spurgeon.

O pai da igreja João Crisóstomo (c. 347-407) considerava Efésios "sublime".[10] Teólogos protestantes mais recentes descreveram a carta como "um dos documentos mais importantes já escritos",[11] "doutrina em forma de música",[12] "a coroa dos escritos de são Paulo",[13] "a mais divina composição do homem",[14] "ouro teológico"[15] e a "maior obra já escrita em toda a história".[16]

Como pastor, passei anos tentando ajudar pessoas a encontrar Jesus e experimentar a transformação de vida que só ele pode efetuar. O tempo todo eu vejo pessoas que, com sinceridade, porém da maneira errada, buscam modificar seu comportamento sem primeiro compreender a própria identidade.

Deus, no entanto, sabe que nossas ações resultam de quem somos. Como cristãos, vivemos *de* nossa identidade, e não *para* nossa identidade. Somos definidos por quem somos *em* Cristo, não pelo que fazemos ou deixamos de fazer *para* Cristo. Ele define quem somos por quem ele é e por aquilo que ele fez por nós, em nós e através de nós. Compreender isso é a chave para a transformação.

Conhecendo o apóstolo Paulo

Hoje, quando enfrentamos problemas de identidade e idolatria, temos o hábito de conversar com algum amigo, parente, conselheiro ou líder eclesiástico. Embora haja utilidade nisso, como seria se pudéssemos conversar com alguém como o apóstolo Paulo? Consegue imaginar quão incrível seria sentar-se ao lado do sujeito responsável, direta ou indiretamente, pela maior parte do Novo Testamento, aprender com ele e ouvir suas palavras de encorajamento?

A boa notícia é que, sim, é possível conversar com Paulo. Tudo o que temos de fazer é pegar os livros que ele escreveu, especialmente Efésios, e ler. Um livro bastante popular de aconselhamento cristão afirma: "Numa situação de emergência, Efésios pode fornecer todos os conselhos de que você precisa [...]. Seu propósito é ensinar a viver".[17]

Originalmente, Efésios era uma carta destinada a uma igreja e, como todas as cartas, pode gerar confusão caso o leitor não conheça alguns detalhes, como quem a escreveu e a quem foi escrita.

O apóstolo Paulo é uma figura ilustre na história mundial. Sobre ele Martinho Lutero disse: "O mais sábio dos homens depois de Cristo".[18] Em cerca de uma década de ministério, ele caminhou uma média aproximada de trinta quilômetros diários, pregando uma mensagem odiada pela imensa maioria. Vivia sozinho, sem o conforto de uma esposa, e era frequentemente abandonado por seus ditos amigos. O relato que ele faz de sua vida é impressionante:

> São eles servos de Cristo? — estou fora de mim para falar desta forma — eu ainda mais: trabalhei muito mais, fui encarcerado mais vezes, fui açoitado mais severamente e exposto à morte repetidas vezes. Cinco vezes recebi dos judeus trinta e nove açoites. Três vezes fui golpeado com varas, uma vez apedrejado, três vezes sofri naufrágio, passei uma noite e um dia exposto à fúria do mar. Estive continuamente viajando de uma parte a outra, enfrentei perigos nos rios, perigos de assaltantes, perigos dos meus compatriotas, perigos dos gentios; perigos na cidade, perigos no deserto, perigos no mar, e perigos dos falsos irmãos. Trabalhei arduamente; muitas vezes fiquei sem dormir, passei fome e sede, e muitas vezes fiquei em jejum; suportei frio e nudez. Além disso, enfrento diariamente uma pressão interior, a saber, a minha preocupação com todas as igrejas. Quem está fraco, que eu não me sinta fraco? Quem não se escandaliza, que eu não me queime por dentro?
>
> 2Coríntios 11.23-29

Apesar disso tudo, Paulo não apenas transbordava uma energia aparentemente inesgotável, mas também era cheio da Palavra de Deus. Pode-se deduzir sua extraordinária inteligência em vista da prestigiosa educação que recebeu do renomado rabino Gamaliel (At 22.3), bem como de seu multilinguismo (hebraico, aramaico, grego e, possivelmente, latim). Em suas cartas, Paulo fez mais de cem citações ao Antigo Testamento, além de inúmeras alusões e descrições de temas e termos bíblicos, talvez todos extraídos da memória. A teologia de Paulo está expressa em treze cartas, escritas ao longo de pelo menos quinze anos a pelo menos sete igrejas diferentes e a dois indivíduos. O estudioso bíblico Paul Barnett chega a chamar Paulo de "o primeiro teólogo da igreja primitiva e, talvez, o maior da história do cristianismo".[19] Acerca do apóstolo, Crisóstomo escreveu: "Deposite o mundo inteiro sobre um dos pratos da balança e verá que a alma de Paulo sobrepuja esse peso".[20]

De acordo com o teólogo D. A. Carson:

> Paulo continua hoje a nos ministrar por meio de suas treze epístolas que integram o cânone do Novo Testamento. O apóstolo, portanto, aparece atrás apenas de Lucas na porcentagem neotestamentária escrita por um único indivíduo. E, se acrescermos os dezesseis capítulos de Atos (13—28) quase inteiramente atribuídos a ele, Paulo terá papel de destaque em praticamente um terço do Novo Testamento.[21]

Considerando ainda que Lucas era seu discípulo e companheiro de viagens, a maior parte do Novo Testamento pode, direta ou indiretamente, ter-se originado em Paulo. Entre suas cartas está Efésios, escrito às igrejas na cidade e nos arredores de Éfeso.

Explorando Éfeso

Éfeso era uma cidade de alta classe. Na preparação para este livro, fiz três viagens às escavações arqueológicas locais, acompanhado de estudiosos e guias, a fim de aprender tudo que fosse possível. Certo dia, chegamos a reservar a cidade inteira para nossa visita, de modo que pudéssemos explorá-la e examiná-la livremente.

Éfeso fica na antiga região da Anatólia. Na época de Paulo, era uma enorme cidade cosmopolita com cerca de 250 mil habitantes.

Viajantes de todo o Império Romano passavam pelo local por causa de sua posição estratégica: um imenso porto facilitava viagens e comércios de ordem marítima, e um sistema de rodovias possibilitava viagens e comércios por terra. Éfeso era uma cidade altamente espiritual; porém, era pagã, razão de a carta de Paulo estar repleta de referências a guerras espirituais, potestades e demônios. A cidade também era conhecida como centro de atividades sobrenaturais e paranormais para adoração a Ártemis, incluindo ações demoníacas, feitiçaria generalizada e bruxaria. Colonos e comerciantes egípcios introduziram ainda a adoração de Sérapis e Ísis e erigiram belos templos para essas divindades.[22]

A prosperidade local provinha do enorme centro comercial e financeiro ali situado. A cidade também era um famoso destino turístico por causa do templo pagão de Ártemis, considerado uma das sete maravilhas do mundo antigo. Relatos da época chamam Éfeso de "o maior centro comercial da Ásia neste lado do rio Tauro".[23]

Além de sua riqueza, Éfeso detinha poderes políticos e atuava como capital da província romana na Ásia Menor. Sendo uma poderosa cidade, era também corrompida, impregnada do pecado sexual. A prostituição era comum, tanto quanto em qualquer outra cidade portuária. Os marinheiros incorporavam em sua espiritualidade o sexo pecaminoso com as prostitutas que trabalhavam no templo pagão de Ártemis. Arqueólogos descobriram o que, na visão deles, fora um bordel ligado à biblioteca por um túnel subterrâneo oculto, permitindo assim que os homens cometessem adultério enquanto as esposas pensavam que eles estivessem pegando firme nos estudos.

Por fim, Éfeso tinha grande importância geográfica. Um estudo recente dos marcos miliares romanos demonstra que a milhagem para outras cidades da região era medida a partir de Éfeso, o que explica por que essa metrópole funcionava como polo administrativo e comercial de toda a Ásia Menor.

A relevância de Éfeso

Por que isso tudo é importante? A razão é que, na leitura da Bíblia, tendemos a pensar em ambientes rurais, habitados por pescadores e lavradores de vida simples, bem menos complicada que a nossa. Por conseguinte, questionamos se a Bíblia pode de fato falar conosco nas confusões e tentações próprias de nosso tempo. O cristianismo, no entanto, firmou raízes e floresceu em difíceis contextos urbanos, onde pessoas tinham os mesmos problemas que você e eu hoje. Se a Roma antiga era como Nova York ou Londres, Éfeso era como Los Angeles ou Chicago.

A importância estratégica de Éfeso ajuda a explicar por que a cidade se tornou um polo também para as missões cristãs — sobretudo no treinamento de líderes e no envio de equipes de plantadores de igrejas (At 18.18-19; 1Co 16.8-12; 1Tm 1.3; 2Tm 4.12). Priscila, Áquila, Apolo, Paulo, Timóteo, João e Lucas trabalharam ali. A cidade era o quartel-general do discípulo mais jovem de Jesus, João, que tinha jurisdição sobre as sete principais igrejas da Ásia mencionadas nos três capítulos de abertura de Apocalipse, sendo a igreja em Éfeso a mais importante e a primeira a ser instruída. Há quem afirme ainda que João adquiriu ali uma casa para Maria, mãe de Jesus, embora muitos considerem que ela vivia em Israel com seus filhos convertidos.

O próprio discípulo de João, Inácio de Antioquia, escreveu sobre a contínua fama e fidelidade da igreja de Éfeso. O terceiro concílio ecumênico ocorreu na cidade, em 431 d.C., para condenar a heresia de Nestório, líder da igreja de Constantinopla que confundia a natureza humana e divina de Jesus e foi seguido pela igreja efésia de Santa Maria, cujas ruínas ainda podem ser vistas.[24] Éfeso é o exemplo de que o cristianismo pode florescer numa cultura pagã e complexa e de que os cristãos podem manter por gerações, pela graça de Deus, sua identidade em Cristo em tais ambientes.

A história, todavia, também serve de alerta ao fato de que, não havendo cuidado, a fé pode ser dissipada de uma geração para a outra. Hoje, Éfeso não é mais povoada, embora seja um ponto turístico popular, com arqueólogos redescobrindo a antiga cidade feita de majestosas pedras de mármore. E a Turquia, o país onde se localizam as ruínas da cidade, está hoje entre as nações menos cristãs do mundo.

Não é exagero dizer que, não houvesse o evangelho de Jesus Cristo firmado raízes em Éfeso e dali se espalhado por todo o Império Romano por suas rotas comerciais e além, o cristianismo como o conhecemos hoje talvez não existisse.

Por que Paulo escreveu Efésios

Ao contrário de muitas das cartas do Novo Testamento, escritas para lidar com determinadas questões (1Coríntios) e crises em igrejas diversas (Gálatas), Efésios foi provavelmente endereçada a recém-convertidos de origem pagã ou judaica que enfrentavam a tentação de retornar a seus antigos e pecaminosos hábitos de vida. A carta de Paulo esclarece a identidade unificada dos crentes em Cristo, visando a lembrá-los de viver segundo o padrão de Jesus em santidade e justiça mediante o poder do Espírito Santo, impedi-los de ignorar essa nova identidade e de correr atrás da velha idolatria e uni-los como uma só igreja.

Todavia, a carta não foi escrita exclusivamente para a igreja em Éfeso. A cidade era o quartel-general do qual partiam a verdade e a instrução cristã para várias outras igrejas na região e para além dela, semelhante a algumas megaigrejas de hoje, que operam como centro de recursos para outras congregações e possuem até mesmo uma rede de igrejas afins. Portanto, a carta teria chegado a Éfeso e, na sequência, extrapolado as fronteiras da cidade por volta de 60-62 d.C., assim como atualmente uma agência de notícias envia boletins a seus assinantes espalhados mundo afora. Paulo presumia que a igreja efésia distribuiria da forma mais ampla possível suas vívidas instruções.

Éfeso era uma localização importante para a obra ministerial de Paulo, e a dedicação do apóstolo ao evangelho deflagrou grandes controvérsias na cidade. Muitos cidadãos, sobretudo os comerciantes que lucravam com a adoração pagã no templo, tinham ódio dele, pois seus convertidos lhes estavam custando um bom dinheiro. Tentaram expulsá-lo de lá, instigando uma revolta contra ele (At 19.21-41). Além disso, a maioria dos estudiosos bíblicos atuais acredita que Paulo foi preso em mais de uma ocasião em Éfeso por pregar o evangelho de Jesus Cristo. Na opinião deles, o apóstolo pode ter escrito alguns livros da Bíblia nesses períodos de encarceramento.[25]

Que ideia perigosa fez Paulo ser odiado, expulso da cidade, transformado em objeto de revolta e, provavelmente, aprisionado em Éfeso? Que verdade tão poderosa era por ele apregoada a ponto de líderes espirituais, políticos e econômicos se oporem a ele e o desprezarem? O que seus ensinamentos tinham de tão ameaçador a uma cultura importante e duradora como a do Império Romano? O que tornava sua mensagem tamanha ameaça à grande cidade de Éfeso? Duas palavras: "em Jesus" (At 19.4) — ou, para dizer de outro modo, *em Cristo*.

Em Cristo

Essas duas palavras, "em Cristo", mudaram o mundo e são o resumo, a essência e a plenitude da identidade do crente. Isto é, ou sua identidade está em Cristo ou está na idolatria.

Ao discorrer sobre identidade, Jesus disse no evangelho de João: "Eu sou a videira; vocês são os ramos. Se alguém permanecer *em mim* e eu *nele*, esse dará muito fruto; pois sem mim vocês não podem fazer coisa alguma" (Jo 15.5). Ao longo de toda a carta de Efésios e dos demais escritos paulinos, a expressão de Jesus "era habitual", com a qual Paulo "cria uma sinfonia da linguagem" usando diversas variações, como "em Cristo", "nele", e "no Amado".[26] Só em Efésios, Paulo usa a expressão "em Cristo" dezesseis vezes, além de vinte outras ocasiões em formas variadas.

Em Efésios, a ideia de estar "em Cristo" é tão fundamental que a carta inicia com uma bênção que, embora sirva como louvor a Deus, relata igualmente as glórias da salvação *em Cristo*.[27] Não à toa, a expressão "em Cristo", ou variações dela (por exemplo, "nele"), impregna esse trecho (no grego, uma única e longa sentença). A seguir, veja uma compilação de todas as ocorrências em Efésios 1.1-14:

- "Aos santos e fiéis *em Cristo Jesus*..." (1.1).
- "Bendito seja o Deus e Pai de nosso Senhor Jesus Cristo, que nos abençoou com todas as bênçãos espirituais [...] *em Cristo*" (1.3).
- "Porque Deus nos escolheu *nele* antes da criação do mundo, para sermos santos e irrepreensíveis em sua presença" (1.4).
- "... para o louvor da sua gloriosa graça, a qual nos deu gratuitamente *no Amado*" (1.6).
- "*Nele* temos a redenção por meio de seu sangue, o perdão dos pecados, de acordo com as riquezas da graça de Deus..." (1.7).
- "E nos revelou o mistério da sua vontade, de acordo com o seu bom propósito que ele estabeleceu *em Cristo*..." (1.9).
- "... isto é, de fazer convergir *em Cristo* todas as coisas, celestiais ou terrenas, na dispensação da plenitude dos tempos" (1.10).
- "*Nele* fomos também escolhidos, tendo sido predestinados conforme o plano daquele que faz todas as coisas segundo o propósito da sua vontade..." (1.11).
- "... a fim de que nós, os que primeiro esperamos *em Cristo*, sejamos para o louvor da sua glória" (1.12).
- "Quando vocês ouviram e creram na palavra da verdade, o evangelho que os salvou, vocês foram selados *em Cristo* com o Espírito Santo da promessa..." (1.13).

A expressão paulina "em Cristo" prossegue ao longo de Efésios como o fio que entrelaça toda a tapeçaria de nossa identidade. E, ainda que uma análise mais profunda esteja além do escopo deste livro, é interessante perceber que várias vezes em seus outros livros Paulo escreveu sobre estar "em Cristo".[28] Dois teólogos, examinando todo o Novo Testamento, disseram: "A expressão 'em Cristo' e suas variações, como 'no Senhor' e 'nele', ocorrem 216 vezes nos textos de Paulo".[29]

A expressão "em Cristo" não aparece antes das cartas de Paulo e é rara fora de seus escritos.[30] Um respeitado comentarista da Bíblia chega a afirmar o seguinte:

> Do meu ponto de vista, "em Cristo" supera de longe o termo "cristão" na descrição do cristianismo. Afora o fato de ser usado apenas três vezes no Novo Testamento (At 11.26; 26.28; 1Pe 4.16), o termo "cristão" dá margem a uma interpretação ambígua. O título pode se referir a alguém com uma afinidade cultural específica, ou "tradição ocidental", ou ao indivíduo que vive de um lado do arame farpado e mata os que estão do lado oposto. "Em Cristo", porém, não admite nenhum mau uso, pois exige reflexão sobre um relacionamento dinâmico e vivo.[31]

Em poucas palavras, experimentar e entender o que é estar "em Cristo" é algo vital para todo crente, pois estar "em Cristo" é a única coisa que transforma todas as demais.

No fim das contas, o conceito paulino de estar "em Cristo" é tão fundamental para uma vida próspera e vitoriosa que é imprescindível dizer que sua omissão por parte dos pastores e mestres modernos constitui um importante motivo por trás dos problemas que muitos cristãos enfrentam atualmente. Minha esperança é que, à medida que avançarmos em nosso estudo de Efésios, você obtenha a maravilhosa liberdade que reside na completa e fiel compreensão da verdade de nossa identidade em Cristo. Espero ainda que, prosseguindo em sua nova identidade, você encontre vitória permanente sobre sua idolatria, pela graça de Deus e pelo poder do Espírito Santo.

COMO LER ESTE LIVRO

É importante que você faça sua leitura de Efésios numa tradução em português legível e moderna (p. ex. *Nova Versão Internacional* e *Nova Bíblia Viva* etc.). Efésios contém pouco mais de três mil palavras, mas nelas há uma força que muda vidas, transforma identidades e altera eternidades, pois são as palavras do próprio Deus. Eu encorajo você a ler e reler Efésios durante a leitura deste livro. Ore antes de ler, pedindo que o mesmo Espírito Santo que inspirou a carta ajude você a entendê-la. Leia com atenção, parando para destacar palavras, frases e conceitos que chamem sua atenção. Sinta-se à vontade para fazer anotações em sua Bíblia, rabiscando as páginas tanto quanto for necessário. O velho pregador Charles Haddon Spurgeon disse, com acerto: "A Bíblia que está caindo aos pedaços geralmente pertence a alguém cuja vida não o está".

Finalmente, na leitura de Efésios, você vai perceber que *Quem você pensa que é?* está deliberadamente organizado de uma forma que salienta a grande ideia presente em nosso estudo, ou seja, que antes de lidarmos com alguma idolatria, precisamos primeiro entender a nossa identidade. Os capítulos 1—3 tratam sobretudo de doutrina prática e bastante útil, como quem Deus é e o que ele faz por nós na salvação (pense nisso como um estudo para conhecer seu pai). Os capítulos 4—6 versam principalmente sobre as implicações de quem Deus é e o que ele faz por nós conforme vivemos numa missão em nome dele na comunidade — por exemplo, quem somos em Cristo e como Deus quer que vivamos semelhantemente a Cristo (pense nisso como um curso sobre a melhor forma de conviver com seu pai).

Agora, analisaremos quem nós somos em Cristo.

CAPÍTULO 3

Eu sou santo

Paulo, apóstolo de Cristo Jesus pela vontade de Deus, aos santos e fiéis em Cristo Jesus que estão em Éfeso.

EFÉSIOS 1.1-2

Para Ruth, seu passado é uma série de identidades que ela foi alternando como quem troca de sapatos. Em sua adolescência, a identidade era a de "rebelde sem causa". No papel de rebelde, ela confrontava o ensino dos pais, as regras da escola e sua formação católica. "Eu me considerava alguém sem valor, que não era boa o suficiente e nunca o seria", diz ela. "Então por que deveria me esforçar?"

A sensação de desespero resultante de sua identidade de rebelde acabou se manifestando numa devastadora identidade de *viciada*, que culminou na dependência de heroína. No processo, Ruth conheceu um homem também viciado — e agressivo. Por doze anos, ela conviveu com o medo e a vergonha, à procura da próxima dose de narcóticos ao mesmo tempo que recebia uma dose de pancadas do namorado. E precisava criar dois filhos num ambiente destrutivo. Para piorar, Ruth começou a sofrer terrores noturnos e ataques de pânico. Amargurada com o namorado, passou a culpá-lo — ao vício e às escolhas dele — pela condição lastimável em que ela vivia. Por fim, descobriu a própria identidade de vítima.

Então ocorreu o impensável: o Conselho Tutelar tomou a custódia de seus dois filhos a fim de protegê-los da violência doméstica e do constante uso de drogas naquele lar. Isso provocou um choque de realidade em Ruth e a obrigou a buscar recuperação. Ela abandonou o namorado agressivo, pôs a vida em ordem, manteve-se limpa por vários anos e, por fim, concluiu uma graduação.

Algo, porém, continuava errado. "Eu ainda identificava a mim mesma como viciada", diz ela.

A sensação de vergonha resultante de sua identidade de viciada e o dano causado em sua vida levaram Ruth de volta à igreja, onde ela encontrou Jesus pela primeira vez e iniciou um processo de cura; ela também se envolveu num grupo comunitário em nossa congregação. "Nesse grupo eu aprendi que sou filha de Deus. Sim, sou sua filha, e ele me ama. Jesus já morreu por meus pecados. Eu precisava remover o *viciada* do meu nome e ser apenas Ruth. Agora, sem esse título negativo, sou muito mais do que era. Não estou mais escravizada àquela identidade."

Hoje, a vida de Ruth é radicalmente diferente. Agora que ela encontrou sua identidade em Cristo, sua vida se tornou irreconhecível em comparação com a de anos atrás. "Sou uma filha de Deus", diz ela. "Eu escolhi adorá-lo e cuidar das dádivas com que ele me abençoa. Busco minhas respostas nele. Não tento mais anestesiar a dor da vida com drogas. Deus me abençoou com um homem maravilhoso que me ama e me trata com dignidade. Eu o chamo de meu 'Boaz', e ele assumiu o papel de pai de meus dois filhos, de 15 e de 17 anos."

Ruth e o marido agora têm cinco filhos, além de hospedarem um rapaz de 17 anos que conheceram por meio de uma rede social de hospedagem gratuita. Ela descreve como sua transformação foi drástica e simples ao mesmo tempo: "Eu levo muito a sério o papel de esposa e de mãe. Já não dependo de uma profissão que me valorize nem preciso provar nada a ninguém. Percebo a importância de servir minha enorme família e minha comunidade. Atuo como voluntária num orfanato para crianças que sofreram abusos e foram negligenciadas em consequência dos problemas de seus pais, como violência doméstica, drogas e questões de saúde mental. Venho trabalhando duro para proteger essas crianças de uma vida semelhante à que meus filhos tiveram. Não recebo pagamento, mas sinto que estou realizando a obra de Deus, ajudando as crianças a ter o melhor futuro possível. A verdade é que, com

Deus em minha vida, eu me sinto mais 'leve'. Para ele não há fardo pesado demais, e estou aprendendo a deixar que ele carregue o peso para mim, de modo que eu possa continuar a realizar a obra dele e a cuidar de todas as coisas que ele me encarregou de fazer".

Olhando para a vida de Ruth, muitos a chamariam de santa, em vista de seu trabalho voluntário com aquelas crianças, e ficariam surpresos com seu passado sórdido. O fato é que Ruth *é* uma santa — mas não por causa do que ela faz. Ruth é santa por causa do que Cristo fez por ela.

E, assim como Ruth, nós também somos santos em Cristo.

Santo ou pecador?

Em nossa leitura das cartas bíblicas, bem como da maioria das cartas em geral, tendemos a pular as saudações e seguir direto para o conteúdo. Mas, se fizermos isso com Efésios, ignoraremos uma importante verdade estabelecida por Paulo e que aparece em toda a epístola: o apóstolo se refere a todos os indivíduos na igreja como "santos [...] em Cristo Jesus" (1.1).

Santos? Todos? Não há dúvida de que as igrejas destinatárias da carta original abrigavam gente da mesma espécie que encontramos em nossas congregações hoje: bêbados, ignorantes, fofoqueiros, intrometidos e pervertidos, bem como os religiosos orgulhosos e hipócritas, que erroneamente se consideram melhores que todos os demais.

Todavia, em relação à identidade deles — e à nossa — Paulo diz que, se estamos "em Cristo Jesus", que é simplesmente uma maneira de dizer que somos verdadeiros cristãos, então somos "santos". A palavra *santos* não aparece por acaso; ela está ali por desígnio de Deus, e é apresentada logo de início porque estabelece um tema que será explorado ao longo de toda a carta.

Como tornar-se santo: versão católica

O que lhe vem à cabeça quando você pensa num santo? Pinturas de personagens bíblicos com auréolas sobre a cabeça? A Madre

Teresa servindo os necessitados em Calcutá, na Índia? Billy Graham pregando a estádios lotados?

Para mim, a palavra *santos* suscita imagens de minha formação católica. Minha família manteve-se ferrenhamente católica por gerações, desde suas origens no sul da Irlanda. Fui batizado bebê na Igreja Católica, cresci dentro dela, passei bons anos frequentando uma escola católica e servi como coroinha, ajudando o padre na missa. Após a morte de meu avô, minha avó se juntou a uma ordem e se tornou freira.

Na infância, fui ensinado a venerar os santos e a rezar para eles. Na igreja e em casa, havia estátuas e ícones de santos. Aos meus olhos de criança, os santos eram uma espécie de super-heróis de histórias em quadrinhos ou deuses gregos da Antiguidade — humanos, mas dotados de poderes especiais que os capacitavam a viver de modo extraordinário.

É curiosa a história da santidade:

> Os primeiros católicos reverenciados como santos foram mártires que morreram vítimas da perseguição romana nos primeiros séculos após o nascimento de Jesus Cristo. Esses mártires receberam a honraria de santos quase imediatamente após a morte, como católicos que sacrificaram a vida em nome de Deus. No decorrer dos séculos seguintes, a santidade foi estendida a indivíduos que defenderam a fé e tiveram uma vida piedosa. Com critérios não tão estritos para a canonização, nos séculos 6 e 7 o número de santos aumentou. Os bispos interferiam no processo e, por volta de 1200, o papa Alexandre III, ultrajado com tal proliferação, decretou que somente ele tinha autoridade para determinar quem poderia ser identificado como santo.[1]

As normas para a canonização só vieram a ser formalizadas pelo Vaticano no século 17. O padre James Martin resume em dez passos o realmente complicado processo de alcance da santidade na Igreja Católica:

1. Você é católico.
2. Você morre.
3. Surge uma "devoção" local em torno de sua lembrança.
4. Sua vida é investigada.
5. O bispo local remete seu caso ao Vaticano.
6. Intercede por um milagre.
7. O Vaticano investiga a cura milagrosa.
8. O Vaticano o declara "Bendito".
9. Intercede por outro milagre.
10. Você é um santo![2]

Caso você consiga realizar esses dez passos nada fáceis, que podem muito bem custar mais de um milhão de dólares no total,

> o papa o declara santo, numa cerimônia solene conhecida como "canonização", em geral numa missa pública, talvez em Roma, mas também possivelmente em sua própria diocese, como forma de celebrar a herança do santo. Você agora é merecedor de "veneração pública" em toda a igreja, e é possível que a congregação inteira celebre o dia de sua festa. Muitas escolas, paróquias e grupos católicos o terão como "padroeiro", ou protetor especial. Você conseguiu! Agora você é parte da grande "comunhão dos santos". Uma vez, porém, que você já está infinitamente feliz no céu, não haverá muito a acrescentar à sua alegria. Na verdade, você terá ainda mais trabalho por fazer, pois ainda mais gente rezará pedindo sua intercessão. Portanto, as coisas ficarão bem corridas de agora até o fim dos tempos.[3]

Como tornar-se santo: versão bíblica

Não era assim que o apóstolo Paulo entendia o que é ser santo. Na visão dele, os santos eram cristãos comuns, normais e imperfeitos como você e eu, como Ruth, e como o pessoal em Corinto, por exemplo, que fazia mau uso dos dons espirituais, embriagava-se com o vinho da comunhão e se envolvia em pecados sexuais

(1Co 1.2; 5.1; 6.12-20; 11.21,30). Eram *essas* pessoas que ele chamava de santos!

A santidade, na concepção do apóstolo, não era o resultado de algo maravilhoso que realizamos, tampouco se dissolvia em razão de algo horrível que houvéssemos feito. De acordo com ele, é preciso um passo para ser santo: estar em Cristo. E o custo total é zero. *Qualquer pessoa* ligada a Jesus pela fé em sua morte e ressurreição é santa. Os santos de Deus são gente comum e pecadora que ama o Filho de Deus.

Estando em Cristo, já não estamos em Adão; agora fazemos parte do povo de Deus. E, estando em Cristo, nosso pecado passado, presente e futuro é lançado fora por meio da morte, do sepultamento e da ressurreição de Jesus e substituído por sua perfeição, pureza e justiça.

O santo é pecador

Originalmente, Deus criou a humanidade sem pecado. Em Gênesis 1.31, ele chama tudo o que criou, incluindo Adão, de "muito bom". Eclesiastes 7.29 diz: "Deus fez os homens justos". Todo pecado, portanto, é plenamente responsabilidade nossa, como pecadores rebeldes, e não culpa de Deus, nosso Criador. Da mesma forma, os efeitos do pecado e da maldição não eram inicialmente parte do mundo que Deus criou para nós em amor. Por meio de nossos primeiros pais, o pecado invadiu e afetou a tudo e a todos.

Mas a história termina por aí? Não passamos de pecadores sujos, vis e podres? É esse o resumo de nossa identidade, mesmo como cristãos? De modo algum. Nesta vida, a má notícia é que ainda somos pecadores; a boa notícia, contudo, é que não somos *apenas* pecadores. Nós também partilhamos da imagem de Deus com todos os homens e mulheres na criação divina (Gn 5.1-3; 9.6; Tg 3.9). Somos espelhos trincados, sujos e embaçados, mas somos espelhos. E, se estamos em Cristo, somos santos redimidos.

Infelizmente, os cristãos que eu aconselho, em sua maioria, não acreditam ser redimidos, portadores da imagem de Deus, santos.

Na visão deles, são apenas pecadores. Tais indivíduos se veem como pouco mais que vermes inúteis, e é por isso que suas crenças por vezes recebem o nome de "teologia do verme".[4]

Até mesmo o filósofo ateu Jean-Paul Sartre ridicularizou essa errônea visão cristã em sua peça *As moscas*, de 1943, na qual um homem se põe de joelhos e clama:

> Eu cheiro mal! Ah, como eu cheiro mal! Eu sou uma porção de podridão. Olhe só como as moscas se amontoam à minha volta, feito urubus na carniça. [...] Isso mesmo, minhas harpias, aferroem-me, espicacem-me e perfurem-me; atravessem minha carne até alcançar meu sombrio coração. Eu pequei milhares de vezes, cheiro a esterco e meu fedor chega até o céu.[5]

Infelizmente, na tradição reformada da fé cristã, da qual faço parte, não é difícil encontrar esse tipo de pensamento. Por exemplo, um resumo da crença teológica chamada Cinco Pontos do Calvinismo não se inicia do ponto de partida bíblico em Gênesis 1—2 — Deus, criação, homens e mulheres criados sem pecado como portadores da imagem de Deus — tampouco trata de nossa condição de santos, quando somos redimidos e restaurados a esse estado anterior — mas sim em Gênesis 3, com a chamada "depravação total", doutrina que relata a condição pecaminosa e desamparada do ser humano.

Conquanto seja verdade que o pecado afeta a totalidade de nosso ser, incluindo mente, vontades e emoções, quando enfocamos indevidamente nossa depravação como pecadores decaídos e ignoramos nossa dignidade como portadores da imagem divina e nossa identidade renovada de cristãos redimidos, não expressamos corretamente tudo o que a Bíblia tem a dizer a nosso respeito. Embora um não cristão seja totalmente depravado, o cristão está em Cristo.

Na prática, o foco no aspecto pecaminoso de nossa identidade produz cristãos desesperados e obcecados com seu pecado. Para esses cristãos, sermão bom é aquele que os acerta com firmeza, lembrando-lhes de como são pessoas horríveis — sem nenhuma menção à nova identidade que eles possuem em Cristo. A Palavra de Deus não é um clube onde cristãos se espancam emocionalmente até sangrar, como pagamento por seu pecado. Jesus já tomou nossas pancadas e já derramou seu sangue em nosso lugar. E, na cruz, ele não disse: "Está consumado, então espanquem-se para aperfeiçoar sua salvação". O que ele disse foi: "Está consumado!" (Jo 19.30).

É por essa razão que Ruth, com seu passado de drogas e perda da custódia dos filhos, hoje é capaz de ter uma vida livre do vício, uma família e um casamento saudáveis, e pode ajudar pessoas que enfrentam o que ela passou. Se Ruth enfocasse seu pecado acima de tudo o mais, ela nunca se concentraria nos outros nem ministraria a eles por meio da segurança de sua posição como santa em Cristo.

Vive errado o cristão que insiste em manter sua identidade no fato de ser pecador, nada mais, nada menos, contando pateticamente seus dias infelizes até que chegue aquele em que alcançará o céu e tudo, enfim, será perfeito. Somos criados como portadores da imagem de Deus, somos pecadores decaídos e, se estamos em Cristo, somos verdadeiramente redimidos, renovados e recebemos uma nova identidade.

Importante notar, porém, que apesar de nossa nova identidade em Cristo, não seremos *completamente* novos até que experimentemos a ressurreição. Como afirmou o teólogo Anthony Hoekema, "Os que creem [...] devem enxergar a si mesmos e uns aos outros como indivíduos *genuinamente* novos, embora não *totalmente* novos".[6] Isso explica por que os cristãos pecam. Não à toa, 1João 1.8 diz: "Se afirmarmos que estamos sem pecado, enganamos a nós mesmos, e a verdade não está em nós". O santo peca. Acontece que o cristão é alguém cuja identidade constante é a de *santo*, mas que ocasionalmente age como *pecador*. Existe, para o cristão, uma diferença vital entre *ter* pecado e *ser* pecador.

Essa é a razão de a Bíblia raramente — se alguma vez o faz — descrever um cristão como pecador em oposição a um não cristão.

Dependendo de qual for sua tradução bíblica, você encontrará mais de trezentas menções a não cristãos como pecadores, mas em somente três ocorrências um cristão aparecerá como pecador, ainda que, em cada caso, possa referir-se de fato a não cristãos. Em vez de pecadores, a Bíblia predominantemente nos chama de "santos", "santificados" ou "justos" mais de duzentas vezes. Biblicamente, portanto, a identidade primária de quem crê em Cristo não é a de pecador, mas a de santo. Apesar de ainda lutarmos com o pecado nesta vida, nossa identidade não reside no pecado, mas na justificação de Cristo.

Os serviços de recuperação, que têm o nobre objetivo de ajudar indivíduos a superar vícios (drogas, álcool, sexo, jogo, alimentos etc.), erram o alvo com relação à identidade. Em suas reuniões, os viciados se apresentam com base em seu vício, dizendo algo como "Olá, meu nome é Fulano e eu sou alcoólatra". Essa é a identidade que Ruth, cuja história partilhei no início do capítulo, carregou consigo por muitos anos. O problema disso é que a verdadeira identidade em Cristo é suplantada por uma identidade no pecado. A identidade do cristão não está em nosso vício, mas em Cristo. Quando se compreende isso — como ocorreu com Ruth — a vida se transforma para sempre.

O pecado explica parte de suas ações, mas não constitui sua identidade. Sua identidade está em Cristo e, em razão disso, pela graça de Deus mediante o poder do Espírito Santo, você pode transformar seu modo de agir. Por ser uma nova pessoa em Cristo, você pode ter uma nova vida pelo poder do Espírito Santo. Essa é uma verdade profundamente útil e fundamentalmente prática.

Visto que é possível o santo agir como pecador, é importante analisar como devemos nos comportar em relação ao nosso pecado.

O santo sente remorso

Todo mundo tem arrependimentos e remorsos. O grande pregador britânico Charles Haddon Spurgeon disse: "Poucos homens se atreveriam a ler a própria biografia se todos os seus atos estivessem nela registrados; poucos podem olhar para trás, para toda a sua jornada, sem ruborizar-se".[7] As coisas que nos fazem ruborizar — ou algo pior — ao olharmos em retrospecto para nossa vida não são os momentos em que vivemos de modo exemplar, mas aqueles em que mergulhamos no pecado.

À medida que amadurecem no relacionamento com Jesus, os santos começam a ver o pecado com mais clareza e a lamentá-lo com maior pesar. O próprio Paulo, um cristão maduro, demonstrou isso ao comparar seu passado com a vida perfeita de Jesus Cristo, diante da qual se considerava "o pior dos pecadores" (1Tm 1.15).

O remorso pode ser algo positivo. Quando o Espírito Santo nos convence do pecado e da justiça, como Jesus Cristo prometeu (Jo 16.8), é bom sentir remorso pelo pecado, confessá-lo, arrepender-se dele e crer que Jesus nos perdoa e nos purifica. A Bíblia ilustra o remorso segundo os padrões divinos. Suas páginas estão embebidas das lágrimas de personagens que aceitaram não só a verdade sobre Deus, mas também sobre si mesmos aos olhos de Deus. As poesias de lamento compõem a maior parte de Salmos (veja, por exemplo, o 32). Esse tipo de remorso reflexivo, de arrependimento, constitui uma resposta boa e adequada ao convencimento provocado pelo Espírito.

Os indivíduos de consciência mais frágil, no entanto, têm a propensão de passar do convencimento para a condenação. Suas lágrimas dificilmente se convertem em alegria. Seu olhar raramente se desloca do pecado para o Salvador. Em suma, o pecado os deixa paralisados e obcecados e os consome. Cientes da santidade de Deus e de suas falhas pessoais, passam do convencimento de Deus para a condenação de Satanás, que é chamado de "mentiroso" (Jo 8.44) e "acusador" (Ap 12.10).

As diferenças entre convencimento e condenação são gritantes.

CONVENCIMENTO	CONDENAÇÃO
Vem de Deus	Vem de Satanás
Conduz à vida	Conduz ao desespero
Resulta em alegria	Resulta em tristeza
Incita a mudar	Incita a pensar que a mudança não é possível
Leva a uma nova identidade em Cristo	Leva à velha identidade no pecado
Gera consciência do pecado	Gera incerteza sobre o pecado
Faz olhar para Jesus	Faz olhar para si mesmo
É uma bênção	É um fardo

Paulo dissipa a névoa da condenação com a luz do convencimento, dizendo: "Portanto, agora já não há condenação para os que estão em Cristo Jesus" (Rm 8.1). Você está "em Cristo Jesus"? Se a resposta é sim, "já não há condenação [...] porque por meio de Cristo Jesus a lei do Espírito da vida" libertou você "da lei do pecado e da morte" (v. 1-2).

O santo é poderoso

Nós, os santos, somos tentados a pecar, assim como Jesus Cristo em sua passagem na terra. Uma vez, porém, que estamos em Cristo e Cristo está em nós pela presença do Espírito Santo, não somos obrigados a responder pecaminosamente à tentação; antes, por meio de um coração e uma mente transformados em Cristo, podemos relembrar nossa identidade, dizer não ao pecado e buscar a Deus como Jesus Cristo fez. Conforme dizem as Escrituras:

> Não temos um sumo sacerdote que não possa compadecer-se das nossas fraquezas, mas sim alguém que, como nós, passou por todo tipo de tentação, porém, sem pecado. Assim, aproximemo-nos do trono da graça com toda a confiança, a fim de recebermos misericórdia e encontrarmos graça que nos ajude no momento da necessidade.
>
> Hebreus 4.15-16

Na introdução de Efésios, Paulo diz exatamente a mesma coisa: que os "santos" em Cristo não apenas têm "paz" com Deus, mas também recebem "graça" fortalecedora "da parte de Deus nosso Pai e do Senhor Jesus Cristo" (Ef 1.1-3).

O pecado e a tentação são duas coisas completamente diferentes. Jesus foi tentado, mas nunca pecou. Ser tentado é ser apresentado a duas alternativas: pecar contra Deus ou adorar a Deus — a responsabilidade é nossa. Não deixe o acusador mentir para você e convencê-lo de que ser tentado já o torna culpado. Mais importante, não creia na mentira de que, se você for tentado, já é tarde demais, e você deve simplesmente ceder e pecar.

Quando for tentado a pecar, lembre-se de que você é santo. Conhecer sua identidade em Cristo é a chave para a vitória. Jesus exemplifica isso para nós.

A identidade de Jesus, concedida a ele por Deus Pai, é a de Filho de Deus. Em Lucas 3.22, antes de Jesus iniciar seu ministério público, o Pai lhe diz no batismo: "Tu és o meu Filho amado; em ti me agrado". De modo semelhante, na transfiguração de Jesus em Lucas 9.35, Deus Pai diz a respeito dele: "Este é o meu Filho, o Escolhido; ouçam-no!". Satanás tentou Jesus para que provasse essa afirmação (Lc 4); os inimigos de Cristo o prenderam e o espancaram para que ele negasse isso (Lc 22). Mas Jesus, lembrando-se de sua identidade e vivendo pelo poder do Espírito Santo, suportou a tentação e a perseguição. Essa verdade poderosa demonstrada na vida de Cristo é igualmente poderosa na vida dos que estão nele.

Deus Pai lembrou a Jesus sua identidade ao longo de todo o seu ministério na terra, e Jesus lembrou a si mesmo sua identidade ao declará-la em público e orar com fervor, o "Filho de Deus" orando ao seu "Pai". Isso ajuda a explicar como ele conseguiu dizer não ao pecado e sim à obediência, e por que ele foi capaz de suportar tentação, críticas, ostracismo e até mesmo a crucificação. Ele conhecia o Pai, e conhecia também a si mesmo. Em consequência disso, manteve-se inabalável, inflexível e imutável.

Jesus é o Filho de Deus. Os que estão em Cristo são os seus santos, separados para suportar tentação, críticas e ostracismo, como ele fez. Meu querido santo, você deve sempre lembrar quem você é, sobretudo nos momentos de maior necessidade.

Veja como os teólogos explicam isso. Os imperativos bíblicos (o que você deve fazer) provêm dos indicativos (quem você é). Dizemos não ao pecado porque somos santos em Cristo. Suportamos as críticas de quem nos odeia porque Deus nos ama em Cristo. Suportamos o ostracismo porque Deus nos acolhe em Cristo. Não somos o que fazemos. Fazemos o que somos. Nossa identidade determina nossa forma de agir. Era assim com Jesus, e é assim com os que estão nele. Nossa identidade como novas criaturas em Cristo é a chave para que vençamos como Cristo.

O santo é humilde

Pode ser útil pensar nos benefícios de estar em Cristo como um processo de salvação em quatro frentes. Primeiro, por meio da *regeneração* somos resgatados da morte espiritual, consequente de nosso pecado, para uma nova vida em Cristo. A regeneração produz novos desejos, pensamentos e esperanças, a fim de que façamos as coisas de Deus, e não "as vontades da nossa carne" (Ef 2.3).

Segundo, por meio da *justificação* somos salvos da pena do pecado. A justificação é a ação na qual Deus declara justo e santo aos seus olhos um pecador injusto. É essa a nossa posição em Cristo. Nós, como cristãos, somos genuinamente novos e, apesar de ainda não sermos perfeitamente novos, rumamos nessa direção na vida presente e seremos aperfeiçoados após a morte.

Terceiro, a viagem por esse caminho até Deus e o caráter divino prossegue ao longo de nossa vida na *santificação*. Por meio da santificação, somos salvos do poder do pecado. A santificação é tanto uma posição — já estamos separados e santificados — como um processo, no qual nos tornamos cada vez mais semelhantes a Jesus conforme o Espírito Santo nos purifica e nosso relacionamento com ele se desenvolve. Nós, como santos santificados, não somos obrigados a pecar e podemos começar a desfrutar da santidade.

Quarto, nossa santificação se completa após a morte, quando experimentaremos a finalidade de nossa salvação na *glorificação*, por meio da qual somos salvos da presença do pecado. A glorificação é um estado eterno de perfeição imaculada que culmina na ressurreição da morte para vivermos com Jesus e na semelhança eterna com ele.

Tudo isso se dá pela graça e para a glória de Deus. Algumas vezes, porém, nós, como santos, pecamos ao nos orgulhar das mudanças que alcançamos e das coisas que aprendemos, algo que a Bíblia chama de "vanglória" e "soberba" (1Co 13.4; 1Tm 3.6).

A Bíblia tem muito a dizer sobre o pecado do orgulho e a virtude da humildade. Em nossos dias, quando as coisas mais postadas na internet são fotografias e ostentações a respeito de nós mesmos, as palavras atemporais da Bíblia se revelam incrivelmente oportunas.

- Provérbios 6.16-17: "Há seis coisas que o Senhor odeia, sete coisas que ele detesta: olhos altivos..."
- Provérbios 8.13: "... odeio o orgulho e a arrogância..."
- Provérbios 16.5: "O Senhor detesta os orgulhosos de coração...".
- Provérbios 16.18: "O orgulho vem antes da destruição; o espírito altivo, antes da queda".
- 1Pedro 5.5: "Deus se opõe aos orgulhosos, mas concede graça aos humildes".

O orgulho é nosso inimigo; a humildade é nossa aliada. O orgulho nos compara aos demais pecadores; a humildade nos compara ao nosso imaculado Salvador. O orgulho cobiça o sucesso alheio; a humildade o celebra. O orgulho diz respeito a mim; a humildade diz respeito a Jesus e às outras pessoas. O orgulho fala de minha glória; a humildade fala da glória de Deus. O orgulho causa separação de Deus; a humildade causa dependência de Deus. O orgulho está abarrotado de pecados; a humildade está abarrotada de alegrias. O orgulho leva à arrogância; a humildade leva à confiança. O orgulho me faz agir de acordo com minha força; a humildade me compele a agir com base na força de Deus.

A atual tendência na prática do aconselhamento consiste em encorajar as pessoas a ter maior estima de si mesmas, a viver uma vida que lhes seja melhor. Dessa forma, a resposta para tudo que nos aflige é a autoestima que conduz ao autoaperfeiçoamento e à autossatisfação. Isso tudo, porém, não passa de termos técnicos para o orgulho. O problema com esse modo de pensar é que ele trata somente do "eu", e não do "eu" vivendo *coram Deo*, isto é, "na presença de Deus". Não precisamos nos sentir melhor em relação a nós mesmos. Precisamos do Deus que nos torna melhores por meio dele e para ele.

Na humildade estão inseridos o conhecimento e a aceitação da verdade sobre Deus e sobre nós mesmos conforme revelados na Bíblia. O santo crescerá em humildade ao compreender, de maneira bíblica e correta, sua identidade em Cristo. Saber que somos pecadores salvos e mantidos pela graça nos guardará de uma autoestima orgulhosa e soberba. E, igualmente, saber que somos santos em Cristo nos guardará de uma autoestima baixa e sofrível.

Nenhum de nós, com exceção de Jesus Cristo, pode se afirmar realmente humilde. Na verdade, tudo que podemos dizer é que somos pessoas orgulhosas buscando a humildade mediante a graça de Deus.[8] Felizmente, a graça é concedida livremente a todos os que creem em Jesus e têm nele a sua identidade.

Você é cristão? Se a resposta é sim, então em Cristo você é santo, redimido e renovado, pois todo cristão verdadeiro é santo. Reserve um momento para analisar essa incrível verdade! Não importa como você se sente nem o que os outros dizem. Deus diz que você é santo. Diga em voz alta: "Eu sou um santo!". Peça que o Espírito Santo plante essa verdade no fundo de sua alma, de modo que a raiz de sua identidade em Cristo nutra o fruto de sua vida. Como disse Jesus: "Eu também não a condeno. Agora vá e abandone sua vida de pecado" (Jo 8.11).

CAPÍTULO 4

Eu sou abençoado

Bendito seja o Deus e Pai de nosso Senhor Jesus Cristo, que nos abençoou com todas as bênçãos espirituais nas regiões celestiais em Cristo. Porque Deus nos escolheu nele antes da criação do mundo, para sermos santos e irrepreensíveis em sua presença. Em amor nos predestinou para sermos adotados como filhos, por meio de Jesus Cristo, conforme o bom propósito da sua vontade, para o louvor da sua gloriosa graça, a qual nos deu gratuitamente no Amado.

Nele temos a redenção por meio de seu sangue, o perdão dos pecados, de acordo com as riquezas da graça de Deus, a qual ele derramou sobre nós com toda a sabedoria e entendimento. E nos revelou o mistério da sua vontade, de acordo com o seu bom propósito que ele estabeleceu em Cristo, isto é, de fazer convergir em Cristo todas as coisas, celestiais ou terrenas, na dispensação da plenitude dos tempos. Nele fomos também escolhidos, tendo sido predestinados conforme o plano daquele que faz todas as coisas segundo o propósito da sua vontade, a fim de que nós, os que primeiro esperamos em Cristo, sejamos para o louvor da sua glória.

Quando vocês ouviram e creram na palavra da verdade, o evangelho que os salvou, vocês foram selados em Cristo com o Espírito Santo da promessa, que é a garantia da nossa herança até a redenção daqueles que pertencem a Deus, para o louvor da sua glória.

Efésios 1.3-14

O primeiro capítulo da Bíblia traz um breve e impressionante relato de como Deus trouxe à existência todas as coisas por meio do poder de sua Palavra. Infelizmente, quase sempre perdida no meio da nuvem de controvérsia referente aos detalhes de quando e como o mundo foi criado, existe uma simples frase dizendo o que Deus fez imediatamente depois de criar nossos primeiros pais: "Deus os abençoou" (Gn 1.28).

Eles não pediram que Deus os abençoasse. Ele assim o fez simplesmente por ser generoso e bom. Tal entendimento acerca do coração de Deus é radicalmente incomum. Se você estudar as diversas religiões e crenças sobrenaturais existentes no mundo, terá dificuldade em encontrar algum conceito de um Deus que seja bom e que se compraz em conceder bênçãos às pessoas.

De fato, segundo a noção habitual, Deus precisa ser manipulado e coagido para abençoar. Assim, aprendemos que é preciso fazer algo, como sofrer, jejuar, orar, adentrar um estado alternativo de consciência, repetir um mantra, possuir objetos sagrados, contribuir financeiramente, realizar uma peregrinação, oferecer sacrifício animal ou mesmo humano, ir ao encontro de um guru, xamã ou pajé, lançar feitiços, ou qualquer outra coisa que obrigue Deus a nos abençoar. Seja qual for o método, a mensagem permanece a mesma: de algum modo é preciso manipular Deus para que ele nos abençoe.

Foi o que aconteceu com uma jovem chamada Alyssa, que levou uma vida dupla por mais de cinco anos, convencendo pais e amigos de que era cristã, mas, ao mesmo tempo, praticando ativamente a seita Wicca. "Eu já havia passado por quatro anos de educação cristã e frequentado aulas de confirmação na Igreja Luterana", disse ela. "Portanto, eu conhecia todas as respostas corretas sem, no entanto, conhecer Jesus."

Alyssa diz que seu entendimento acerca de Cristo foi afetado por uma equivocada noção de que era necessário conquistar a bênção de Deus. "Recentemente o Espírito Santo me mostrou que isso provinha da mentira de que eu podia agradar a Deus com minha vida, e não é esse o caso, não mesmo. Na verdade, ele se agrada quando vou até ele completamente vazia, destituída, sem nada a oferecer e nada com que barganhar, pois ele preenche esse vazio com Cristo e me identifica como sendo sua. Eu não preciso enganar a Deus da maneira como engano meus amigos. Não preciso fingir que o conheço!".

Na época de Paulo, as pessoas tinham problemas com essa mesma noção, a ideia de que é preciso enganar a Deus para receber suas bênçãos.[1] Éfeso era uma cidade destacada quanto à religião e à espiritualidade, e as pessoas viajavam até lá a fim de participar de suas muitas festas anuais, num esforço para manipular o mundo espiritual e assim obter bênçãos. A cidade praticava inúmeros rituais ocultistas de que hoje temos pouco conhecimento, usualmente chamados de "ritos de mistério" pelos estudiosos, e é conhecida também por suas "letras efésias" (*Ephesia Grammata*, nada a ver com a epístola de Paulo aos efésios), seis palavras intraduzíveis de um feitiço usado para controlar o mundo espiritual e constrangê-lo a conceder bênçãos.

Essas práticas ocultistas eram tão comuns que, na primeira pregação de Paulo em Éfeso, eclodiu um motim liderado por indivíduos que lucravam com as artes mágicas. Aquelas pessoas viam no evangelho da graça uma ameaça à sua prosperidade econômica, visto que, após a conversão, os novos cristãos da cidade amontoaram seus livros mágicos e os queimaram em público. Lucas, claramente impressionado com a quantidade de livros reunidos e seu valor em dinheiro, estimou o equivalente a cinquenta mil diárias de um trabalhador braçal (At 19.17-20). Tal atmosfera ajuda a explicar por que, em termos percentuais, Paulo falou em Efésios mais sobre guerra espiritual, poder demoníaco e a vitória de Jesus do que em qualquer outro livro do Novo Testamento.

C. S. Lewis gostava de dizer que geralmente somos culpados de "esnobismo cronológico". Em nossa arrogante visão, os indivíduos do passado são mais ingênuos, primitivos e menos sofisticados que nós. A verdade é que o ser humano sempre foi o mesmo, e hoje as pessoas têm uma mentalidade tão pagã quanto em qualquer época. A espiritualidade indígena, os esforços panteístas para viver em harmonia com as ditas forças da natureza, a confissão positiva que visa a "decretar" a ocorrência de fatos e coisas, os esforços religiosos para retribuir a Deus de alguma forma, a decoração *feng shui* no lar com o objetivo de gerar energias positivas, a tentativa de manipular Deus com promessas e atos de devoção, o comportamento supersticioso usual — de diversos modos as pessoas buscam interferir na esfera espiritual a fim de atrair bênçãos.

A intenção de Paulo era que soubéssemos não haver necessidade de manipular Deus para sermos abençoados. Como disse Jesus, Deus é um pai bom que sente prazer em dar boas coisas a seus filhos (Mt 7.11). Qualquer tentativa de manipular Deus mirando bênçãos é tão desnecessária quanto fazer a água ficar molhada.

Talvez esse frequente equívoco — a ideia de que Deus precisa ser adulado — seja a razão de Paulo iniciar Efésios com alguns dos versículos mais densos de toda a Bíblia (no original grego, os doze versículos que compõem Efésios 1.3-14 formam uma única e longa sentença de 202 palavras!), explorando a fundo o tema das bênçãos de Deus ao seu povo.

O apóstolo começa dizendo que devemos bendizer a Deus porque ele nos abençoou "em Cristo": "Bendito seja o Deus e Pai de nosso Senhor Jesus Cristo, que nos abençoou com todas as bênçãos espirituais [...] em Cristo" (Ef 1.3). Eis possíveis conceitos de bênção: "falar bem de, louvar, exaltar" ou "conceder favor, prover benefícios".[2] As duas ideias aparecem na abertura da carta. Devemos *louvar* a Deus pelo *favor* que ele nos mostra.

Recapitulando as dádivas que Deus nos concede em Cristo, Paulo nos apresenta uma lista de bênçãos. A lista paulina me faz lembrar uma exibição de fogos de artifício cujo desfecho traz uma imensa e épica explosão de sucessivas glórias. Antes de nos dizer o que devemos fazer para Deus, o apóstolo quer que saibamos o que Deus já fez para nos abençoar.

Abençoados em Cristo

Paulo diz com enfática clareza que quaisquer de nossas bênçãos são consequência de estarmos em Cristo. É por isso que ele menciona

Jesus nada menos que 14 vezes só nos primeiros 14 versículos de Efésios. Além disso, apesar da expressão "em Cristo" ou variantes como "nele" aparecerem cerca de 36 vezes ao longo da carta, já nessa primeira seção a expressão ocorre 11 vezes. Como escreveu o teólogo Thomas Schreiner: "A diversidade de expressões usadas para descrever o que significa estar em Cristo nesta longa sentença (Ef 1.3-14) é estonteante, e a repetição contínua da fórmula indica quão crucial ela é".[3]

Se um gênio da lâmpada lhe prometesse realizar um desejo, o que você pediria? Honestamente, o que seria? Riqueza? Poder? Amor? Agora, leve em conta que Deus já nos deu ele mesmo. Nesta vida, talvez Deus não lhe dê saúde, riqueza, facilidade ou tranquilidade, mas lhe deu ele mesmo. Se você está em Cristo, então você é abençoado e acolhido na comunidade junto da Trindade — a amizade eterna entre Deus Pai, Deus Filho e Deus Espírito Santo. Nada se compara a essa bênção.

Na seção de abertura de Efésios, toda a Trindade é mencionada — "Pai", "Jesus Cristo" e "Espírito Santo", nessa ordem — como sendo tanto a nossa bênção como a fonte de todas as nossas dádivas. Isso se dá porque toda bênção provém de Deus Pai, é mediada e efetuada por Jesus Cristo, o Filho, e é destinada ao cristão pelo Espírito Santo. Tal bênção foi planejada "antes da criação do mundo" (v. 4). Antes de criar os céus e a terra, Deus planejou conhecer, amar, salvar e abençoar você.

Admitimos que somos incapazes de imaginar o tempo antes que houvesse tempo, quando tudo o que existia era Deus. Como um ser eterno criador do tempo, do universo, das estrelas e dos planetas, Deus planejou na eternidade nos abençoar em Cristo e nos reconciliar diante dele antes mesmo que ele firmasse os alicerces da criação. O cômico, entretanto, é que nos achamos capazes de abalar os fundamentos de tamanha bênção e acreditamos ser necessário ajudar Deus a construí-la.

Há momentos em que não nos sentimos abençoados, mas o fato é que sempre recebemos bênçãos. Joyce, uma mulher que atualmente trabalha como diaconisa em nossa igreja, descobriu isso em meio a uma profunda tragédia em sua vida.

Eis o seu relato: "Por ser uma filha de Deus, em meu subconsciente eu achava que o jeito como as coisas funcionavam em minha vida era evidência da bênção divina. Quando meu sonho de um casamento 'para sempre' acabou em divórcio após vinte anos, fiquei com medo de que Jesus também estivesse me rejeitando. Meu casamento seguinte foi um desastre — até mesmo o juiz me disse que nunca tinha conhecido um vigarista tão inescrupuloso. Os maus-tratos eram tão graves que eu quase fui morta. Ao longo dos meses seguintes, tive de lidar com meu marido me espreitando e me atacando. Mesmo nos momentos de maior pavor, eu sabia que Deus estava lá para me proteger; mas, repito, algo não parecia certo nesse terror que afligia uma filha de Deus. Acaso eu não devia ser protegida desse tipo novelesco de vida?".

Por essa época, a empresa mantida por Joyce começou a prosperar e ela passou a frequentar a igreja. "Trabalhando sozinha, eu tinha me tornado a responsável pelo sucesso de minha empresa, e assim me joguei de cabeça naquilo, crendo que Deus faria a empresa funcionar porque eu era filha dele, tinha as motivações corretas e estava orando a respeito". Então um funcionário descontente sabotou a principal fonte de negócios de Joyce, o que afetou outros empreendimentos. A empresa chegou a um ponto em que tudo desabou, e acabou falindo.

"Da noite para o dia, meu patrimônio passou de uma quantia impressionante para um imenso valor negativo", conta Joyce. "Na mesma semana, meu filho de 24 anos morreu em decorrência de uma convulsão. A dor parecia insuportável. Em seguida, fui informada de que precisava mudar — até sexta-feira — da casa onde eu pretendia passar o resto da vida. Parecia um *tsunami* de perdas, e isso tudo poucos anos depois de passar pelo divórcio, um verdadeiro furacão devastador. Onde estava Deus? Por outro lado, por que eu não deveria sofrer nesta vida? Ele sofreu, e ele me prometeu vida eterna ao seu lado, e não uma vida perfeita agora. Mas, afinal, por que ele deixou isso tudo acontecer comigo? Eu era a filha dele, não era? Minha cabeça estava uma confusão só."

Em meio a todo esse sofrimento e perda, Deus estava agindo na vida de Joyce. "Aos poucos percebi que media a minha identidade em Cristo de acordo com quão bem eu me saía nas circunstâncias da vida, sobretudo financeiras. Conforme fui estudando o tema da redenção, dei-me conta de que não há pecado que ele não esqueça, que nada pode me separar de seu amor, nada pode me desqualificar de servi-lo — se eu me arrepender e permitir que ele use meu passado para a glória dele. Comecei a entender que ser filha de Deus não significa que sou imune a falhas, mas sim que posso confiar na soberania de um Deus amoroso cujos planos para mim são bons, cuja presença me oferece paz e que me está preparando uma morada eterna onde todos os meus sentidos se deleitarão."

Como bem sabe Joyce, a vida é dura e, especialmente nos momentos difíceis, é fácil esquecer que só merecemos o inferno, que todas as coisas boas na vida não são bênçãos por direito, mas sim dádivas generosas de um Deus amoroso. E essas bênçãos não são poucas.

Às vezes ficamos tão focados naquilo que desejamos que não paramos para agradecer a Deus e relembrar as bênçãos que já temos em Cristo. Paulo exemplifica essa atitude de gratidão logo no início de Efésios, recontando as maravilhosas e eternas bênçãos que todo aquele que crê já possui em Cristo Jesus.

A bênção da santidade

A santidade, para o cristão, é tanto posicional como prática. Em Cristo, nossa posição perante Deus é a de "santos e irrepreensíveis" (Ef 1.4). Martinho Lutero costumava chamar a obra de Jesus na cruz de "a Grande Substituição". No madeiro nossa injustiça foi até Jesus, que sofreu e morreu em nosso lugar, e a justiça dele veio até nós. O resultado é que agora Deus nos vê por meio da graça, tal como ele vê Jesus, justo e santo.

Dito em termos práticos, o Espírito Santo nos concede novos desejos e nos capacita a viver de acordo com eles numa vida santa. Isso não significa que vivemos sem pecado, mas sim que podemos viver de maneira que reflita cada vez mais a santidade de Jesus Cristo e os efeitos de sua bênção em nossa vida.

De que forma Deus vem transformando você em alguém mais santo por causa da bênção de Jesus? Como ele o tem convidado a efetuar outras mudanças em sua vida de modo que você alcance níveis maiores de obediência e santidade e, assim, reflita mais e mais de Cristo?

A bênção da predestinação

Paulo ensina que Deus nos escolheu e nos predestinou para receber amor, desfrutar da graça e ser amigos dele para sempre. No contexto do Antigo Testamento, a ideia é expressa em formas variadas, como *plano/planejar* (Jr 49.20; 50.45; Is 14.24,26; 19.12; 23.9; Mq 4.12); *propósito* (Is 14.27) e *escolher* (Nm 16.5,7; Dt 4.37; 10.15; Is 41.8; Ez 20.5). De igual modo, o Novo Testamento faz uso de uma constelação de palavras, como *predestinados* (Rm 8.29-30; Ef 1.5,11), *eleitos* (Mt 24.22), *escolhidos* (Rm 8.33; 1Co 1.27; Ef 1.4; Cl 3.12; 2Ts 2.13) e *designados* (At 13.48), para falar sobre Deus escolhendo salvar algumas pessoas, mas nem todas.

É compreensível que a doutrina da predestinação suscite uma série de perguntas. Por que Deus salva alguns e não outros? Deus é injusto e mau por salvar certas pessoas, mas outras não? Não há esperança de salvação para os que não são escolhidos por Deus? Infelizmente, há mais debate acerca das perguntas difíceis do que celebração pela verdade divina da predestinação — antes que o tempo tivesse início, Deus predestinou o plano de amar e salvar seu povo. Como ele efetuou esse plano? Por meio da obra de Cristo na cruz, pelo poder do Espírito Santo, mediante a pregação de Jesus.

Espera-se do cristão que ele apresente o evangelho de Jesus Cristo com amor, sinceridade e humildade aos não cristãos e aguarde o que Deus haverá de fazer em seguida. Em vez de representar um obstáculo para a evangelização, como afirmam alguns, a predestinação nos libera para agir como Deus ordenou que os cristãos agissem, pregando com ousadia e sem a preocupação de que nós, de algum modo, atrapalhemos ou prejudiquemos o processo da salvação. A predestinação nos libera para sermos mais ousados na evangelização, não o contrário.

A predestinação permite ainda que gente como Joyce repouse na soberania de Deus — mesmo quando o mundo se acha de cabeça para baixo —, pois Deus é bom e tem bons planos para nós, até mesmo por meio do mal que nosso pecado traz ao mundo. Na vida do cristão, a doutrina da predestinação deve ser objeto de reflexão e de alegria. Deus predestinou nossa redenção "em amor" (Ef 1.5). Mesmo não tendo obrigação para com ninguém, ele escolhe nos salvar. Se você é cristão, então está no caminho predestinado de Deus para o relacionamento com ele. Deus escolheu conhecê-lo, amá-lo, buscá-lo, abraçá-lo e ser seu amigo!

A bênção da adoção

Deus é um pai, e em Cristo você é adotado na família divina. Nos 39 livros do Antigo Testamento, Deus é mencionado como Pai apenas 14 vezes — e, em cada ocasião, de forma impessoal, em referência à nação de Israel, e não a indivíduos.

Com Jesus, tudo mudou radicalmente. Ele se referiu a Deus como Pai mais de 60 vezes no Novo Testamento. Ninguém jamais falou sobre Deus ou orou a ele como Jesus Cristo, que usava uma palavra bastante informal e terna com que as crianças chamam seus pais queridos — algo como meus filhos me chamando de "Paizinho". Seguindo o exemplo de Jesus, nós nos referimos a Deus como Pai e à salvação como adoção.

Charles Haddon Spurgeon faz um contraste entre a adoção divina e a adoção humana:

> Um homem, ao adotar uma criança, por vezes é movido a isso pela extraordinária beleza dessa criança, ou por vezes em razão de seus

modos inteligentes e propensão a vencer na vida. Contudo, amados, quando Deus passou pelo campo em que estávamos deitados, ele não viu lágrimas em nossos olhos até que ele mesmo as pôs lá; ele não viu contrição em nós até ele nos haver conferido o arrependimento; e não havia beleza em nós que pudesse induzi-lo a nos adotar — pelo contrário, éramos de todo repulsivos; e, houvesse ele dito, ao passar, "Maldito és tu, estás para sempre perdido", não teria sido nada além do que esperaríamos de um Deus que por muito tempo fora provocado e cuja majestade fora tão terrivelmente insultada. Mas não; ele deparou com uma criança rebelde, uma criança imunda, assustadora e feia; ele a levou junto ao peito e disse: "[Pecaminosa] que sejas, tu és formosa aos meus olhos mediante meu filho Jesus; indigna que sejas, eu no entanto te cubro com o manto dele, e nas vestes de teu irmão eu te aceito"; e, tendo-nos nos braços, de todo ímpios e impuros, exatamente como somos, ele nos leva para ser dele — seus filhos, para sempre.[4]

A bênção da redenção

Sem Cristo somos escravos do pecado, que é a expressão bíblica para vício. A ilustração da escravidão e da redenção nasceu no livro de Êxodo e é revisitada diversas vezes no Antigo Testamento (Êx 15.1-8; Dt 7.8; 15.15; 2Sm 7.23; 1Cr 17.21; Is 51.10; Mq 6.4). Milhões de hebreus viveram escravos de um rei egípcio, o "faraó", que governou a nação mais poderosa da terra em seu tempo. Ele era adorado como deus e maltratava brutalmente os povos sob o seu domínio.

Repetidamente o faraó recusou arrepender-se e libertar seus escravos. Então Deus enviou uma terrível série de juízos sobre a nação. Por fim, a ira de Deus irrompeu sobre o primogênito de cada família e matou todos eles numa só noite. As únicas casas poupadas foram aquelas que, com fé, pegaram um cordeiro novo e saudável, sem manchas nem defeitos, sacrificaram-no como substituto e cobriram os umbrais de suas casas com o sangue do animal. Em vista do sangue do cordeiro, a ira de Deus passava por cima da casa e seguia em outra direção. Assim o povo foi redimido e liberto para deixar a escravidão e viver como adoradores de Deus (Êx 7—12). Isso tudo era símbolo de que o pecado domina, escraviza e destrói. Jesus, porém, tornou-se o Cordeiro de Deus, e seu sangue foi derramado para que fossemos poupados e libertos.

Em Cristo você é redimido. Independentemente do que o tenha escravizado, sejam drogas, álcool, comida, sexo, jogo, temores, seja o que for, Jesus o redimiu. Você já não tem de viver escravizado a essas coisas. Uma vez que Jesus morreu por sua causa, você pode pôr fim em seu pecado, afastar-se de quem ou daquilo que o escraviza e desfrutar uma nova vida de livre adoração a Deus.

A bênção do perdão

Que remorsos profundos o assombram? Que palavras você disse? Que ações realizou? Quais motivações ocultou? Em que mentiras acreditou? Que danos causou? A quem entristeceu? Que culpas e vergonhas você tem carregado? O que tem feito para tentar amenizar sua consciência culpada? Você já tentou negar seu pecado, pôr a culpa em outros, minimizar seu erro, escondê-lo, compensar Deus ou punir-se pelo deslize? Até que ponto seus esforços têm falhado?

Em Cristo você é total, completa e eternamente perdoado. Não importa o que você fez ou vai fazer, Jesus morreu por todos os seus pecados e vive para perdoá-los. Você é perdoado. Deus não guarda seu pecado contra você, não o punirá e, não obstante seu erro, ele o ama.

A bênção da graça

Quando Paulo escreveu sobre a graça de Deus para conosco, ele se referiu àquilo que os teólogos chamam de *graça comum* e *graça salvífica*. Entende-se a graça como um derramamento do amor de Deus. Ele ama a todos com a graça comum e a seus escolhidos ele ama também com a graça salvífica.

A graça comum de Deus permite que até mesmo quem o despreza aprenda a obter ganhos em áreas como ciência, filosofia, tecnologia, educação e medicina. A graça comum de Deus nutre o processo criativo e autoriza o florescimento de expressões artísticas e criativas de toda espécie. Ademais, a graça comum de Deus possibilita que sociedades se desenvolvam, famílias existam, cidades cresçam e nações prosperem (cf. Êx 31.2-11; 35.30-35).

Além da graça comum, que todos recebem, os que estão em Cristo recebem também a graça salvífica. Assim como a graça comum, a graça salvífica proporciona inúmeros benefícios nesta vida. Porém, provê igualmente benefícios infinitos para além da existência presente, pois nos reconcilia com Deus por meio de Cristo e nos libera, assim, para passar a eternidade, santos e irrepreensíveis, em sua presença.

Paulo versou sobre a graça cerca de uma centena de vezes, ou seja, mais que qualquer outro escritor bíblico.[5] Cada uma das cartas paulinas começa e termina fazendo referência à graça de Deus. Dessa forma ele procurava ilustrar, de maneira contínua e enfática, o fato de não ser possível, de nenhum modo e em nenhuma medida, estar em Cristo sem a graça de Deus.

Em Cristo você é agraciado. Você é escolhido pela graça, salvo pela graça, mantido pela graça, capacitado pela graça, amadurecido pela graça e santificado pela graça. Você persevera pela graça e, um dia, pela graça, verá Jesus face a face, o melhor amigo que você já teve.

A bênção de estar selado

No mundo antigo, os proprietários fixavam um selo pessoal em suas posses. Ao colocar o Espírito Santo em nós, Deus deposita também o seu selo (Ef 1.13). Nós agora pertencemos ao Senhor. O Espírito Santo é a primeira das bênçãos que esperam por nós, como propriedade dele, como parte de nossa herança. Na prática, isso significa que as amostras do Reino das quais desfrutamos nesta vida são apenas o começo.

Reflita por um momento sobre as alegrias que você já teve nesta vida por experimentar a presença de Deus, aprender a Palavra de Deus, desfrutar das pessoas de Deus e entoar louvores a ele. Agora considere que os melhores dias nesta vida representam apenas uma amostra da vida eterna vindoura, um aperitivo que aguça nosso apetite para o grandioso banquete.

Para o louvor da sua glória

Por que Deus nos abençoa? É para que ele possa nos glorificar? Ou será para que ele seja glorificado? Paulo nos ensina que o alvo da bênção de Deus é sua própria glória. Não à toa, o apóstolo diz que as bênçãos existem "para o louvor da sua gloriosa graça" (Ef 1.6) e repete duas vezes a expressão "para o louvor da sua glória" (v. 12,14).

As linhas de abertura de Efésios formam uma longa oração de louvor pelas inúmeras bênçãos que recebemos em Cristo, chamada por vezes de *bendição*. Conforme explica um comentarista da Bíblia:

> A bendição, ou *berekah*, manteve-se por séculos a forma mais comum de oração judaica, fundamental para a piedade da vida devota. Muito antes do primeiro século, os judeus usavam bendições longas na adoração corporativa e bendições breves na vida diária, como forma de louvar a Deus por diversos dons da graça.[6]

Haveria grande benefício para nossa alma e para cada aspecto de nossa vida se nós regularmente orássemos bendições como a de Paulo. Separe algum tempo ininterrupto, peça que o Espírito Santo suscite em sua mente as maneiras com que Deus o tem abençoado e registre essas bênçãos num diário. Ao fazer isso, Deus se tornará cada vez maior; a graça divina, cada vez mais rica; e os problemas que você enfrenta, cada vez menores.

Não há dúvida de que orar fazendo a Deus um pedido específico por determinada bênção é aceitável, tanto como é bom e correto que o filho faça pedidos a seu pai amável. O padrão de Paulo em Efésios, no entanto, nos incita a primeiro orar agradecendo as bênçãos que já temos antes de pedir por mais. Em minha casa chamamos isso de "orações de agradecimento", quando apresentamos as maneiras específicas com que Deus nos tem abençoado e as razões de sermos gratos.

Registrar as bênçãos de Deus e refletir sobre elas diariamente, ou pelo menos uma vez por semana, nos mantêm cientes do cuidado e da afeição que ele tem por nós e abastece nossa gratidão reverente em resposta. Em tempos de dificuldade, você pode relembrar as formas como Deus o tem abençoado. Além disso, esse registro do legado das bênçãos de Deus em sua vida é o tipo de coisa que você desejará um dia repassar a seus filhos e netos. Imagine como seria incrível se seus pais ou avós tivessem feito isso e você pudesse ler em detalhes como Deus os abençoou ao longo da vida deles.

A boa notícia é que existe um jeito de todos nós experimentarmos essa bênção. Cerca de dois mil anos depois, estamos lendo a oração em que Paulo reconta as nossas bênçãos em Cristo, e isso é um exemplo a ser imitado.

Em Cristo você é abençoado.

CAPÍTULO 5

Eu sou apreciado

Por essa razão, desde que ouvi falar da fé que vocês têm no Senhor Jesus e do amor que demonstram para com todos os santos, não deixo de dar graças por vocês, mencionando-os em minhas orações. Peço que o Deus de nosso Senhor Jesus Cristo, o glorioso Pai, lhes dê espírito de sabedoria e de revelação, no pleno conhecimento dele. Oro também para que os olhos do coração de vocês sejam iluminados, a fim de que vocês conheçam a esperança para a qual ele os chamou, as riquezas da gloriosa herança dele nos santos e a incomparável grandeza do seu poder para conosco, os que cremos, conforme a atuação da sua poderosa força. Esse poder ele exerceu em Cristo, ressuscitando-o dos mortos e fazendo-o assentar-se à sua direita, nas regiões celestiais, muito acima de todo governo e autoridade, poder e domínio, e de todo nome que se possa mencionar, não apenas nesta era, mas também na que há de vir. Deus colocou todas as coisas debaixo de seus pés e o designou cabeça de todas as coisas para a igreja, que é o seu corpo, a plenitude daquele que enche todas as coisas, em toda e qualquer circunstância.

EFÉSIOS 1.15-23

No início de 2012, Patrick Stump, ex-vocalista do Fall Out Boy, banda *pop* de enorme sucesso, postou em seu *blog* que vinha pensando em abandonar a indústria musical. Este era o título do *post*: “Preferíamos você gordo: confissões de um pária”.

Stump dizia que o fracasso comercial de seu álbum solo e as críticas negativas do último álbum da banda provocaram nele a sensação de “haver recebido algum imenso sinal cósmico me dizendo para desaparecer”. No comunicado, Stump contava como seus fãs, que em tempos passados o adoravam, agora zombavam dele nas turnês, gritando que o preferiam quando ele era gordo, enviando cartas de ameaça à sua casa e afirmando que ele não era nada sem a banda.

Na sequência, ele conta: "A verdade é que, para certo número de pessoas, tudo que eu já fiz, tudo que eu farei e tudo de valor que já tive a capacidade de fazer foi uma gravação de quando eu tinha 18 anos... Acontece que não importa onde eu estiver e quem eu for... eu jamais serei novamente o garoto de 'Take This to Your Grave' [segundo álbum do Fall Out Boy] . E eu lamento muito por isso, de verdade (sem ironia nem sarcasmo). Eu odeio acordar todas as manhãs sabendo que estou decepcionando tanta gente. Odeio me sentir como uma "casca" adulta que abriga um ator mirim outrora bonitinho".[1]

A confissão sincera de Stump sobre sua inadequação ressalta o seguinte fato: a despeito de quão famosos e ricos sejamos, todos nós queremos ser apreciados — e os sentimentos inerentes à sensação de ser depreciado podem se tornar devastadores, mortificando-nos e triturando nosso desejo de seguir adiante.

Quando nos sentimos assim, somos confrontados com uma escolha. Acreditaremos no que o mundo diz a nosso respeito? Ou acreditaremos no que Deus diz sobre nós? Aquilo em que escolhermos acreditar pode mudar drasticamente a trajetória de nossa vida.

Você é apreciado

Vivemos num mundo cada vez mais grosseiro. Cada pessoa parece agir como se fosse mais importante que as outras, e como se fizesse coisas mais reletantes. Na próxima vez que estiver no trânsito, saindo de um evento repleto de gente ou descendo do avião, preste atenção em quantas pessoas esperam ser tratadas como deuses e deusas ao mesmo tempo que tratam os outros como plebeus. Infelizmente, a tecnologia só piorou as coisas. Quanto mais mordazes, ásperos e críticos são os perfis, mais seguidores e fãs eles acumulam nas redes sociais.

Em níveis variados, somos todos culpados de fazer parte dessa cultura da grosseria. Qual de nós já não sentiu inveja do sucesso alheio? Entretanto, odiamos estar na extremidade oposta dessa aspereza.

Pergunte a si mesmo: "Como é a sensação de ser ignorado?". Você fica frustrado quando ninguém lhe agradece por um trabalho bem feito? Está cansado de trabalhar demais e ser valorizado de menos? Tem recebido mais críticas que incentivos? Você se pergunta se todo tempo, energia e dinheiro investidos na igreja, no trabalho e na vida estão valendo a pena? Já se pegou questionando se alguém realmente se importa?

Se você se sente assim, existem boas notícias. Deus vê tudo. Ele conhece os sacrifícios que você faz, os aspectos em que vem evoluindo, as pessoas a quem serve, os momentos em que age com generosidade e o impacto que tem causado. E ele aprecia tudo isso.

Quero que você leia os versículos seguintes como uma mensagem de Jesus para você por meio de Paulo: "Por essa razão, desde que ouvi falar da fé que vocês têm no Senhor Jesus e do amor que demonstram para com todos os santos, não deixo de dar graças por vocês, mencionando-os em minhas orações" (Ef 1.15-16). Você é apreciado!

Talvez alguns grupos religiosos fiquem eriçados com a ideia de o Senhor apreciar o que fazem indivíduos e igrejas cristãs. Tais pessoas têm a propensão de transformar a simples gratidão em argumentos teológicos desnecessariamente complexos. Por mais que soe espiritual dizer que tudo que acontece provém somente de Deus e que não merecemos nenhum crédito nem apreço por nada do que fazemos, isso é antibíblico e revela ingratidão. A realidade é que "somos criação de Deus realizada em Cristo Jesus para fazermos boas obras, as quais Deus preparou antes para nós as praticarmos" (Ef 2.10). A palavra *criação* usada por Paulo denota que somos uma obra artística, um poema de Deus. Assim como desfrutamos, elogiamos e apreciamos as obras de artistas neste mundo, podemos também apreciar a obra de arte em si ao mesmo tempo que conferimos o crédito final ao artista que a criou.

Sem dúvida, a graça de Deus, mediante o poder do Espírito Santo, nos capacita e habilita a viver — e também a alcançar santidade, obedecer e dar frutos. Muitas vezes, porém, Deus escolhe trabalhar por meio de pessoas que desejam fazer sua vontade, obedecem aos seus mandamentos, dependem de sua graça e estão cheias do Espírito. O próprio apóstolo demonstrou isso ao dizer: "Mas, pela graça de Deus, sou o que sou, e sua graça para comigo não foi inútil; antes, trabalhei mais do que todos eles; contudo, não eu, mas a graça de Deus comigo" (1Co 15.10).

Cometemos um erro grave quando, movidos pelo desejo de reservar toda a glória a Deus, nos esquecemos de apreciar aqueles por meio de quem Deus opera. Deus é tão glorificado quando o louvamos por sua graça não mediada como quando somos gratos por aqueles por meio de quem ele escolheu concedê-la. É por isso que, ao longo de toda a carta, Paulo não só louva a Deus, mas também aprecia indivíduos. Em Efésios 1.15-16, ele declara apreço pela "fé que vocês têm no Senhor Jesus" e pelo "amor que demonstram para com todos os santos", e diz: "não deixo de dar graças por vocês". O ponto central é claro: devemos agradecer a Deus por ser fiel ao seu povo *bem como* agradecer ao seu povo por ser fiel a Deus.

Paulo apreciava as pessoas de maneira incrivelmente individual. Grande parte de seu trabalho se destinava às igrejas em Éfeso e nos arredores da cidade, região na qual ele ministrou por um período maior de tempo (At 18.19—20.1). Pouco antes de deixar a Ásia Menor rumo a Jerusalém, o apóstolo pediu que os líderes da igreja em Éfeso se encontrassem com ele em Mileto, cidade vizinha, onde fez um longo e emocionado discurso, sabendo que provavelmente jamais retornaria (At 20.17-35). Quando Paulo embarcou no navio para partir, o amor e o apreço que o apóstolo e os cristãos em Éfeso partilharam de modo comovente nos chamam a atenção:

"Todos choraram muito e, abraçando-o, o beijavam. O que mais os entristeceu foi a declaração de que nunca mais veriam a sua face" (At 20.37-38).

É esse o senso de gratidão que Paulo expressa em sua carta aos Efésios. Quando ele tomou conhecimento da fidelidade dos efésios por Jesus e presenciou a dedicação deles em servi-lo, sentiu-se grato. Num mundo onde fama, reputação, inveja, ressentimento e ódio eram a norma, Paulo respondeu com alegria e gratidão.

A estima que Paulo sente em relação a Deus e às pessoas por seu serviço de amor aparece regularmente em suas cartas. Seu apreço se dá em resposta às ações de indivíduos e de igrejas inteiras. Leia os exemplos a seguir e reflita sobre cada um deles de maneira deliberada e pessoal, como se Paulo tivesse escrito especialmente para você:

- Romanos 1.8: "Antes de tudo, sou grato a meu Deus, mediante Jesus Cristo..."
- 1Coríntios 1.4: "Sempre dou graças a meu Deus por vocês..."
- Filipenses 1.3-5: "Agradeço a meu Deus toda vez que me lembro de vocês. Em todas as minhas orações em favor de vocês, sempre oro com alegria por causa da cooperação que vocês têm dado ao evangelho, desde o primeiro dia até agora".
- Colossenses 1.3: "Sempre agradecemos a Deus, o Pai de nosso Senhor Jesus Cristo, quando oramos por vocês..."
- 1Tessalonicenses 1.2-3: "Sempre damos graças a Deus por todos vocês, mencionando-os em nossas orações. Lembramos continuamente, diante de nosso Deus e Pai, o que vocês têm demonstrado: o trabalho que resulta da fé, o esforço motivado pelo amor e a perseverança proveniente da esperança em nosso Senhor Jesus Cristo".
- 1Tessalonicenses 2.19-20: "Pois quem é a nossa esperança, alegria ou coroa em que nos gloriamos perante o Senhor

Jesus na sua vinda? Não são vocês? De fato, vocês são a nossa glória e a nossa alegria".

- 1Tessalonicenses 3.9-10: "Como podemos ser suficientemente gratos a Deus por vocês, por toda a alegria que temos diante dele por causa de vocês? Noite e dia insistimos em orar para que possamos vê-los pessoalmente e suprir o que falta à sua fé".
- 2Tessalonicenses 1.3: "Irmãos, devemos sempre dar graças a Deus por vocês..."
- 2Timóteo 1.3-4: "Dou graças a Deus, a quem sirvo com a consciência limpa, como o serviram os meus antepassados, ao lembrar-me constantemente de você, noite e dia, em minhas orações. Lembro-me das suas lágrimas e desejo muito vê-lo, para que a minha alegria seja completa".
- Filemom 4-5: "Sempre dou graças a meu Deus, lembrando-me de você nas minhas orações, porque ouço falar da sua fé no Senhor Jesus e do seu amor por todos os santos".

Você se sente encorajado ao ler esses versículos? Que exemplos específicos o Espírito Santo suscita em sua mente com relação às formas de Deus demonstrar apreço por você?

Paulo estava bastante ciente de que nenhum de seus sofrimentos ou serviços passavam despercebidos a Deus. Ele sabia, simples e substancialmente, que era apreciado. Isso lhe permitiu seguir em frente, a despeito das duras críticas, do abandono, da solidão e da oposição violenta. Isso também o fez apreciar e encorajar outros cristãos dedicados, dizendo-lhes do seu apreço e do apreço de Deus.

Pessoas apreciadas substituem reclamações por orações

Quando sentimos que alguém nos despreza, tira proveito de nós e nos subestima, é bem possível que nos lancemos às reclamações. A Bíblia afirma com todas as letras que resmungar é pecado (Tg

5.9; 1Pe 4.9; Jd 1.16-19). Que fazer, porém, para não murmurar? Será que basta amontoar a frustração num canto e fingir que somos felizes e alegres? Nada disso. Antes, devemos parar de buscar a apreciação das pessoas e começar a buscar a Jesus.

Longe de ser apreciado, Jesus foi desrespeitado, desprezado e assassinado. As multidões não clamaram "Apreciem-no!", mas sim, "Crucifiquem-no!". Entretanto, em vez de reclamar, Jesus passou seu tempo orando no jardim do Getsêmani, antes de ser preso, e também na cruz, à beira da morte. Não orava só por si mesmo, mas também por aqueles que o odiavam. "Pai, perdoa-lhes, pois não sabem o que estão fazendo", pediu ele (Lc 23.34). Ele suportou isso tudo por estar convicto de que realizava a vontade do Pai. Sabia que o Pai se agradava dele e estimava sua obediência. Em seu batismo, apegou-se às palavras do Pai: "Este é o meu Filho amado, em quem me agrado" (Mt 3.17). Em Cristo, Deus também se agrada de você. Agora você desfruta da justiça de Cristo, e ela lhe pertence. Em Cristo, o Pai de igual modo aprecia sua obediência à Palavra e à vontade dele.

Ao agradecer às pessoas, Paulo dizia que estava orando por elas. As igrejas às quais ele remetia suas cartas tinham problemas e abrigavam pessoas difíceis, não há dúvida. Contudo, em vez de resmungar pelo que havia de errado, Paulo elogiava o que havia de certo e orava para que continuassem a conhecer a Deus e se tornassem cada vez mais semelhantes a Jesus.

E quanto a você? Ao sentir-se frustrado, irritado ou desvalorizado, você reage com reclamações ou com oração? Quando você pensa em circunstâncias que já vivenciou, de que forma as reclamações só pioraram a situação? E se você substituísse a reclamação por oração? Ao orar, conversamos com Deus, em vez de fofocar com outros, e o convidamos a nos ajudar, a proteger nosso coração da amargura e da raiva e a transformar não só nossas circunstâncias externas, como também nosso coração. Se você já não estiver fazendo isso, comece hoje mesmo a orar pelos outros.

Pessoas apreciadas substituem competição por celebração

Quando não somos apreciados, tendemos a nos envolver em confrontos nada saudáveis. Embora haja um tipo saudável de competição "para nos incentivarmos ao amor e às boas obras" (Hb 10.24), buscando motivar uns aos outros em amor a ser mais fiéis e frutíferos para a glória de Deus e o bem alheio, muitas vezes nossa competividade não é generosa nem provém de Deus. Pelo contrário, o foco se torna a exibição de nossa superioridade em relação aos outros, num esforço de superar os demais a fim de alcançar poder, *status*, honras e recompensas.

No momento em que até mesmo as práticas religiosas passam a ser executadas com a motivação oculta da competição mundana, nosso comportamento também se torna mundano. A competição espiritual pecaminosa ocorre quando disputamos entre nós visando derrotar uns aos outros em vez de competirmos para nos tornar cada vez mais semelhantes a Jesus. Sentimos ciúmes, criticamos e até difamamos, questionamos as motivações do outro, ficamos obcecados em derrotá-los e nos alegramos caso eles fracassem ou sofram humilhação.

E quanto a você? Celebra o sucesso alheio? De que maneira a compreensão do fato de Deus celebrar o sucesso em sua vida o ajuda a fazer o mesmo pelos outros? Há alguém com quem você tem competido e a quem Deus agora o está convencendo a enaltecer? Como fazer isso na prática? Se você já não estiver fazendo isso, comece hoje mesmo a exaltar os outros.

Pessoas apreciadas substituem amargura por gratidão

Quando nos esquecemos de que Deus nos aprecia e nos sentimos desvalorizados pelas pessoas, podemos nos tornar amargos contra os outros e contra Deus.

Algumas pessoas amargas param completamente de servir. Elas simplesmente desistem, dizendo coisas como "Se ninguém valoriza o que eu faço, por que fazer?", ou "Se as pessoas vão ser ingratas, que façam elas mesmas". Outras continuam a servir, mas com espírito de murmuração. Fazem todo mundo saber como é difícil a tarefa que realizam, quanto elas precisam trabalhar e, com efeito, imploram que as pessoas lhes digam quão estimadas elas são.

A verdade é que Deus aprecia tudo de bom que cada um de seus filhos faz por meio do Espírito Santo. Em Cristo, você é apreciado. Saber disso lhe permite substituir a amargura pela gratidão. É o que Paulo demonstra ao dizer: "Não deixo de dar graças por vocês" (Ef 1.16). Pessoas apreciadas são gratas pela graça de Deus em sua vida e na vida dos outros.

Você é amargo com Deus ou com outra pessoa por causa de dádivas, oportunidades, bênçãos ou frutos que cobiça para si? Como essa amargura azeda sua alma e afeta negativamente sua amizade com Jesus e com os demais? Em que sentido o fato de saber-se apreciado por Deus o liberta da mentira que afirma o contrário? Comece hoje mesmo a ser grato pelas pessoas.

Pessoas apreciadas substituem desempenho por serviço

Ao longo do ministério terreno de Jesus, havia uma discussão recorrente entre os discípulos acerca de qual deles era o maior (Mt 18.1-6; Mc 9.33-37; 10.35-45; Lc 9.46-48; 22.24-30). O interessante é que, em vez de repreendê-los, Jesus redirecionou as aspirações dos discípulos, dizendo que deviam almejar ser grandes servos.

O próprio Jesus veio à terra como servo humilde (Is 42.1-4; 49.1-7; 52.13—53.12; cf. Fp 2.1-11). No reino extraordinário de Deus, a grandeza não é medida pelo número de pessoas que servem você, mas por quantas pessoas você serve. Era o que Jesus queria dizer quando alertou: "Quem quiser tornar-se importante entre vocês deverá ser servo" (Mc 10.43). Isso explica ainda por que Jesus é o maior indivíduo que já pisou ou pisará neste planeta. Ele não "veio para ser servido, mas para servir e dar a sua vida em resgate por muitos" (Mc 10.45). Seguindo o exemplo de seu Mestre, Paulo também se referiu a si mesmo como servo (1Co 4.1; 9.19).

Saber que somos apreciados por Deus nos permite substituir desempenho por serviço. O desempenho se propõe à visão e à aprovação de outros. O serviço implica a consciência de que Deus observa e aprova o que é feito, quer outra pessoa esteja vendo, quer não. O desempenho nos torna escravos da opinião alheia, incapazes de dizer não e propensos a sobrecargas de trabalho. O serviço nos liberta para realizar a vontade de Deus e dizer não quando necessário. O desempenho nos pressiona ao perfeccionismo, na tentativa de fazer tudo correto para que os outros nos elogiem. O serviço nos permite fazer nosso melhor, convencidos de que Deus nos aprecia a despeito de nosso desempenho. O desempenho nos faz enfocar as coisas "grandes" e fazer apenas o que é altamente visível e importante. O serviço nos possibilita realizar tarefas simples, humildes e inferiores — as coisas "pequenas" — cientes de que o carpinteiro judeu a quem adoramos aprecia igualmente a ambos. Paulo exemplifica isso ao servir em amor aqueles que leem sua carta, incluindo nós.

E quanto a você? É inclinado ao desempenho ou ao serviço? De que modo uma compreensão mais profunda do apreço de Deus por suas obras liberta você das pressões do desempenho e o deixam livre para a satisfação de servir? Comece hoje mesmo a servir os outros.

Pessoas apreciadas substituem vanglória por encorajamento

Alguns anos atrás, realizamos uma conferência em nossa igreja. No final do primeiro dia, muita gente da equipe e muitos voluntários falavam sobre um dos oradores. Havia uma enorme agitação, não sobre sua pregação, mas sobre o apreço que ele demonstrava. Eles se sentiram tão amados e encorajados por aquele sujeito que se animaram a trabalhar duro, servindo fielmente os frequentadores do evento. No dia seguinte, fazendo minha melhor representação de ninja, segui o tal orador a certa distância para ver o que poderia aprender com ele.

O que eu testemunhei era simples e poderoso. Ele tinha interesse legítimo em todos que serviam e no que faziam. Parecia reservar tempo a cada indivíduo que trabalhava no evento. Ele os olhava nos olhos, agradecia-lhes com sinceridade e os encorajava, explicando como estavam fazendo a diferença para ele e quanto ele apreciava aquele serviço. Ele era verdadeiro. Prestava atenção detalhada na maneira de cada um servir. Não é de admirar que gostassem tanto dele, e agora, alguns anos depois, ainda continuam a se lembrar dele com carinho.

Pessoas não apreciadas acabam recorrendo à vanglória para obter a consideração alheia. Mas esse não é um caminho saudável nem santo nem feliz no qual se aventurar. Talvez fiquemos obcecados em divulgar o que fizemos e fazemos, exagerando os fatos e até mentindo a fim de impressionar os outros e, assim, sentir-nos apreciados.

Há aí uma implícita esperança de que, ouvindo as grandes coisas que realizamos e os sacrifícios que fizemos, as pessoas nos sejam gratas e nos estimem. Em vez disso, a maioria considera tais vanglórias desagradáveis, arrogantes e repulsivas. O motivo? Quando uma pessoa não apreciada se vangloria a alguém não apreciado, o resultado não é apreço, e sim ciúmes.

Se de fato acreditamos que Deus aprecia nosso serviço, podemos parar de nos vangloriar e começar a encorajar uns aos outros. Quando nos vangloriamos, usamos as pessoas para receber apreço. Quando nosso apreço vem de Deus, podemos começar a amar as pessoas, partilhando as maneiras pelas quais Deus e nós as valorizamos. Paulo demonstrou isso ao encorajar as pessoas, agradecendo-lhes por aquilo que faziam pela graça de Deus, em vez de se vangloriar de seus muitos feitos. Aquele orador na conferência tinha a mesma mentalidade, o que fez a diferença para nossos voluntários e me fez sentir culpado.

Uma das maneiras mais reveladoras de descobrir se cremos realmente que Deus nos aprecia consiste em analisar nossa vida de oração. No sentido mais geral, a oração significa simplesmente comunicar-se com Deus. Isso pode ser feito de modo audível — Deus ouve nossas palavras — ou silenciosamente — Deus conhece nossos pensamentos. A oração pode incluir cânticos, diários ou cartas. Orar é a forma primária de nos engajarmos num relacionamento com Deus, e, assim como a comunicação é a chave para os relacionamentos interpessoais, a oração é vital para nossa relação com Deus.

Os indivíduos cientes do apreço de Deus estão sempre orando e o fazem de um jeito diferente. Eles oram sem cessar porque sabem da obra de Deus na vida de outros, o que lhes dá mais motivos para orar. E oram de um jeito diferente porque estão focados nos outros e nas necessidades deles; agradecem pela obra do povo de Deus em vez de focar em si mesmos. Isso explica por que cerca da metade de Efésios é composta de oração. Certo autor escreveu: "Efésios é um livro de oração. Literalmente. Você se dá conta de que quase metade do livro de Efésios consiste em oração? Relatórios de oração, pedidos de oração e convites à oração [...] incluindo esboços de oração que Paulo fez pelos cristãos de Éfeso e por você e por mim".[2]

Vemos um exemplo disso em Efésios 1.15-23, onde Paulo pura e simplesmente ora pedindo que cristãos que já conheciam a Deus, aprendiam da Bíblia (Paulo, Timóteo, João e Lucas ensinaram em Éfeso) e desfrutavam de um ministério crescente conhecessem melhor a Deus. Um pastor e professor de ensino bíblico disse:

> Poderíamos muito bem perguntar: "O que você quer dizer, Paulo, ao orar pedindo que os efésios conheçam melhor a Deus? Você já lhes ensinou essas coisas todas. Você quer dizer que eles não as sabem? Ou

> que há alguma informação oculta, estranha, ainda a ser conhecida?". "Não", Paulo responderia. "Você me entendeu mal. Eu não estou orando para que os efésios venham a conhecer mais *sobre* Deus, embora eles provavelmente tenham muito a aprender, mas sim que eles *o* conheçam. Conhecê-lo e conhecer sobre ele são coisas bastante diferentes".[3]

Minha esposa, Grace, e eu tivemos nosso primeiro encontro em 12 de março de 1988. Desde aquele primeiro momento juntos, eu a conheço, mas estou aprendendo a conhecê-la melhor todo o tempo, e assim será pelo resto da minha vida. O mesmo se dá num nível ainda maior em nosso relacionamento com o Deus infinito da Bíblia. Ele nos conhece de forma íntima e perfeita. Nós, contudo, sempre teremos mais a conhecer sobre ele à medida que o vamos conhecendo. Nossa relação com Deus precisa ser continuamente nutrida.

Pensando em serviço, alguém em sua vida já o serviu como Paulo servia a igreja em Éfeso? Existe alguém que o aprecia, o incentiva, lhe ensina e ora por você? Se a resposta é sim, quem sabe você possa retribuir o favor partilhando com essa pessoa a razão de seu apreço por ela e as orações de gratidão que faz a Deus por tê-la por perto. Se a resposta é não, então deixe que as palavras de Paulo em Efésios sejam uma dádiva de apreço e encorajamento para você. Receba-as para si, guarde-as na memória, exiba-as em seu lar e carregue-as no coração. Em Cristo, você é apreciado.

Por fim, comprometa-se pela graça de Deus a ser alguém que aprecia os outros. Esforce-se, em relação a sua família, amigos e colegas de trabalho, a fazer mais depósitos na conta da estima do que saques da conta das críticas. A quem Deus deseja que você comunique apreço? Como especificamente essas pessoas ajudam você e/ou outros? De que forma você é encorajado por aquilo que vê na vida delas? Qual seria a maneira mais efetiva de comunicar sua consideração por elas? Talvez, como Paulo, você possa escrever uma carta de apreço, partilhando uma oração de agradecimento a Deus por elas e seus pedidos para que Deus as ajude.

Uma carta assim seria um presente, provavelmente algo que elas estimariam e guardariam, não diferente da carta de Paulo aos efésios, que ainda contemplamos quase dois mil anos depois de ter sido escrita. Esse é o poder do apreço.

CAPÍTULO 6

Eu sou salvo

Vocês estavam mortos em suas transgressões e pecados, nos quais costumavam viver, quando seguiam a presente ordem deste mundo e o príncipe do poder do ar, o espírito que agora está atuando nos que vivem na desobediência. Anteriormente, todos nós também vivíamos entre eles, satisfazendo as vontades da nossa carne, seguindo os seus desejos e pensamentos. Como os outros, éramos por natureza merecedores da ira. Todavia, Deus, que é rico em misericórdia, pelo grande amor com que nos amou, deu-nos vida com Cristo, quando ainda estávamos mortos em transgressões — pela graça vocês são salvos. Deus nos ressuscitou com Cristo e com ele nos fez assentar nas regiões celestiais em Cristo Jesus, para mostrar, nas eras que hão de vir, a incomparável riqueza de sua graça, demonstrada em sua bondade para conosco em Cristo Jesus. Pois vocês são salvos pela graça, por meio da fé, e isto não vem de vocês, é dom de Deus; não por obras, para que ninguém se glorie. Porque somos criação de Deus realizada em Cristo Jesus para fazermos boas obras, as quais Deus preparou antes para nós as praticarmos.

EFÉSIOS 2.1-10

Quando Bill foi salvo, aos 21 anos, ele não entendia o significado da conversão, exceto que tinha então de ir à igreja e tentar levar uma vida melhor. Como resultado, gastava a maior parte de sua vida cristã avaliando a si próprio. "Cresci num lar onde avaliar-se significava buscar afirmação e ouvir 'É isso aí, rapaz!' de meu pai", diz Bill. "Infelizmente, quando fui salvo, projetei em Deus minha compreensão de pai com base no que eu tinha presenciado em minha infância. Desse modo, eu sofria constantemente, imaginando Deus insatisfeito comigo na maior parte do tempo."

O desejo de deixar Deus com orgulho acabou levando Bill a fazer coisas boas por todas as razões erradas. Em 1994, abandonou um cargo lucrativo de engenheiro para buscar a obra pastoral em tempo integral. Olhando em retrospecto, ele entende que suas motivações eram impressionar Deus, e não servi-lo. "Eu achava que minha identidade estava nas coisas que eu fazia — não em quem eu era em Cristo. Aqui está, portanto, o problema em ter sua identidade vinculada às coisas que você realiza: seus feitos se tornam seu deus. Acontece que o deus dos feitos só funciona enquanto tudo vai bem. Quando as coisas começam a sair do eixo, não sobra nada a não ser a velha e familiar imagem de um sujeito com raiva, balançando a cabeça, decepcionado."

E em 1996 as coisas deram muito errado. Bill foi diagnosticado com um parkinsonismo chamado paralisia supranuclear progressiva (PSP) e expectativa de vida de cinco anos. "Lá estava eu, servindo a Deus, cuidando de uma família, sendo fiel à minha esposa, ou seja, fazendo tudo certinho! Mesmo assim, Deus permitiu que eu ficasse doente."

Em 2000, Deus milagrosamente o curou de sua enfermidade física, mas Bill continuava a sofrer por buscar salvação em suas obras, e não em Jesus. Naquele mesmo ano, Deus abençoou sua família com o sétimo filho, Annie, a quem Bill via como produto da bênção de Deus em sua vida. "Ela era uma garotinha maravilhosa, amável, graciosa — seu nome do meio era Grace", conta ele. Por três anos, tudo esteve ótimo: Bill pastoreava a igreja e via sua família crescer. Então aconteceu o impensável.

Aos 3 anos, Annie sofreu uma convulsão resultante de uma moléstia não diagnosticada que afetava suas glândulas suprarrenais — a doença de Addison. A falta de oxigênio causada pela convulsão provocou em Annie um dano cerebral irreversível. Ela já não podia falar, caminhar nem entender a maior parte do que lhe era dito. Além disso, não conseguia comer e recebeu em seu estômago um tubo permanente por onde os alimentos eram bombeados.

"Eu não conseguia entender o propósito de Deus nessa tragédia", diz Bill. "Como minha identidade estava vinculada ao meu papel de pastor, marido e pai, fiquei arrasado. Eu me sentia um hipócrita trabalhando como pastor enquanto tinha minhas dúvidas sobre a bondade de Deus. Minha fé se achava em estado crítico. Foi então que pedi demissão."

Ele prossegue seu relato: "Tudo que eu havia construído a fim de agradar a Deus — meu trabalho e minha família — estava desmoronando. O sofrimento de Annie teve um efeito devastador sobre toda a família".

Annie morreu em março de 2012, aos 7 anos. Desde que a garota sofreu a convulsão, Bill e a família tinham consciência de que ela não viveria muito tempo. Ainda assim, diz ele: "A vida de minha filha foi curta demais. Sentimos sua falta todos os dias, o dia todo".

Em meio a essa tragédia, Bill começou a entender cada vez mais que era salvo por Jesus, e não por aquilo que ele fazia para Jesus. "Compreender que minha identidade está em Cristo e não nas coisas que faço me permitiu enfim acolher o fato de que eu tenho um Pai que me ama incondicionalmente. Ele não poderia me amar mais, e ele não me amará menos. Há coisas que ele deseja me ver realizar para sua glória, mas seu favor não se baseia em minha capacidade de agradá-lo ou de impressioná-lo. Infelizmente, só comecei a entender essa liberdade aos 53 anos. Mas passado é passado. Ah, como eu desejo fazer grandes coisas somente para a glória de Deus — e não para meu currículo!"

Deus salvou Bill aos 21 anos. Deus ainda está salvando Bill hoje. E, um dia, Deus salvará Bill e o tornará plenamente semelhante a Jesus. O mesmo vale para nós.

Deus salva

Os cristãos costumam usar a palavra "salvo" como forma abreviada de se referir à salvação. Como muitos coloquialismos cristãos, a palavra é mais dita que entendida. Ela é usada de maneira específica duas vezes em Efésios 2.1-10 (2.5; 2.8), mas o trecho inteiro procura explicar o que significa ser salvo. Em certo sentido, "salvo" é um resumo simples da mensagem do evangelho: você estava morto no pecado, vivendo nele, rumo ao juízo final, e Deus o "salvou". Noutro sentido, é possível extrair infinitamente as riquezas dessa passagem bíblica. É "uma das mais claras, expressivas e amadas descrições da salvação no Novo Testamento".[1]

De modo geral, quando dizemos que somos salvos, usamos o verbo no passado. No Novo Testamento, Paulo usava o termo num contexto muito mais rico e completo, empregando os tempos passado, presente e futuro da mesma palavra. De acordo com o apóstolo, somos salvos (Ef 2.5), fomos salvos (Rm 8.24), estamos sendo salvos (1Co 1.18) e seremos salvos (Rm 5.9). Como escreveu o notável teólogo A. W. Pink:

> No Novo Testamento, a "salvação" possui escopo triplo — passado, presente e futuro — e caráter também triplo — da punição do pecado, do poder do pecado e da presença do pecado. Todo aquele que crê *foi salvo* da punição do pecado [...]. Mas *seremos ainda salvos* da presença do pecado [...]. Na volta do Senhor, seremos completamente emancipados do domínio e da contaminação do pecado.[2]

Pode ser útil entender que, conquanto sejamos posicionalmente justos perante Deus em Cristo (fomos salvos), também lutamos com o pecado porque estamos sendo renovados e conformados à semelhança de Cristo diariamente (estamos sendo salvos). Como cristãos, todavia, temos esperança de que um dia seremos perfeitos como Cristo (seremos salvos). A melhor parte é que toda a obra de salvação — passada, presente e futura — em nossa vida é obra de Cristo em nós. Ao longo de cada etapa da salvação, somos levados para junto de Jesus e, com amor, capacitados por seu Espírito Santo.

Na vida cotidiana, quando falamos de alguém sendo salvo, comunicamos duas verdades básicas. Primeiro, uma pessoa estava em perigo e era incapaz de resgatar a si mesma de um destino terrível. Segundo, outro alguém a resgata, a redime e a liberta.

Em seu álbum *Live Under Lights and Wires*, Sandra McCracken conta a história de dois garotos do Missouri que passavam o verão brincando perto de algumas barragens de areia responsáveis por deter parte das cheias do rio Mississippi. Infelizmente, aconteceu de os dois garotos serem engolidos por uma onda de areia causada por uma ruptura na barragem. Quando a equipe de resgate enfim os encontrou, apenas o menino mais novo foi visto em pé na areia movediça.

"Onde está seu irmão?", perguntou um dos resgatadores.

"Estou em cima dos ombros dele", respondeu o garoto.

O irmão mais velho havia sacrificado a vida para salvar o mais novo.

Assim como o menino mais novo precisava de salvação, nós também outrora afundávamos na areia de nosso pecado. Foi preciso que nosso irmão mais velho, Jesus, sacrificasse a si mesmo para que fôssemos salvos. E, assim como o menino mais novo, ainda estamos na areia do pecado, embora salvos da morte, e, um dia, o resgatador Jesus virá e nos tirará de lá. Esse é o sentido básico pretendido pela Bíblia quando nos diz que somos salvos em Cristo.

Salvos de quê?

Foi um colega de escola a primeira pessoa a me perguntar se eu era salvo. Para falar a verdade, eu não entendi o que ele queria dizer. Respondi algo como "Eu acredito em Deus". Eu não era cristão, mas acreditava na existência de algum tipo de Deus e tentava levar uma vida decente, ser uma boa pessoa.

Na época, eu não tinha nenhuma noção profunda da santidade de Deus, de meu pecado e, por conseguinte, nenhum senso de urgência em aprender mais sobre Deus ou efetuar mudanças maiores em minha vida. Eu era como um homem preso na areia movediça, mas não percebia que estava afundando; não achava, portanto, que precisasse de um salvador. Eu certamente avistava outros pecadores que precisavam de Jesus, mas, a meu ver, eu era uma pessoa boa e estava bem. Desde aquela época, conheci gente suficiente para saber que muitos compartilham daquelas minhas crenças equivocadas.

Antes de entender e acolher nossa identidade em Cristo, precisamos reconhecer nossa identidade à parte de Cristo. Tornar-se cristão não significa simplesmente aceitar o fato de Jesus ser nosso Salvador. Significa também aceitar a verdade sobre nós mesmos sermos pecadores necessitados.

Leia as seguintes palavras do apóstolo Paulo:

> Vocês estavam mortos em suas transgressões e pecados, nos quais costumavam viver, quando seguiam a presente ordem deste mundo e o príncipe do poder do ar, o espírito que agora está atuando nos que vivem na desobediência. Anteriormente, todos nós também vivíamos entre eles, satisfazendo as vontades da nossa carne, seguindo os seus desejos e pensamentos. Como os outros, éramos por natureza merecedores da ira.
>
> Efésios 2.1-3

Em Cristo, somos salvos de seis coisas: pecado, morte, vida mundana, Satanás, nossa velha natureza e a ira de Deus.

Em Cristo somos salvos do pecado e da morte

A morte é, em primeiro lugar, a punição pelo pecado. Por causa do pecado, a morte entrou no mundo (Gn 2.16-17; 3.3-4; Dt 30.17-19; Rm 1.32; 5.12-14,18-21) e se espalhou por toda parte.[3] Pode parecer óbvio, mas a morte nos separa da fonte da vida. O que não é tão óbvio para muita gente é que Deus é a fonte de toda vida. A morte, portanto, num sentido bastante real, nos separa de Deus, tanto espiritual como fisicamente. Nesta vida, a morte é a característica fundamental da vida espiritual dos que não estão em

Cristo. Dessa forma, todo não cristão está morto, separado da vida de Deus por causa de "transgressões e pecados".

Graças a Deus, em Cristo, somos salvos de nossos pecados e de sua consequência, que é a morte. Uma vez que Jesus morreu, cada um de nós pode ter uma nova vida com novos desejos pelas coisas de Deus, livres da punição e do poder do pecado. Uma vez que Jesus ressuscitou, estamos vivos espiritualmente e um dia ressuscitaremos fisicamente, como Jesus, para estar com ele e ser como ele por toda a eternidade.

Em Cristo somos salvos de um padrão mundano de vida

Considere por um momento quem você seria e como seria sua vida se Deus não o tivesse salvado. Se não tivesse uma nova mentalidade em Cristo e uma nova autoridade nas Escrituras, quais pensamentos e ações de sua família, de seus amigos e da cultura ao redor você não questionaria?

A maioria das pessoas ficaria horrorizada caso contemplasse com olhar sincero quem elas poderiam ter sido. Para o cristão, tal percepção se torna ainda maior conforme entendemos a gravidade de todos os nossos pecados — não apenas os "grandões". A fim de apreciar nosso Salvador por completo, devemos primeiro reconhecer nosso pecado, relembrando, como escreveu Paulo, nossa antiga forma de viver, quando seguíamos "a presente ordem deste mundo" (Ef 2.2).

Imagine por um instante onde você chegaria, fisicamente falando, se todos os dias caminhasse na mesma direção por um caminho desgastado e bem conhecido. Espiritualmente, é assim a vida de um não cristão. Com as costas viradas para Deus e o rosto voltado para o egoísmo e o pecado, o pecador adentra diariamente à escuridão, à devastação e à morte, aquilo que Paulo chama de "presente ordem deste mundo"; ou seja, a busca por poder, dinheiro, companhia, valorização, controle, beleza etc., no lugar da busca por Deus e pelas coisas que ele nos reservou.

O cristão é alguém que se arrepende — literalmente dá as costas ao pecado e volta-se para Deus — e caminha tendo Jesus como sua nova identidade. Em Cristo somos salvos de uma maneira mundana de viver e aderimos a uma maneira santa de viver. Na graça de Deus, isso pode estabelecer um novo padrão para as gerações vindouras, com nossos filhos e netos sendo encorajados a seguir nossos passos com Jesus.

Em Cristo somos salvos de Satanás

Em Efésios 2.2, Paulo fala que os não cristãos seguem "o príncipe do poder do ar, o espírito que agora está atuando nos que vivem na desobediência". Na cultura em que Paulo vivia, a expressão "príncipe do poder do ar" faz alusão a Satanás, e "poder do ar" é uma referência ao reino espiritual.

Satanás é o príncipe, o governante, o poder e a autoridade do lugar onde habitam os demônios. É por isso que em Lucas 4.6 o Diabo diz a Jesus que lhe dará toda a sua "autoridade" caso ele o adore. Satanás tem autoridade sobre as forças espirituais que realizam seus esquemas diabólicos na humanidade — e por meio dela — e nos reinos do mundo. E "apesar de o príncipe deste mundo ter sido derrotado (cf. Ef 1.20-22), ele não se rende sem lutar e sem fazer sentir sua poderosa influência".[4]

Felizmente, Jesus domina sobre Satanás e os demônios. O controle que estes exerciam sobre nós foi interrompido por meio da vida impecável, da morte vicária e da ressurreição corporal de Cristo e de sua exaltação ao trono. Hoje ele se assenta no céu, de onde governa sobre tudo e todos — incluindo Satanás e seus asseclas. Apesar de, em última análise, Satanás estar derrotado, ele ainda procura guerrear contra nós e contra Deus, tal como um rei estrangeiro que perdeu a guerra mas ainda não se rendeu. Prosseguem assim os conflitos, ainda com ataques de soldados e franco--atiradores inimigos, mas em Cristo não seremos derrotados, pois sua vitória e autoridade são nossa vitória e autoridade. Ficamos em apuros quando nos esquecemos desse fato e damos lugar a Satanás, convidando-o a exercer autoridade em nossa vida.

Em Cristo somos salvos da nossa velha natureza

Discorrendo a respeito dos que não estão em Cristo, Paulo escreve sobre "o espírito que agora está atuando nos que vivem na desobediência". A frase tem natureza hebraica e é encontrada em outros lugares do Novo Testamento, como em Marcos 3.17, Lucas 10.6 e Atos 4.35.[5] Ela denota "homens e mulheres cuja vida se caracteriza pela desobediência", o que inclui uma rejeição do evangelho mas também um desrespeito generalizado por Deus e sua vontade.[6]

É importante notar que, na descrição de Paulo, tais indivíduos são aqueles "entre os quais também todos nós andamos outrora, segundo as inclinações da nossa carne, fazendo a vontade da carne e dos pensamentos; e éramos, por natureza, filhos da ira, como também os demais" (v. 3, *Almeida Revista e Atualizada*). O fato de virmos todos da mesma condição de uma velha natureza nos deveria levar à compaixão por aqueles que não estão em Cristo. Em certo sentido, nosso estilo de vida anterior era inevitável antes de Cristo e assim o é hoje para os que não têm Cristo. É quem somos "por natureza", uma "condição ou circunstância como que determinada por nascimento".[7] De acordo com a Bíblia, não nascemos pessoas boas com bom coração. Pelo contrário, somos pecadores por natureza e escolha, sendo o pecado tanto uma condição que herdamos como um estilo de vida pelo qual optamos.

Dessa forma, merecemos justiça, condenação e inferno. Em Cristo, porém, somos salvos de nossa velha natureza, que é destronada do centro de nossa vida, e recebemos uma nova natureza que volta para o amor a Deus, ao próximo, à verdade e à santidade. Em Efésios 2.1-10, Paulo traça o seguinte contraste entre a velha e a nova natureza:

VELHA NATUREZA	NOVA NATUREZA
Separada de Cristo	Unida a Cristo
Morta	Viva
Desobediente	Obediente
Dominada pelo mal espiritual	Domina com Jesus sobre o mal espiritual
Objeto da ira de Deus	Objeto da afeição de Deus
Produz incerteza sobre o pecado	Produz consciência do pecado
Anda no pecado	Anda em boas obras
Destinada ao inferno	Assentada com Cristo no céu

Se você estiver com dificuldades para crer em sua nova identidade em Cristo, quem sabe seja útil pegar essa lista extraída da carta de Paulo e colá-la em seu espelho, a fim lembrar-se, todas as manhãs, de que você é salvo do pecado e da morte, da vida mundana, de Satanás e de sua velha natureza. Você é nova criação em Cristo, com uma nova identidade.

Salvos por quem?

O que nós não precisamos neste mundo é de mais política, espiritualidade, moralidade ou religião. Não precisamos de mais pecadores tentando agir como salvadores. Precisamos de um Salvador.

A resposta à pergunta acerca de quem nos salva é simples: Jesus. Ou, como gosto de dizer: "Tem tudo a ver com Jesus!". Encontramos essas ideias nas seguintes palavras de Paulo:

> Todavia, Deus, que é rico em misericórdia, pelo grande amor com que nos amou, deu-nos vida com Cristo, quando ainda estávamos mortos em transgressões — pela graça vocês são salvos. [...] Pois vocês são salvos pela graça, por meio da fé, e isto não vem de vocês, é dom de Deus; não por obras, para que ninguém se glorie. Porque somos criação de Deus realizada em Cristo Jesus para fazermos boas obras, as quais Deus preparou antes para nós as praticarmos.
>
> Efésios 2.4-5,8-10

O tema desses versículos é inequivocamente claro: Deus nos salva mediante Jesus como um ato de misericórdia, amor e graça. A graça de Deus é o tema que permeia todo o livro de Efésios, assim como o amor de Deus. A ênfase paulina é que toda a salvação é um dom. Alguns, incomodados, dizem que a salvação pelo amor e pela graça prodigiosa de Deus é demasiado fácil. Nós fazemos isso abertamente com nossas palavras e com nossa rejeição a Jesus, ou inadvertidamente, como Bill, que, por meio de seus esforços constantes para encontrar identidade no trabalho, acreditava que era necessário acrescer seu sacrifício ao sacrifício de Jesus na cruz. Mas o fato é que apesar de a salvação pela graça parecer simples ela é, na verdade, difícil, pois requer que cheguemos a Deus humildemente e de mãos vazias. Não conquistamos nada. Jesus conquista tudo. Não temos nada de que nos vangloriar. Jesus recebe toda a glória. Não salvamos a nós mesmos. Somente Jesus nos salva.

A palavra *salvador* aparece 24 vezes no Novo Testamento: 8 ocorrências se referem a Deus em geral e 16 aludem a Jesus em particular. Não à toa, o nome Jesus significa "Deus salva". Um anjo declarou que Jesus nasceria para "salvar o seu povo dos seus pecados" (Mt 1.21). No nascimento, um anjo também declarou que "um Salvador" havia nascido (Lc 2.11). Após ver o recém-nascido, o piedoso Simeão, que havia muito ansiava pela vinda do Salvador, segurou o bebê nos braços e disse: "Pois os meus olhos já viram a tua salvação" (Lc 2.30). Além da palavra *salvador*, termos relacionados, como *salvar* e *salvação*, aparecem frequentemente ao longo do Novo Testamento, apontando também para Jesus como nosso Deus e Salvador.

Só Jesus é o único Salvador, e sem ele não há salvação. Por isso, em Efésios 2.1-10, Paulo diz nada menos que três vezes que nossa salvação é somente "em Cristo".

Salvos para quê?

Uma vez cristãos, a pergunta natural que vem em seguida é: "E agora?". Para que Deus nos salvou? E o que ele reservou para nós?

Efésios 2.5-6 diz que Deus "deu-nos vida *com* Cristo", "nos ressuscitou *com* Cristo" e "*com* ele nos fez assentar nos lugares celestiais". Cada verbo usado por Paulo vem acompanhado da preposição "com". Tudo o que Deus realiza em nós acontece "com" Cristo, por meio de sua ressurreição dos mortos e de sua exaltação à destra de Deus. Ainda que pareça magnífico demais para acreditar, todavia é verdadeiro: "O que Deus realiza em Cristo ele igualmente realiza para os que creem".[8] Paulo descreveu a gloriosa vitória da qual os cristãos partilham por estar em Cristo.

Depois de definir nossa vitória em Cristo, o apóstolo nos apresenta as razões divinas para tal. Deus deseja mostrar "a incomparável riqueza de sua graça", que ele reserva para nós (v. 7). Nosso Deus é um Deus rico em generosidade, que se agrada em derramar sobre nós a dádiva da graça. Isso inspira em nós profundo louvor ao Pai por sua misericórdia, para toda a eternidade. Um comentarista da Bíblia afirma:

> Em [Efésios] 2.4-7 Paulo retrata uma visão luminosa da graça de Deus que se destaca em drástico contraste com a paisagem sombria do pecado humano em 2.1-3. Ao conceder vida em Cristo aos que creem, ressuscitando-os com Cristo e os assentando com Cristo no lugar de vitória, Deus demonstrou a natureza imensamente misericordiosa, amorosa e graciosa de seu caráter. Tal demonstração não foi algo que se deu como efeito colateral de sua gloriosa obra de salvação, mas foi justamente o propósito pelo qual ele realizou essa obra. Ele resgatou os que estão em Cristo da dominação do mundo, do Diabo e da carne, de forma a demonstrar para sempre a natureza imensamente graciosa de seu próprio caráter.[9]

Esclarecendo o conceito da graça de Deus nos versículos 8-10, Paulo encerra a seção falando de como somos criação de Deus, salvos *para* as boas obras. O apóstolo não estava fazendo uma mudança repentina da graça para as obras; antes, sua intenção era dizer que nossas obras são capacitadas e possibilitadas pela graça de Deus por nós, em nós e por nosso intermédio. Somos *sua* criação — sua "obra de arte, sua obra-prima"[10] — *criados* em Cristo Jesus para as boas obras, as quais *Deus* preparou de antemão.

A religião criada pelo homem, em suas variadas formas, busca envolver as obras humanas, inteira ou parcialmente, na salvação. No budismo, o indivíduo se salva ao fazer cessar seus desejos. No confucionismo, ele é salvo pela instrução, pela autorreflexão, pelo autocuidado e por uma vida moral. No hinduísmo, a salvação vem da desvinculação do ego e do esforço em viver em unidade com o divino. No islã, é uma vida de boas obras que salva. No judaísmo ortodoxo, a salvação decorre do arrependimento, da oração e do trabalho árduo em obedecer à lei. No movimento da Nova Era, o homem é salvo ao obter uma nova perspectiva, por meio da qual ele se vê conectado a todas as coisas em unidade divina. No taoísmo, salva-se a pessoa que se alinha com o Tao para ter paz e harmonia. Algo que praticamente todas as religiões e espiritualidades têm em comum é a ideia de que, se existe algum salvador, trata-se da pessoa que vemos no espelho pela manhã.

O cristianismo também é uma religião de obras — só que não das nossas obras. É somente pela obra de Jesus Cristo que somos salvos. Apenas por meio da fé em sua vida imaculada, morte vicária e ressurreição corporal alguém pode ser salvo. Jesus nos salva, o que resulta, então, em nossas boas obras — às quais Jesus muitas vezes se refere como o "fruto" de sua obra de salvação já efetuada em nós. Tal forma de olhar para o mundo é muitíssimo diferente da adotada em qualquer outra religião. Nossas obras não nos justificam; antes, nossas obras são um ato de adoração a um Deus que já nos fez novos.

Faça a diferença

Ser salvo para uma nova vida em Cristo é algo significativo, valioso e importante. O mundo está repleto de pecado e morte, e o povo de Deus integra a missão divina de salvar pecadores e fazer novas todas as coisas. Nossas ações fazem a diferença, glorificam a Deus, beneficiam os outros e nos trazem alegria. Os cristãos devem se preocupar com a justiça, os pobres, os marginalizados, os oprimidos e os sofredores, pois Deus se importa com as pessoas e preparou boas obras para realizarmos em seu nome. Tais obras incluem pregar o evangelho, plantar igrejas, alimentar os famintos, visitar os presos, orar pelos enfermos, doar aos pobres, ensinar a Bíblia, confortar os feridos, lutar pela justiça, e muito mais.

Além disso, há as coisas simples e cotidianas da vida. Jesus ascendeu ao céu, onde agora ele reina sobre toda a criação. Ainda assim, diz um perspicaz teólogo, "Não existe um centímetro quadrado em todo o domínio de nossa existência humana sobre o qual Cristo, que é o Soberano de tudo, não clame: 'É meu!'".[11] Não existe, portanto, obra que seja "secular" e obra que seja "sagrada". Todas as coisas que fazemos em Cristo, para Cristo e à semelhança de Cristo são obras sagradas. Na prática, isso significa que mesmo as tarefas mais comuns e mundanas da vida estão infundidas de valor, pois em Cristo elas se tornam as boas obras para as quais Deus nos preparou. Visualizamos isso na própria vida de Jesus: como parte de sua vida de boas obras, o segundo participante da Trindade exerceu por muitos anos o trabalho de carpinteiro.

Para encerrar, Martinho Lutero fornece uma percepção simples acerca de como, em Cristo, nossas boas obras não são apenas aquelas realizadas na igreja, mas também as efetuadas quando lavamos pratos na cozinha, penduramos a roupa no varal, limpamos o quintal e trocamos as fraldas de nossos filhos:

> Observe agora que a astuta meretriz, que é nossa razão natural (a qual os pagãos seguiram na tentativa de ser ainda mais astutos), ao lançar um olhar para a vida de casado, torce o nariz e diz: "Ai de mim! Terei eu de embalar o bebê, trocar-lhe as fraldas, fazer-lhe a cama, aspirar seu mau cheiro, passar noites a seu lado, cuidar dele em seu choro, curar suas erupções e feridas e, ainda por cima, cuidar de

> minha esposa, prover para ela, labutar em meu comércio, cuidar disso e cuidar daquilo, fazer esse e aquele, suportar tal e tal, e seja lá o que mais houver de amargura e tédio na vida de casado? Como é possível! Deveria eu me tornar um prisioneiro de mim mesmo? Ó pobre e infeliz companheiro, você tem uma esposa? Que pena, que pena de tamanha infelicidade e amargor! É melhor manter-se livre e ter uma vida tranquila e despreocupada; eu me tornarei padre ou freira e obrigarei meus filhos a fazer o mesmo".
>
> Que então diz a fé cristã quanto a isso? Ela abre os olhos, contempla no Espírito todos esses deveres insignificantes, desgostosos e desprezados e está ciente de que eles são todos adornados com ouro e joias de maior valor. Ela diz: "Ó Deus, por estar convicto de que tu me criaste como homem e de meu corpo geraste esta criança, eu sei de igual modo e convicção que ela atende à tua perfeita vontade. Eu confesso a ti que não sou digno de embalar o bebezinho, nem de trocar-lhe as fraldas, nem de ser encarregado de cuidar dele e de sua mãe. Como é que eu, sem nenhum mérito, alcancei essa distinção de estar certo de que sirvo tua criatura e tua preciosíssima vontade? Ó, quão alegremente eu o farei, por mais insignificantes e desprezados que forem os deveres! Nem frio nem calor, nem tédio nem labuta haverão de me angustiar ou dissuadir, pois estou certo de que isso é agradável à tua vista".[12]

Você é salvo por Jesus para glorificar a Deus por meio das boas obras que ele lhe preparou. Infunda cada momento de seu dia com a graça revelada a você por Cristo. Não há nada mais poderoso neste mundo que uma compreensão cristã adequada da graça de Deus e a aplicação de tal graça a todas as facetas da vida. Ao agir dessa maneira, revelamos Cristo ao nosso cônjuge, aos nossos filhos, aos nossos amigos, à nossa família, aos nossos colegas de trabalho — até aos nossos inimigos — de modo que muitos sejam salvos.

CAPÍTULO 7

Eu sou reconciliado

Portanto, lembrem-se de que anteriormente vocês eram gentios por nascimento e chamados incircuncisão pelos que se chamam circuncisão, feita no corpo por mãos humanas, e que naquela época vocês estavam sem Cristo, separados da comunidade de Israel, sendo estrangeiros quanto às alianças da promessa, sem esperança e sem Deus no mundo. Mas agora, em Cristo Jesus, vocês, que antes estavam longe, foram aproximados mediante o sangue de Cristo.

Pois ele é a nossa paz, o qual de ambos fez um e destruiu a barreira, o muro de inimizade, anulando em seu corpo a Lei dos mandamentos expressa em ordenanças. O objetivo dele era criar em si mesmo, dos dois, um novo homem, fazendo a paz, e reconciliar com Deus os dois em um corpo, por meio da cruz, pela qual ele destruiu a inimizade. Ele veio e anunciou paz a vocês que estavam longe e paz aos que estavam perto, pois por meio dele tanto nós como vocês temos acesso ao Pai, por um só Espírito.

Portanto, vocês já não são estrangeiros nem forasteiros, mas concidadãos dos santos e membros da família de Deus, edificados sobre o fundamento dos apóstolos e dos profetas, tendo Jesus Cristo como pedra angular, no qual todo o edifício é ajustado e cresce para tornar-se um santuário santo no Senhor. Nele vocês também estão sendo edificados juntos, para se tornarem morada de Deus por seu Espírito.

EFÉSIOS 2.11-22

O dr. John Perkins conhece algumas coisas sobre sofrimento. Nascido em 1930 numa plantação próxima a New Hebron, Mississippi, John viu sua jovem mãe morrer de desnutrição e seu pai abandoná-lo para encontrar emprego a mais de oitenta quilômetros de distância. Criado pela avó naquela pequena cidade do sul dos Estados Unidos, ele testemunhou as dolorosas e pecaminosas consequências do racismo.

"Os brancos intolerantes eram sistemáticos no controle sobre os negros, com regras desumanizadoras criadas para remover qualquer senso de masculinidade ou identidade pessoal", conta John. "Éramos chamados de 'crioulo' ou de 'rapaz' — os negros de idade eram às vezes chamados de 'bom e velho crioulo'. Quando um branco se aproximava, devíamos sair da calçada e andar pela sarjeta, de cabeça baixa e desviando o olhar."[1]

Os indivíduos na comunidade negra que procuravam não ser "presunçosos" em geral não eram incomodados, mas nem sempre isso era verdade. Os que defendiam a si e a outros enfrentavam graves consequências — não raro, até a morte.

Aos 17 anos, o dr. Perkins testemunhou em primeira mão os terríveis efeitos do ódio e do racismo quando seu irmão, Clyde, herói de guerra condecorado, aguardava na fila do teatro com alguns amigos. Clyde e sua turma se divertiam e faziam gracejos entre si quando o xerife, que estava por perto, advertiu-os a que ficassem quietos. Clyde, tentando conversar com o xerife, foi prontamente golpeado com um cassetete. Quando Clyde tentou pegar o cassetete em autodefesa, o xerife deu alguns passos para trás e lhe acertou dois tiros no estômago.

John levou seu irmão ao hospital mais próximo — a quase cem quilômetros de distância — enquanto o assistia morrer lentamente.

"Então John, de 16 anos, tentou acariciar a cabeça do irmão agonizante, mas Clyde afastou a mão dele. 'Não sei por que ele fez aquilo', disse John, 'mas nunca me esqueci daquela cena.'"

O carro acelerou por cerca de trinta quilômetros de estrada de terra até alcançar a rodovia. Quando enfim chegaram ao hospital, puseram Clyde inconsciente numa maca, com um medidor de pressão sanguínea e um dispositivo de gotejamento intravenoso, e o deixaram ali para morrer. "Enquanto John olhava desesperado para o corpo quase inerte do irmão, uma estranha raiva brotava dentro dele."

Preocupados com a raiva que crescia em John, sem contar seu desejo de reclamar uma vingança que o levaria ao corredor da morte, ou algo pior, os familiares de John o convenceram a se mudar de estado, com o que ele concordou e, por fim, foi morar na Califórnia.

Naquele estado, o dr. Perkins construiu uma nova vida com uma carreira promissora e uma bela esposa. Mas algo ainda não parecia certo. "Não obstante John houvesse realizado muito na vida, ele jamais se permitia descansar. Nunca tinha entendido o conceito da graça de Deus. Sua vida era abastecida por raiva, ambição e necessidade de obter sucesso no mundo do homem branco."

A esposa do dr. Perkins era uma cristã devota, mas ele não. Embora às vezes frequentasse a igreja, não entendia a graça de Deus mediante Jesus. Isso começou a mudar quando viu seu filho de 3 anos, Spencer, chegar em casa da escola dominical citando versículos. John ficou impressionado e intrigado.

Nesse período, um amigo o convidou à igreja e, pela primeira vez, "algo aconteceu".

"Somente naquele dia, quando ele e a família entraram na Igreja Belém da Santidade de Cristo, que John enfim descobriria a paz e o amor incondicional pelos quais seu espírito havia anos ansiava. Imediatamente a igreja acolheu John e Vera Mae [sua esposa] de coração."

"'Pela primeira vez em minha vida', diz John, 'as pessoas me aceitavam de verdade e me faziam sentir em casa'".

Esse despertar para Jesus suscitou algo na alma de John; ele começou a estudar a Bíblia e os grandes líderes cristãos nela presentes. Disso nasceu um novo chamado para promover a reconciliação racial por meio do evangelho.

Em 1960, deixando tudo para trás, John e sua família se mudaram para o Mississippi. Alugaram uma casa pequena, de dois quartos, em Mendenhall, e, num pequeno prédio comercial vizinho, deram início à Missão Pescadores de Homens.

Os tempos estavam mudando no Mississippi. O nascimento do ministério de John coincidiu com a ascensão do movimento dos direitos civis. John e Vera Mae se sentiram novamente irrequietos quando os negros começaram a afirmar sua identidade, exigindo liberdade das leis de Jim Crow e da supremacia branca.

Apesar de sua missão inicial estar centrada no ensino da Bíblia e no evangelismo infantil, John não tardou a perceber que, a fim de ser plenamente eficaz em seu ministério, ele precisava atender tanto às necessidades físicas e emocionais como às necessidades espirituais dos outros. Compreendeu assim que se as pessoas não tivessem a nutrição apropriada, o ensino da Bíblia por si só não as supriria. Surgia assim a filosofia do "homem integral" empregada em seu ministério.

Ao longo dos anos seguintes, graças à dedicação, à imaginação e às contribuições constantes de brancos que o apoiavam na Califórnia, o evangelismo de John e Vera Mae se expandiu e começou a incluir aulas de alfabetização, programas de nutrição infantil, capacitação profissional e uma cooperativa agrícola.

Eram tempos difíceis no ministério de John, os quais culminaram num incidente trágico em que partidários da supremacia branca o ludibriaram, sequestraram e espancaram sem piedade durante uma noite inteira, a ponto de quase matá-lo.

Em meio ao espancamento, "uma estranha lucidez desceu sobre ele — como se ele estivesse vendo aqueles homens pela primeira vez. Uma emoção inesperada e desconhecida se apoderou dele: pena".

John sentiu pena daqueles homens, tão aprisionados por seu próprio ódio. Começou a orar por eles — e também por sua própria alma depravada. Enquanto as pancadas continuavam a atingi-lo, ele proferiu uma oração silenciosa: "Senhor, se me permitires sobreviver a isto, dedicarei minha vida a promover a união das raças no amor e no serviço a ti".[2]

Até hoje John vem mantendo sua promessa. Ao longo dos anos, ele fundou o Centro Spencer Perkins de Reconciliação e Desenvolvimento Juvenil em Jackson, Mississippi, "que administra um local de retiro, instalações de recreação urbana, moradias de baixo custo e programas destinados a ministrar às necessidades prementes *e* às almas famintas e desesperadas pela Palavra de Deus".

> O dr. Perkins também é presidente emérito da Associação de Desenvolvimento Comunitário Cristão (ADCC), com sede em Jackson. A ADCC se dedica a aprimorar a qualidade de vida em áreas urbanas por meio da filosofia do dr. Perkins de desenvolver a comunidade cristã. Seu princípio dos "3Rs" — realocação, reconciliação e redistribuição — é considerado um modelo para a comunidade urbana.[3]

A missão de sua fundação é "desenvolver a vida dos jovens, líderes e desfavorecidos em nossa comunidade e em torno do mundo, estabelecendo um exemplo do amor de Deus para a promoção de seu reino".[4]

A vida de John poderia ser amarga, rancorosa, violenta e vingativa. Em vez disso, Jesus tomou seu coração e o usou para liderar as linhas de frente da missão evangelística de reconciliar todos os homens e o mundo em Jesus. Agora John entende a fundo, talvez mais que ninguém, o poder do evangelho para transformar vidas e comunidades — para reconciliar todos os homens com Cristo.

John está reconciliado em Jesus. E o mesmo vale para nós. John vem sendo usado por Jesus para promover reconciliação no mundo. E o mesmo deveria valer para nós.

Muros de separação

Quando criança, morando ao lado do aeroporto, eu podia observar os aviões indo e vindo, retumbando e sacudindo as janelas de casa. Costumávamos nos perguntar para onde eles iam. Eu queria muito viajar pelo mundo, experimentar coisas novas e conhecer gente diferente. Na infância, eu sonhava em voar nesses aviões que passavam por sobre minha casa; apesar de viver tão próximo do aeroporto, só fui viajar de avião na adolescência, quando saímos do estado para disputar um torneio de beisebol. Na época da faculdade, estive em alguns poucos aviões, mas só comecei de fato a viajar regularmente quando me tornei pastor, perto dos 30 anos.

Hoje, anos depois, Deus tem sido generoso comigo, e conheci alguns lugares maravilhosos do mundo. Em minhas viagens, notei um traço comum em diversas culturas — muros de divisão separando grupos que possuem um longo e tenso histórico de conflitos. Na África do Sul, os bairros negros são cercados por muros altos que os separam de seus prósperos vizinhos brancos. Em Belfast, na Irlanda do Norte, enormes muros de concreto com grades de ferro e cercas de arame farpado separam os bairros protestantes dos católicos. Mas nada se compara a Israel.

Naquele país, há muros imensos em toda parte, sendo os maiores e mais seguros os que separam os filhos de Abraão com Hagar (árabes muçulmanos) e os de Abraão com Sara (judeus). Quando minha família e eu passávamos por cidades consideradas mais cristãs, como Belém, tínhamos de trocar de motoristas, veículos e guias de turismo, pois nossos anfitriões judeus não tinham permissão para nos acompanhar. Nós então atravessávamos portões guardados por soldados armados e seguíamos caminho pela cidade, passando por muros enormes construídos para impedir disparos de fogo e ataques suicidas. É longa a história de separação daquelas regiões.

Um muro também separava as pessoas nos dias de Jesus e de Paulo. O historiador judeu Josefo (37 d.C.—c. 100) fez uma descrição do muro divisório, dizendo que o templo "era envolto por um segundo recinto, feito com um muro de pedra, ao qual se subia por alguns degraus, e havia ali uma inscrição que proibia a entrada de estrangeiros, sob pena de morte".[5] Em outra obra, ele escreveu que o muro era "uma partição construída de pedra, com altura de três côvados. Sua construção era realmente elegante; sobre ele havia pilares a distâncias equânimes nos quais estava inscrita a lei da pureza, às vezes em caracteres gregos, outras vezes em caracteres romanos, pela qual 'nenhum estrangeiro deve entrar no santuário'".[6]

Separação espiritual

Ainda hoje, o mundo se vê repleto de muros físicos que separam pessoas. E nas esferas espirituais não é diferente.

No início deste livro, falei a respeito da idolatria de identidade e de como, ao idolatrar nossa tribo (por exemplo: nação, raça, classe, geração, grupo cultural ou indivíduos de mesmo gênero ou situação matrimonial), nós invariavelmente demonizamos os que são diferentes de nós. Esse simples conceito explica os "ismos" de nosso mundo (nacionalismo, racismo, classismo, sexismo etc.) e a razão de a maioria das religiões e espiritualidades serem tribais — deus a favor deles e contra os outros. Seus inimigos têm a mesma idolatria, porém adoram a uma deidade diferente.

Após a ressurreição de Jesus, no entanto, o mundo mudou. Historicamente, os judeus (israelitas) eram o povo de Deus, começando com Abraão, que eles consideravam o pai de sua fé. Em termos gerais, eram apenas os descendentes de Abraão, por meio de seu neto Jacó, que adoravam o Deus da Bíblia. Em certas ocasiões, alguns não israelitas se convertiam, mas se tornavam espiritual e culturalmente judeus.

Apesar de Deus haver designado os judeus como seu povo, assim o fez para que eles fossem uma bênção para o mundo. Ele deixou claro às gerações anteriores à vinda de Jesus Cristo que sua legítima intenção era salvar gente de todas as nações, raças e culturas. "Por meio de você todos os povos da terra serão abençoados", disse ele a Abraão (Gn 12.3). E disse ainda: "De minha parte, esta é a minha aliança com você. Você será o pai de muitas nações" (Gn 17.4). Moisés não só se casou com uma mulher etíope

(Nm 12.1),[7] mas também tirou o povo da escravidão egípcia para adorar ao Deus da Bíblia, e entre eles havia ainda uma "grande multidão de estrangeiros" (Êx 12.38; Nm 11.4). E, na dedicação do então recém-construído templo, o filho de Davi, Salomão, proferiu esta oração inspirada pelo Espírito:

> Quanto ao estrangeiro, que não pertence a Israel, o teu povo, e que veio de uma terra distante por causa do teu nome — pois ouvirão acerca do teu grande nome, da tua mão poderosa e do teu braço forte — quando ele vier e orar voltado para este templo, ouve dos céus, lugar da tua habitação, e atende o pedido do estrangeiro, a fim de que todos os povos da terra conheçam o teu nome e te temam, como faz Israel, o teu povo...
>
> 1Reis 8.41-43

O plano de Deus pretendia que, por meio dos judeus, viesse um judeu — Jesus Cristo — que reconciliaria o povo com Deus e uns com os outros. Jesus foi judeu enquanto esteve na terra. Seus discípulos eram judeus, bem como os primeiros convertidos. A igreja primitiva que se reunia no andar superior, e também os primeiros convertidos no dia de Pentecoste, eram também judeus. A partir dali, porém, os gentios (os não judeus) começaram a se converter ao cristianismo em grande número.

Logo surgiram dúvidas quanto a saber se os gentios poderiam ser apenas cristãos que seguiam Jesus ou se tinham também de se converter culturalmente ao judaísmo, circuncidando seus homens, alterando seus hábitos de alimentação, observando novos feriados, e assim por diante. Praticamente todas as cartas do Novo Testamento discorrem sobre tais questões de maneira direta ou indireta, sendo que algumas delas, como Gálatas, se concentram quase inteiramente no assunto.

Na época em que Paulo escreveu Efésios, muitos desses debates se resolviam teologicamente, mas, na prática, ainda havia na igreja uma carência de unidade racial e cultural entre judeus e gentios. Dois mil anos depois, os problemas persistem, agora entre grupos variados.

Em vez de lidar com a questão da reconciliação racial e cultural com base no evangelho, como fez Paulo em Efésios, alguns líderes cristãos promovem o princípio da "unidade homogênea", a qual afirma que, visto as pessoas gostarem de conviver com gente de seu tipo (nação, cultura, subcultura, raça, classe, geração), devemos ter igrejas para os diversos tipos de pessoas, sem esperar que os cristãos interajam com quem é diferente. Isso só perpetua a idolatria da identidade. Ainda pior, muitas igrejas estão tão imersas nessa idolatria que são homogêneas não por intenção, mas por falta dela. Essas igrejas simplesmente não pensam em reconciliação racial e cultural.

A promessa da reconciliação

A separação entre judeus e gentios na igreja primitiva não é apenas um problema obsoleto. Os nomes mudaram (negros e brancos, ricos e pobres, solteiros e casados, metropolitanos e rurais, jovens e velhos etc.), mas a questão ainda persiste. Por vezes, é consequência de preferências sem maior reflexão. Outras vezes, é produto de preconceitos culturais mais arraigados. Todos nós os temos. Os que vêm de fora e foram maltratados enxergam isso com mais clareza do que aqueles de nós que estamos entre a maioria ou detemos o poder. O resultado é um "muro" de separação e divisão entre as pessoas.

Um dia, porém, a igreja local, como a conhecemos, será substituída pelo reino de Deus. O retrato da adoração nesse futuro eterno é gloriosamente diverso:

> Depois disso olhei, e diante de mim estava uma grande multidão que ninguém podia contar, de todas as nações, tribos, povos e línguas, em pé, diante do trono e do Cordeiro, com vestes brancas e segurando

palmas. E clamavam em alta voz: "A salvação pertence ao nosso Deus, que se assenta no trono, e ao Cordeiro".

Apocalipse 7.9-10

Visto que todo o povo de Deus, independentemente de suas diferenças e preferências, para sempre estará unido em seu reino, o evangelho de Jesus e nosso testemunho ao mundo como igreja requerem a reconciliação nesta vida.

As palavras atemporais de Paulo sobre reconciliação em Efésios 2.11-22 permanecem tão oportunas quanto sempre. Como afirma um comentarista da Bíblia: "Este parágrafo fornece uma das mais sublimes descrições de paz e reconciliação, [...] com os crentes 'se aproximando' de Deus e uns dos outros (gentios e judeus) por meio da morte salvífica do Senhor Jesus Cristo".[8] Em Cristo, todas as coisas são reconciliadas umas com as outras e com Deus. Nós, como igreja de Cristo, devemos manifestar em nossa vida essa reconciliação centrada no evangelho, tanto em nível corporativo como individual.

Todo o debate sobre diversidade e reconciliação racial e cultural em nossos dias é, na verdade, bastante antigo. Alguns milhares de anos atrás, Paulo explicou que Jesus é a resposta para as divisões humanas. Uma vez reconciliados com Deus, nós podemos enfim aprender a viver reconciliados com as outras pessoas.

Judeus e gentios são reconciliados em Cristo

Sempre que existe um conflito prolongado entre grupos de pessoas, pode ter certeza de que há uma história complicada que precisa ser entendida em favor do contexto. Sem tal compreensão, o conflito inteiro se torna facilmente mal compreendido, mal diagnosticado e mal tratado. Era assim nos dias de Paulo entre judeus e gentios. A rixa remontava a Abraão, nas primeiras dezenas de páginas da Bíblia.

Deus mandou Abraão — antes Abrão — deixar sua terra natal e viajar para uma nova terra que ele lhe mostraria, com a promessa de que, não obstante sua esposa fosse estéril, ele seria pai. Abraão recebeu a promessa de que ele seria uma grande nação: Deus o abençoaria para que ele fosse uma bênção às nações da terra por intermédio de sua descendência ou semente. A tal "semente" prometida aparece no singular, isto é, uma referência a Jesus, e não às sementes no plural que se tornariam Israel (Gn 13.15; Mt 1.17). O apóstolo Paulo conecta a promessa da "semente" de Abrão a Jesus Cristo: "Assim também as promessas foram feitas a Abraão e ao seu descendente. A Escritura não diz: 'E aos seus descendentes', como se falando de muitos, mas: 'Ao seu descendente', dando a entender que se trata de um só, isto é, Cristo" (Gl 3.16).

Dessa forma, Deus prometeu fazer surgir de Abraão a nação de Israel, que, por sua vez, como Maria, seria o "ventre" pelo qual viria Jesus, a bênção para todas as nações. Esse é um fato significativo, cujas implicações encontramos nas palavras de Paulo: "Prevendo a Escritura que Deus justificaria os gentios pela fé, anunciou primeiro as boas novas a Abraão: 'Por meio de você todas as nações serão abençoadas'. Assim, os que são da fé são abençoados junto com Abraão, homem de fé" (Gl 3.8-9).

Pela fé, Abrão creu em Deus e lhe obedeceu, seguindo, aos 75 anos, as ordens divinas, juntamente com sua esposa, Sarai. Gênesis 15, um dos capítulos mais importantes da Bíblia, destaca a aliança de Deus com (e por meio de) Abraão. Nesse capítulo, aparecem os temas fundamentais da graça, da fé e da aliança. Fazendo uso de poesia, Deus promete ser o protetor e o provedor de Abrão, afirmando que, apesar de este não ter descendentes e de sua esposa ser estéril, eles teriam um filho por meio do qual nasceria uma nação. Gênesis 15.6, um dos versículos mais significativos das Escrituras, relata a reação de Abraão à Palavra de Deus: "Abrão creu no SENHOR, e isso lhe foi creditado como justiça".

Em termos gerais, esse versículo é essencial para a doutrina da fé apresentada no Novo Testamento. Em particular, é fundamental para a doutrina paulina da justificação unicamente pela fé

(Rm 4.3; Gl 3.6). Além disso, o irmão de Jesus, Tiago, citou o versículo para ensinar que a verdadeira fé em Cristo resulta numa vida de boas obras (Tg 2.23-24).

A aliança de Deus com Abrão foi confirmada com sacrifício e derramamento de sangue. Esse ato antecipou a nova aliança de nossa salvação, ratificada com o sacrifício de Jesus na cruz e o derramamento de seu sangue.

Ao estudar a história de Abraão, deparamos com um homem que nos é inerentemente identificável. Apesar de ser um dos personagens mais importantes da Bíblia, ele também é um verdadeiro trapalhão. Após a aliança momentânea de Deus com Abrão em Gênesis 15, sua fé vacila e, em vez de confiar em Deus, ele decide resolver por si só a questão, dormindo com a serva de Sarai, Hagar, o que resulta no nascimento de Ismael em Gênesis 16. Todavia, como sempre ocorre, ainda que não cumpramos nossas promessas de aliança com Deus, ele permanece fiel para conosco. Assim Deus renova sua aliança com Abraão por meio do sinal da circuncisão.

Quando Abrão tinha 99 anos, Deus mudou seu nome para Abraão, que significa "pai de muitas nações", e ordenou que ele e seus homens fossem circuncidados como sinal da aliança. A circuncisão era realizada com uma faca afiada ou com uma pedra, e era bastante dolorosa para os adultos. Abraão, contudo, obedece a Deus de imediato, o que Gênesis deixa claro na expressão "naquele mesmo dia" (Gn 17.26). Desde aquela ocasião, os judeus circuncidam seus filhos no oitavo dia, o dia escolhido para seu patriarca Isaque (Gn 17.12). "Nas antigas crenças judaicas, sem a circuncisão os não judeus jamais poderiam ter parte na plenitude da aliança, embora pudessem ser salvos ao guardar alguns mandamentos básicos. Ser circuncidado significava ser enxertado na comunidade de Israel, tornar-se parte do povo da aliança de Deus."[9]

Essa história explica a intenção de Paulo ao dizer que os judeus se referiam a si mesmos como "circuncisão" e usavam o termo depreciativo "incircuncisão" para se referir aos gentios. Em nosso tempo, os insultos são outros, mas a questão básica permanece a mesma. Nós, humanos, sempre fomos criativos para inventar formas de rebaixar os outros e exaltar a nós mesmos.

O fato é que, se atentarmos à nossa história, veremos que todos descendemos de uma linhagem de pagãos ímpios. Todo e qualquer progresso que tenhamos feito se deve unicamente à graça de Deus e deveria nos tornar humildes e compassivos uns com os outros, e não arrogantes e acusadores.

Paulo deixou esse lembrete aos judeus. Quando Abrão foi chamado por Deus para se tornar pai de uma nova nação, protótipo de uma vida de fé e um dos homens mais importantes da história mundial, ele não passava de um pecador qualquer, vivendo entre nações pagãs (Gn 12.1-4). Considerando que Neemias 9.7 e Atos 7.2-3 parecem indicar que Deus chamou Abrão enquanto ele ainda vivia em Ur dos caldeus, o lugar que séculos mais tarde seria chamado de "Babilônia", Abrão pode ter sido o ancestral dos ímpios babilônios a quem Deus julgou (Is 13.19; 48.14; Jr 24.5; 25.12; 50.1; Ez 1.3; 12.13; 23.15). Surpreendentemente, ele encontrou favor gracioso aos olhos do Senhor.

Meus ancestrais irlandeses foram piratas cujos atos lendários envolviam apreensão de navios que transportavam vinho. Aparentemente, tudo que há em mim além de roubo, pirataria e loucura é resultado da graça de Deus. Sendo assim, só posso me vangloriar em Cristo. E quanto a você? Como é a história de sua família? Como Jesus e sua graça redimiram seu passado e conferiram esperança ao seu futuro? Em Cristo, somos todos participantes de sua família santa, sejam quais forem nossas origens.

Você e Deus são reconciliados em Cristo

Paulo ensina que a identidade dos não cristãos é a de "incircuncisão", "sem Cristo", "separados da comunidade de Israel", "estrangeiros quanto às alianças da promessa, sem esperança e sem Deus no mundo", "longe", vivendo em "inimizade", pois são "estrangeiros e forasteiros" (Ef 2.11-19). Difícil haver uma identidade tão vazia, sombria e lúgubre quanto essa.

Por outro lado, considere agora as palavras de Paulo a respeito de sua identidade em Cristo: "aproximados mediante o sangue de Cristo", "paz", "novo homem", "reconciliados", "acesso ao Pai por um só Espírito", "santuário santo no Senhor" e "morada de Deus por seu Espírito" (Ef 2.11-22). Se você crê de fato, no íntimo e de modo consistente, numa fração do que o Espírito está dizendo por meio de Paulo, jamais se enxergará da mesma forma novamente. Tampouco duvidará do amor de Deus por você após comparar quem era sem Cristo e quem é em Cristo. Sem Cristo, você está mais longe de Deus do que temia. Em Cristo, está mais perto de Deus do que sonhava. Por meio da fé na verdade acerca de quem Deus é e de quem ele pretendia que você fosse, você é reconciliado com Deus em Cristo.

Você e os outros se reconciliam em Cristo

Por meio de Cristo somos reconciliados com Deus, e também reconciliados uns com os outros. Quando há duas culturas em conflito (como judeus e gentios, negros e brancos, ricos e pobres, jovens e velhos), trava-se uma batalha sobre qual grupo vencerá e qual sairá derrotado. As Escrituras, no entanto, alteram completamente nosso modo de lidar com a diversidade.

Paulo escreveu que "em Cristo" há um "novo homem". Esse "novo homem" abrange um grupo totalmente novo de pessoas com uma nova identidade, fazendo surgir uma comunidade formada por gente de todas as culturas. Diferentes mestres bíblicos se referem a esse grupo como terceira raça, nova humanidade e nova raça — os cristãos, que compõem a igreja de Jesus Cristo.

Em termos práticos, isso significa que, ao nos tornamos cristãos, podemos manter nossa afinidade cultural, mas ela já não forma nossa identidade primária. Agora, nossa identidade primária está em Cristo. Nele, independentemente de nossa história, cultura e posição na vida, estamos mais próximos uns dos outros do que daqueles que fazem parte de nossa história, cultura e posição. Em Cristo, uma mulher cristã, judia, idosa e suburbana está mais próxima de um homem negro, urbano e jovem do que de seu pai judeu e descrente, pois a mulher e o jovem efetivamente fazem parte do "novo homem".

Isso transforma nossos relacionamentos com as demais pessoas como povo de Deus, tanto em nível individual como coletivo. Portanto, para compreender a magnitude de nossa identidade em Cristo e a maneira pela qual ela supera nossa idolatria de tribo, considere o seguinte:

> Os judeus sentiam imenso desprezo pelos gentios. Esses, diziam aqueles, foram criados por Deus para alimentar o fogo do inferno. Deus, diziam, só ama Israel entre todas as nações que ele criou. [...] Não era nem mesmo juridicamente legal prestar ajuda a uma mãe gentia em sua hora de necessidade mais dolorida, pois isso significaria trazer outro gentio ao mundo. Até a vinda de Cristo, os gentios eram objeto de desprezo para os judeus. A barreira entre eles era absoluta. Se um judeu se casasse com uma gentia, ou se uma judia se casasse com um judeu, realizava-se o funeral do cônjuge judeu. Tal contato com um gentio equivalia à morte.[10]

Em Cristo, esse modo de pensar foi pregado na cruz, instaurando assim uma estrutura social absolutamente nova, representada pela igreja graças ao poder reconciliador de Jesus Cristo.

Paulo é especialmente perspicaz no que diz respeito à pertinência de seu discurso.

> Por volta da época em que Paulo escrevia essas palavras, defendendo a unidade racial em Cristo, os judeus e os sírios massacravam uns aos outros nas ruas de Cesareia, cidade onde ele estivera não muito antes (At 23.23). Aqui, o apóstolo não reproduz simplesmente uma posição

> comum contra o racismo em sua cultura; ele condena o racismo e a segregação praticados por uma instituição religiosa, embora tenha de contestar sua cultura para tal.[11]

O próprio Paulo havia idolatrado sua herança, cultura e raça a ponto de venerar seu povo e demonizar os demais. Não à toa, consentiu no assassinato de no mínimo um homem com quem não concordava (At 7.1—8.1). Ainda assim, a despeito de seu passado preconceituoso, após se tornar parte da terceira raça em Cristo, Paulo foi preso sob a falsa acusação de ter levado um não judeu ao interior do templo,

> uma importante violação da lei judaica pela qual os romanos permitiam que os líderes judeus executassem os violadores. Os leitores de Paulo em Éfeso e na Ásia certamente sabiam por que ele estava na prisão (At 21.27,29); para eles, portanto, assim como para o apóstolo, não pode haver símbolo maior da barreira entre judeus e não judeus do que o "muro de inimizade" do versículo 14. Paulo, entretanto, diz que esse muro de inimizade foi destruído em Cristo.[12]

A carta de Paulo aos Efésios guarda alguma semelhança com a "Carta de uma prisão de Birmingham", de Martin Luther King Jr., escrita durante o movimento dos direitos civis no início da década de 1960. Embora a obra de King não faça parte das Escrituras Sagradas, é interessante notar que ambos escreveram cartas enquanto estavam aprisionados por serem líderes ligados à causa da reconciliação. Paulo proclamou a unidade de judeus e gentios na pessoa e obra de Jesus Cristo, e Martin Luther King Jr. suplicou que a igreja branca nos Estados Unidos reconhecesse a irmandade dos afro-americanos. King Jr. declarou:

> Em meio a uma intensa luta para livrar nosso país da injustiça racial e econômica, ouço muitos ministros dizendo: "Essas são questões sociais, com as quais o evangelho não tem nenhuma preocupação real".

> E eu vejo muitas igrejas se comprometendo com uma outra religião completamente mundana que faz uma estranha e antibíblica distinção entre corpo e alma, entre sagrado e secular.[13]

Tanto Paulo como King Jr. lutaram pela reconciliação racial em Cristo, e ambos morreram travando essa batalha na fé.

Um amigo cristão e eu tivemos uma interessante conversa sobre as implicações práticas e sociais dessa ideia de uma terceira raça chamada cristãos. O pai dele, não cristão, branco, é muito racista e, após ser informado de que seu filho cristão adotaria uma criança negra, praticamente deserdou meu amigo e recusou até mesmo conhecer a criança. O pai desse meu amigo se sentiu traído pelo filho, sendo incapaz de entender o desejo de adotar e educar uma criança negra, e exigiu que o filho permanecesse fiel a sua raça e herança. A despeito da rejeição natural de seu pai, meu amigo adotou a criança. O motivo? Meu amigo está em Cristo, e já não considera sua identidade determinada por coisas como cor de pele ou mesmo laços familiares. Ele agora faz parte de um novo grupo de pessoas chamado igreja, onde negros e brancos estão unidos pelo sangue de Cristo e por seu novo nascimento espiritual, e não pelos laços sanguíneos do nascimento físico. Em Cristo, recebemos um novo Pai, uma nova família e uma nova identidade, como parte de um novo grupo de pessoas composto de uma impressionante diversidade, unidos em torno do fato de estarmos juntos em Cristo.

Nossas diferenças culturais podem até nos distinguir, mas não nos definem nem devem dividir o povo de Deus. Tampouco devem permitir que aceitemos as estruturas sociais e os ídolos que erroneamente separam as pessoas. Em Cristo, conquanto tenhamos enorme diversidade, devemos viver em unidade ainda maior, pois nosso modo de viver é bem menos importante que o modo como Jesus nos reconciliou com Deus e uns com os outros. Eu o incentivo a orar e a batalhar todos os dias pela unidade da qual você faz parte e que é encontrada em Cristo Jesus.

CAPÍTULO 8

Eu sou afligido

Por essa razão oro, eu, Paulo, prisioneiro de Cristo Jesus, em favor de vocês, gentios.

Certamente vocês ouviram falar da responsabilidade imposta a mim em favor de vocês pela graça de Deus, isto é, o mistério que me foi dado a conhecer por revelação, como já lhes escrevi em poucas palavras. Ao lerem isso vocês poderão entender a minha compreensão do mistério de Cristo. Esse mistério não foi dado a conhecer aos homens doutras gerações, mas agora foi revelado pelo Espírito aos santos apóstolos e profetas de Deus, significando que, mediante o evangelho, os gentios são co-herdeiros com Israel, membros do mesmo corpo, e co-participantes da promessa em Cristo Jesus. Deste evangelho me tornei ministro pelo dom da graça de Deus, a mim concedida pela operação de seu poder.

Embora eu seja o menor dos menores de todos os santos, foi-me concedida esta graça de anunciar aos gentios as insondáveis riquezas de Cristo e esclarecer a todos a administração deste mistério que, durante as épocas passadas, foi mantido oculto em Deus, que criou todas as coisas. A intenção dessa graça era que agora, mediante a igreja, a multiforme sabedoria de Deus se tornasse conhecida dos poderes e autoridades nas regiões celestiais, de acordo com o seu eterno plano que ele realizou em Cristo Jesus, nosso Senhor, por intermédio de quem temos livre acesso a Deus em confiança, pela fé nele. Portanto, peço-lhes que não desanimem por causa das minhas tribulações em seu favor, pois elas são uma glória para vocês.

EFÉSIOS 3.1-13

Maaz descende de uma longa e importante linhagem de muçulmanos. Sua família se mudou para a Palestina por volta de 700 d.C. No século 12, seu tataravô recebeu, como presente do rei Saladino, a única casa existente no complexo do Domo da Rocha. Seus ancestrais continuaram a servir como muftis e imames de Jerusalém até que seu avô rompesse o legado, abrindo a primeira agência de viagens em Israel. O pai de Maaz se casou com uma norte-americana e se mudou para os Estados Unidos, onde Maaz nasceu.

Apesar de viver nos Estados Unidos, a família de Maaz permaneceu muçulmana. Contudo, à medida que Maaz era exposto ao cristianismo, o Espírito Santo começou a trabalhar em sua vida. "Eu nasci aqui nos Estados Unidos, onde a ideia de conversão religiosa é comum e culturalmente aceitável, embora minha família não pensasse assim", diz ele. "Jesus me salvou depois de me mostrar a total depravação do mundo, algo bastante evidente na cultura norte-americana."

A conversão ao cristianismo teve fortes e dolorosas implicações para Maaz, que vinha de uma família bastante unida e intensamente islâmica. "Eu sabia que a conversão me colocaria em sérios problemas com a família", reconhece. "Por outro lado, também sabia que estaria em apuros ainda maiores caso não o fizesse. Deus me ensinou rapidamente a depender dele e agir por amor a ele."

A família reagiu de maneira drástica: "Meu pai me renegou e ficou sem falar comigo por um tempo. Mas o Espírito me impeliu a procurá-lo e mostrar-lhe o amor que Alá ou qualquer muçulmano jamais lhe havia mostrado".

Hoje, embora o pai de Maaz não seja cristão, houve alguma reconciliação. O pai já não se apega às crenças religiosas muçulmanas e voltou a conversar com o filho. No processo, Deus usou o sofrimento de Maaz para fazê-lo amadurecer em benefício de outros. "O Espírito Santo também me mostrou como evangelizar os muçulmanos e ter coragem em prol da missão e da glória de Deus. Aprendi que não há pessoas realmente intimidadoras — o que existe são pessoas perdidas."

Você vai sofrer

Se nós estamos em Cristo, nossa expectativa deve ser a de sofrer como e para Cristo. Nós adoramos um Deus que veio para a terra e sofreu aflições. E, ao longo das Escrituras e da história da igreja, os que o serviram mais fielmente foram afligidos mais dolorosamente. Entre os mais célebres está Paulo.

Antes de sua nova identidade em Cristo, Paulo perseguia cristãos, como fez com o diácono da igreja primitiva, Estêvão, cujo assassinato ele supervisionou (At 7). Uma vez nascido de novo em Cristo, deixou de afligir cristãos para ser afligido como cristão, tendo até mesmo escrito algumas de suas cartas, como Efésios, na prisão.

Paulo sabia o que era ser afligido e também como era assistir à aflição daqueles a quem amava. Por essa razão, após duras provações e lágrimas derramadas, ele alcançou clareza e credibilidade no que diz respeito a sofrimento. Suas palavras alteram concepções e concedem vida aos afligidos.

Muitas vezes, somos tão consumidos por nossos sentimentos acerca do sofrimento que não conseguimos refletir a respeito dele com a mesma profundidade como o faz a Bíblia, que tem muito a dizer e a exemplificar sobre a aflição. Por exemplo, os lamentos ou gemidos em meio à dificuldade contabilizam cerca de um terço das orações e dos cânticos que compõem Salmos. O livro inteiro de Lamentações é um relato honesto e doloroso escrito em tempos de aflição. Ademais, todos os livros proféticos do Antigo Testamento, com exceção de Ageu, incluem um lamento dessa ordem.

Sem uma compreensão plenamente bíblica da aflição, diagnosticamos de modo equivocado as dificuldades que nós (e outros) sofremos, e com isso erramos o diagnóstico tanto da causa como da cura. Isso ocorre inevitavelmente quando tomamos apenas parte do que as Escrituras dizem sobre determinado assunto e então a aplicamos da maneira errada a todas as situações. Talvez o exemplo mais famoso disso se refira aos amigos de Jó, que só entendiam o sofrimento dele como punição de Deus pelo pecado. Assim, em vez de confortar o amigo, eles o repreenderam injustamente.

A aflição nas Escrituras, tal como nossa aflição pessoal, não é metódica, ordenada ou sistemática. A vida é mais complexa que clara. Embora não seja possível responder a todas as dúvidas dos que sofrem aflição, penso que pode ser útil retomar e analisar catorze tipos de aflição citados nas Escrituras.

Catorze tipos de aflição mencionados nas Escrituras

1. *Aflição adâmica.* Quando Adão pecou, a implicação do pecado caiu sobre todos nós; herdamos uma natureza pecaminosa (Rm 5.12-21) e nascemos num mundo decaído (Rm 8.18-23). Como resultado, há aflições que são simplesmente consequência de fazermos parte da raça de Adão. Todos sofrerão em níveis e de modos variados por causa do pecado de Adão, de nosso pecado, do pecado de outros e da maldição que permeia toda a criação. Isso persistirá até que Jesus volte, remova o pecado e seus efeitos, ressuscite os cristãos da morte e instaure uma nova criação. Assim, devemos aceitar que o sofrimento faz parte da vida neste lado do reino.
2. *Aflição punitiva.* Deus julga os descrentes e os pune pelo pecado. Entre os exemplos bíblicos estão o julgamento de Deus sobre Sodoma e Gomorra e sobre o faraó no Egito. Tal forma de punição revela a justiça de Deus. Ela põe fim à obra do pecado abominável, de modo a conceder alívio aos que sofrem nas mãos de malfeitores, revelar aos descrentes a urgente necessidade de se arrepender do pecado e depositar sua fé em Deus a fim de evitar o castigo eterno, e encorajar os crentes de que Deus não se deixa escarnecer e a fé nele não é inútil. Deve-se perceber que Deus não pune os que estão em Cristo no mesmo sentido que ele pune os não cristãos, pois Jesus já cumpriu a pena pelos pecados de seu povo. Dessa forma, Deus seria injusto ao condenar à morte também os cristãos. Por isso, mesmo que um cristão e um não cristão venham a enfrentar o mesmo sofrimento, Deus faz diferente uso dessa experiência para cada indivíduo.

3. *Aflição consequencial.* Às vezes sofremos devido a decisões insensatas. Há exemplos disso em todo o livro de Provérbios: o preguiçoso passa fome, os adúlteros colhem o que plantaram, os tolos sofrem prejuízos e os maus administradores empobrecem. Na prática, grande parte do sofrimento é consequencial, resultado de nossas decisões.
4. *Aflição demoníaca.* Uma vez que Satanás está vivo e age no mundo, a aflição demoníaca é bastante real. Isso inclui tormento (At 5.16), danos físicos (At 8.4-8), engano decorrente de falsos milagres (2Ts 2.9-10), acusação (Ap 12.10) e até a morte (Jo 8.44). Às vezes pode ser bem difícil discernir o sofrimento demoníaco; infelizmente, Satanás costuma ser acusado pelo sofrimento quando estamos, na verdade, sofrendo aflição consequencial por nossas próprias decisões. Entretanto, a aflição demoníaca é real e, assim, não deve ser descartada pelo fato de alguns lançarem erroneamente sobre Satanás a culpa de tudo.
5. *Aflição da vítima.* As vítimas sofrem aflição por conta do pecado de outros. Uma parte constante e pesada do ministério pastoral consiste em tratar exatamente disso. Desde meu início na Mars Hill Church, no outono de 1996, não consigo pensar numa única semana em que não ouvi uma história devastadora sobre alguém que foi espancado, estuprado, molestado, roubado, enganado ou coisas semelhantes. Um exemplo recente é uma mulher que perdeu a virgindade nas mãos do pai, que a estuprou. Chorar era tudo que eu podia fazer enquanto ela me contava a violência que suportou. Quem não está nas linhas de frente do ministério não consegue imaginar a dor tamanha que as pessoas carregam pelo pecado cometido contra elas. O mal é real, e seus efeitos devastadores são evidentes na vida de muitos.
6. *Aflição coletiva.* Às vezes sofremos em decorrência de sermos parte de um povo sofredor. Um exemplo bíblico é o fato de

os profetas do Antigo Testamento arrependerem-se frequentemente, não só de seus pecados, mas também dos pecados de seus antepassados e de sua nação. Eles lamentavam o sofrimento que Deus permitira cair sobre eles como castigo. Não somos indivíduos isolados e autônomos. Somos membros de famílias, nações e culturas — e todos esses sofrem. Como resultado, sofremos simplesmente por causa de nossos laços familiares ou de nacionalidade. Da mesma forma, os que nascem na pobreza, na fome, nas provações, na guerra, entre outros, sofrem simplesmente por causa do lugar e do tempo em que nasceram.

7. *Aflição disciplinadora.* Deus castiga os crentes a fim de fazê-los amadurecer. Há exemplos disso nos livros de sabedoria (Pv 3.11; 13.24; 15.5), nos livros proféticos (Sf 3.7) e no Novo Testamento (Hb 12.7). As Escrituras afirmam de modo claro que a disciplina provém de Deus, que nos ama e é como um pai honrável que nos corrige visando a nos fazer amadurecer e a nos salvar dos danos do pecado. Ainda que esse tipo de sofrimento não seja agradável no momento em que é vivido, adiante enxergaremos os efeitos da obra de Deus e lhe agradeceremos por agir continuamente em nosso crescimento na santidade e nos bons frutos.
8. *Aflição vicária.* Às vezes os que estão em Cristo sofrem porque os ímpios se opõem a eles. Como exemplo, é possível citar os profetas do Antigo Testamento e os apóstolos do Novo Testamento. A aflição vicária ocorre em graus variados, desde a oposição até a perseguição. A perseguição física leva alguns a uma morte dolorosa por Cristo, enquanto os que sofrem oposição verbal têm uma vida dolorosa por Cristo, sendo difamados, caluniados, acusados falsamente, zombados e perseguidos. Foi esse o caso de Maaz, cuja história contei no início do capítulo. Ele nasceu numa cultura hostil ao evangelho e sofreu em virtude de sua devoção a Jesus numa família que se opôs a ele e o renegou.

9. *Aflição empática.* Trata-se do sofrimento decorrente de quando alguém que amamos está sofrendo. A Bíblia diz que isso será comum na igreja, pois quando as pessoas que amamos sofrem, nós sofremos juntos (Rm 12.15; 2Co 2.4).
10. *Aflição testemunhal.* Há sofrimento que serve para demonstrar o evangelho, de modo que outros apreciem e entendam melhor Jesus. Essa espécie de sofrimento põe à prova nossa identidade em Cristo, confirma que somos cristãos verdadeiros, fortalece nossos irmãos em Cristo e evangeliza os não cristãos. O exemplo clássico é o casamento de Oseias com Gômer. Para ilustrar a devoção de Jesus à igreja, Deus chamou o profeta a se casar e permanecer casado com uma mulher infiel.
11. *Aflição providencial.* Alguns de nós sofremos para aprender uma lição sobre Deus, de modo que nossa adoração aumente. Os exemplos incluem a prisão de José no Egito, onde seu sofrimento resultou em muitos que foram salvos fisicamente da fome e espiritualmente do pecado. A verdade é que Deus pode ter propósitos maiores ao permitir o sofrimento, mais do que é possível discernir à primeira vista.
12. *Aflição preventiva.* Às vezes o sofrimento nos alerta de maiores desgostos que se sucederão se não dermos atenção aos alertas divinos. Essa classe de sofrimento é indicativa da própria natureza amorosa de Deus, que nos permite passar por níveis menores de dor (por exemplo, uma dor lateral) a fim de nos alertar de níveis maiores (por exemplo, a ruptura de um apêndice).
13. *Aflição misteriosa.* Às vezes Deus, em sua providência, escolhe não revelar a razão de nosso sofrimento. Como dizem as Escrituras, nós conhecemos em parte (1Co 13.9). Jó é o exemplo mais óbvio desse tipo de sofrimento, pois, durante o período de dificuldade, ele não tinha consciência do que estava ocorrendo entre Deus e Satanás. Em minha opinião, essa categoria é incrivelmente importante porque, se formos

humildes e honestos, a verdade é que a vida quase nunca é tão clara quanto nas categorias anteriormente listadas.

14. *Aflição apocalíptica.* A Bíblia discorre sobre a progressão do sofrimento que sinalizará o fim desta era, como visto nas profecias do Antigo Testamento (Is 24—27; Jr 30—33; Ez 33—48; Dn 2—12; Zc 12—14) e de Jesus (Mt 24.3-44; Mc 13). Embora não saibamos quando será o fim desta era nem quando Jesus há de voltar, sabemos que os cristãos vivos no capítulo final da história humana sofrerão grandemente por estar em Cristo. Apesar de não devermos viver com medo desse futuro, tampouco buscar predizer sua ocasião, essas passagens servirão como guia especialmente útil nos momentos de maior necessidade.

E quanto a você? Como são as aflições em sua vida? Com base nas categorias apresentadas, qual você acredita ser a causa de seu sofrimento, e o que Deus pode estar ensinando nesse processo? Em que sentido seus conhecidos estão sofrendo aflições? Como você poderia confortá-los e aconselhá-los? Alguma vez você compreendeu equivocadamente suas dificuldades e não avistou Deus no meio de seu sofrimento?

Trocando o "por que" pelo "quem"

Com demasiada frequência, quando sofremos, nós nos questionamos se Deus é soberano ou bom. Alguns se inclinam a crer na soberania de Deus ao mesmo tempo que diminuem a bondade divina. O resultado é um Deus frio e distante, que não pode ser nosso consolador. Outros tendem a minimizar a soberania de Deus ao mesmo tempo que preservam a bondade divina. O resultado é a falsa visão de um Deus que não deseja o sofrimento, mas é incapaz de detê-lo. Infelizmente, quando a soberania ou a bondade divina são questionadas, ficamos sem conforto nem ajuda, pois a dor distorce nossa perspectiva de Deus.

Diversas vezes a Bíblia revela que Deus é tanto soberano como bom. Para os que estão em Cristo, isso significa que tudo na vida, incluindo nosso sofrimento, vem da mão dele ou passa por ela. Ademais, mesmo quando intencionado para o mal, nosso sofrimento é usado por Deus para o bem. Teologicamente, foi isso o que Paulo quis dizer ao declarar: "Deus age em todas as coisas para o bem daqueles que o amam" (Rm 8.28). E é precisamente o que José disse aos seus irmãos, que procuravam destruí-lo: "Vocês planejaram o mal contra mim, mas Deus o tornou em bem" (Gn 50.20).

A Bíblia não promete que veremos de imediato Deus agir em toda aflição para sua glória e para nosso bem — nem mesmo que veremos isso acontecer nesta vida —, mas, para os que estão em Cristo, é certo que, nesta vida ou na vindoura, a promessa de Deus se concretizará.

Até esse dia, não raro será difícil acreditar na bondade e na soberania de Deus diante do nosso sofrimento. Temos a inclinação de perguntar *por que* a Deus, o que é perigoso, pois nos coloca no assento de juiz e Deus no de réu. É certo que, por vezes, trata-se simplesmente de uma reação emocional vinda de uma pessoa ferida, e existem até mesmo precedentes bíblicos. Em tais casos, queremos ajudar os que sofrem, e não condená-los. Porém, como nas Escrituras, em face do sofrimento é importante substituir o *por que* pelo *quem*.

A pergunta "Quem?" não busca respostas de Deus, mas sim o próprio Deus. Aquele que pergunta "Quem?" procura crescer em entendimento de quem Deus é e de quem nós somos, pois, quando sofremos, Deus (e uma confirmação de nossa identidade em Cristo) é aquilo de que mais precisamos — mais que respostas, até mesmo as úteis e bíblicas. É por isso que o salmista, mesmo quando se pergunta "Por quê?" a respeito de seu sofrimento, passa a afirmar "Quem" ao exclamar o que conhece sobre Deus:

> Falarei dos teus testemunhos diante de reis, sem ficar envergonhado. Tenho prazer nos teus mandamentos; eu os amo. A ti levanto minhas mãos e medito nos teus decretos. Lembra-te da tua palavra ao teu

servo, pela qual me deste esperança. Este é o meu consolo no meu sofrimento: A tua promessa dá-me vida.

Salmos 119.46-50

NÃO PERCAM O ÂNIMO

Não é raro os cristãos desanimarem por causa da aflição, e geralmente nos sentimos culpados e incertos quanto ao que fazer a respeito. Afinal, sabemos que Deus é bom, nos ama e nos concede graça. Mas às vezes, em vista de nosso sofrimento, o cristianismo parece não "funcionar".

Ainda que não nos impeça de sofrer aflições, a vida em Cristo nos capacita a suportar qualquer coisa pela graça de Deus, para a glória dele e para o nosso bem. Um exemplo de tal resistência aparece em Efésios 3.1-13. Com base nessa passagem das Escrituras, aprendemos não só a respeito da convicção de Paulo, mas também sobre sua compaixão.

Os cristãos espalhados nas igrejas em Éfeso e nos arredores da cidade passavam por uma fase de desânimo. Eles sofriam aflição coletiva, vicária, empática, testemunhal, demoníaca e providencial. Seu pastor, Paulo — que plantou a primeira igreja na região, trabalhou duro por anos para treinar outros líderes e muito os amava —, estava preso na distante Roma e sofria, ao menos, as aflições adâmica, demoníaca, de vítima, coletiva, vicária, testemunhal e providencial. Encarcerado e solitário, passando frio e fome, num provável e literal buraco no chão transformado em cela, o pastor daqueles cristãos também devia se sentir desanimado. Ele não sofria apenas como cristão, mas por ser cristão, chamando a si mesmo de "prisioneiro de Cristo Jesus" (3.1).

Paulo sofreu por causa de seu amor por Jesus. Como resultado, ele não podia desfrutar da companhia dos irmãos cristãos. O exemplo de desânimo cristão em Efésios 3 vem da pena de um homem possivelmente deitado num chão frio no escuro, o corpo dolorido de tantas pancadas, falando com legitimidade de suas "tribulações" ao mesmo tempo que exorta seus irmãos e irmãs em Éfeso a que "não desanimem" (v. 13).

Como é possível, à semelhança do apóstolo, sofrer aflição sem perder a afeição? Qual o segredo para evitar desânimo, amargura, descrença, raiva, mau humor, indiferença ou rebeldia? Como nós, vítimas de intrigas, maus-tratos, agressão, traição, escárnio, abandono, roubo, calúnias e adultérios "não desanimamos" em tempos de sofrimento?

Paulo não nos fornece instruções concisas para a vitória. Ele não banca o durão, dizendo que precisamos ter firmeza, seguir em frente e parar de chorar como bebês. Ele não assume o papel de hiperespiritual, citando um monte de versículos bíblicos que não prometem nada além de bênçãos e proteções àqueles que amam a Deus. Ele não oferece o sorriso otimista habitual, afirmando levianamente que Deus deve ter algo melhor reservado para nós. Ele não aponta o dedo aos gritos de "Arrependam-se!", presumindo que nosso sofrimento seja resultado direto do pecado, que precisa ser confessado e do qual devemos nos arrepender se esperamos interromper o sofrimento. Ele não nos prescreve o tratamento de rotina, relembrando-nos que alguém, em algum lugar, está em situação muito pior. E ele não segue a linha religiosa oriental, dizendo que o sofrimento não passa de uma ilusão.

Em vez disso, Paulo mostra profunda reflexão sobre o sofrimento enquanto ele mesmo sofre profundamente. O apóstolo inicia Efésios fazendo considerações acerca do sofrimento, apresentando-se como Paulo, "prisioneiro de Cristo Jesus" (3.1), e encerra essa passagem dizendo: "Portanto, peço-lhes que não desanimem por causa das minhas tribulações em seu favor, pois elas são uma glória para vocês" (3.13).

Visto que as aflições tanto nos custam, elas se tornam preciosas demais para ser desperdiçadas. Apesar de Deus não ser necessariamente a causa de sua aflição, ele pode fazer uso dela para a glória dele, para o benefício de outros e para o seu crescimento — se você estiver em Cristo. Quando deixarmos de dissecar nosso sofrimento e de tentar evitá-lo, quando o recebermos como oportunidade em Cristo de crescer, glorificar a Deus e partilhar o evangelho, só então começaremos a "não desanimar" e a encontrar alegria em nossas circunstâncias, sejam quais forem elas.

Afligidos para a glória de Deus

Paulo não era afligido porque pecava, mas sim porque outros pecavam contra ele. O imperador romano Nero mantinha Paulo na prisão, mas, em última análise, o apóstolo sabia que Jesus Cristo, o Rei dos reis, reinava acima de Nero. E, em meio ao sofrimento, Paulo não consumia sua mente pensando em si mesmo, mas sim em seu Salvador Sofredor. É por isso que ele se dizia "prisioneiro de Jesus Cristo". A chave é essa.

Ao sofrer, devemos pensar profundamente no sofrimento de Jesus, de modo a não desperdiçar nossa aflição, mas utilizá-la para a glória de Deus. Nosso Deus não sofreu para que não sofrêssemos. Ele sofreu para que, quando sofrêssemos, pudéssemos nos tornar cada vez mais semelhantes a ele e apontássemos cada vez mais pessoas na direção dele.

Um exemplo é meu amigo, o pastor Matt Chandler, presidente da Atos 29, uma rede de plantação de igrejas. Jovem e saudável, com uma bela família e uma igreja que cresce a passos largos, ele subitamente desmaiou, batendo com a cabeça na cornija de sua lareira, e acordou num hospital. O diagnóstico: tumor cerebral. A despeito de sua aflição, ele continuou a pregar o evangelho e a amar sua família com total dedicação. Quando o repórter de um importante meio de comunicação ligou a fim de me entrevistar para uma matéria sobre Matt, eu lhe perguntei o que ele havia aprendido ao estar perto da família Chandler. O homem não era cristão, mas me relatou que ficou bastante impressionado com a fé que eles tinham em Deus, a humildade, o amor pelas pessoas e a autenticidade. O motivo? Matt não desperdiçava sua aflição.

Assemelhar-se a Jesus no sofrimento requer primeiramente reflexão sobre o sofrimento de Jesus. Após a última ceia, Jesus se viu tão angustiado com sua crucificação iminente que, enquanto seus amigos dormiam e deixavam de cumprir o que ele lhes pedira, permaneceu acordado até tarde da noite, suando gotas de sangue durante a tensa oração no jardim do Getsêmani.

Ele foi traído por um de seus amigos mais próximos, Judas. Foi preso sob acusações forjadas e incriminado por falsas testemunhas. Uma multidão enfurecida o espancou severamente, e ele foi despido e chicoteado. Os soldados usaram um *flagrum*, instrumento de tortura segurado por um cabo do qual saíam várias tiras de couro com pesos afixados às extremidades, cujos golpes lhe mortificaram as costas, as pernas e as nádegas. Os ganchos entravam fundo na carne, rasgando pele, músculos, tendões e ossos.

O trauma fazia o corpo de Jesus sacudir-se violentamente. A perda de sangue era severa. Na sequência, seus algozes, por puro escárnio, apertaram uma coroa de espinhos em sua fronte. Nas costas lhe puseram uma trave pesada e tosca, que ele foi forçado a carregar no meio de uma multidão zombeteira até o local da crucificação. Jesus desfaleceu sob o peso de uma cruz de cerca de cinquenta quilos, que esmagou o peito dele contra o chão, possivelmente perfurando seu pericárdio.

Após arrumarem alguém para ajudá-lo a carregar a cruz, Jesus chegou ao Gólgota, onde os soldados e a multidão lhe puxaram a barba. Ele foi cuspido e zombado na frente de sua família e amigos. Cravos equivalentes a pregos usados para afixar trilhos de trem foram fincados em suas mãos e pés, locais em que ficam os centros nervosos mais sensíveis do corpo humano. À medida que o levantaram, a multidão o insultava; o corpo dele se convulsionava, gotejando sangue e suor. Depois de algum tempo, Jesus entregou o espírito e morreu. Para garantir sua morte, um soldado atravessou-lhe o lado com uma lança, perfurando-lhe o coração, e dali jorraram sangue e água.

Jesus sofreu imensamente por nossos pecados. Ele foi afligido por nós e para nós. Nosso pecado matou Deus, mas sua morte nos trouxe vida. Sua aflição operou a nossa salvação. Mais que isso, contudo, o propósito primário de seu sofrimento era glorificar a Deus Pai, revelando, de uma única e perfeita vez, justiça e misericórdia verdadeiras. Se você está em Cristo, é capaz de suportar aflição como ele suportou, para a glória de Deus.

Afligidos para o benefício de outros

Quando sofria perseguições, Paulo não perguntava "Por quê?", mas sim "Quem?", isto é, "Quem eu sou em Cristo?". Dessa forma, o que de outro modo seria angústia agora se tornava ministério. Paulo explica que sua obra consistia em proclamar um mistério: "que, mediante o evangelho, os gentios são co-herdeiros com Israel, membros do mesmo corpo, e co-participantes da promessa em Cristo Jesus" (Ef 3.6).

Para quem ainda não conhece o evangelho, Jesus permanece um "mistério". A vida de Paulo existia — e a nossa existe — para fazer que outros soubessem que o único Salvador abriu a todos, em todas as nações, o único caminho para a salvação. Portanto, embora sofresse por sua dedicação a Cristo, Paulo se sentia encorajado porque o evangelho era proclamado. Nós também enfrentamos aflição ao pregar as mesmas boas-novas, assim como Maaz sofreu nas mãos de sua família muçulmana. Isso confere significado, propósito e valor ao nosso sofrimento, pois Jesus nos convida a participar de sua boa obra, de modo a vermos vidas transformadas e curadas pelo poder do evangelho.

Na aflição, sentimos desânimo quando não nos é possível ter aquilo que mais estimamos. A aflição de Paulo era maligna e dolorosa, mas ele não desanimou nem ficou decepcionado, pois não perdeu o que tinha em mais alta conta — sua amizade com Jesus.

Afligidos para o próprio crescimento

No sofrimento, temos o compromisso divino de aprender três coisas acerca da aflição, as quais nos ajudam a amadurecer como cristãos.

Primeiro, obtemos maior entendimento de quão humilde e gracioso Deus é por nos servir como nosso Servo Sofredor, Jesus Cristo. Deus não veio em glória, mas em humildade; para servir, não para ser servido. Tal realidade deveria nos causar admiração sempre que refletíssemos a respeito. Além disso, é igualmente admirável o fato de Deus nos enviar o Espírito Santo, nosso "Conselheiro".

Segundo, aprendemos a amar e a apreciar melhor aqueles que nos servem. Descobrimos quão profundo e verdadeiro é o amor de algumas pessoas por nós quando estamos sofrendo, passando por necessidades e somos inconvenientes. Os indivíduos que refletem a nós o caráter de Jesus se tornam mais claramente as maiores dádivas em tempos de sofrimento.

Terceiro, quando Jesus e outros nos servem, aprendemos novas formas de servir aos que sofrem. Não é difícil ser consumido por nossa própria vida e ficar insensível às necessidades alheias. Por meio da aflição, porém, Deus nos ensina a abrir o coração, os olhos e as finanças para atender às carências de pessoas afligidas.

Afligidos por credibilidade

Quando passamos por aflições, adquirimos uma credibilidade singular para tratar de assuntos difíceis, de maneira a promover cura e vida a pessoas que enfrentam as mesmas aflições. Por exemplo, uma amiga nossa foi repetidamente estuprada na adolescência e agora se dirige a vítimas de estupro falando sobre a cura e a esperança em Jesus Cristo. Apesar de suas experiências serem trágicas, a credibilidade autêntica com os indivíduos que ela aconselha provavelmente não existiria de outro modo.

Talvez o versículo mais desconcertante sobre Jesus em toda a Bíblia, Hebreus 2.10, diz que ele se tornou "perfeito, mediante sofrimento". Isso não significa que Jesus era pecador antes de seus sofrimentos, mas sim que seus sofrimentos lhe permitiram se identificar e simpatizar conosco por completo. Além disso, por meio de seu sofrimento ele conquistou a nossa salvação e um dia retornará para pôr fim a todo pecado e sofrimento (Ap 21). Até esse dia chegar, temos o compromisso divino de, mediante nossos sofrimentos, tornarmo-nos gradualmente mais semelhantes a ele. Ficamos cada vez mais cativados pelo amor a ele, a quem fizemos sofrer, mais compassivos por aqueles que sofrem e mais comprometidos em oferecer justiça e alívio àqueles que sofrem injustiças.

E quanto a você? Como o sofrimento o vem tornando mais semelhante a Jesus? As pessoas notam que você é transformado pelas provações que enfrenta? Como Deus tem usado sua angústia para seu crescimento e para o benefício de outros?

Para os que são afligidos e estão em Cristo, Jesus é um Deus com quem se pode conversar pessoalmente. Você pode correr até ele e caminhar com ele. Jesus Cristo não se assentou em seu conforto celestial para, de uma distância segura, oferecer conselhos quanto ao nosso sofrimento. Pelo contrário, ele se inseriu na história humana a fim de se identificar conosco. Ele foi tentado. Chorou. Era pobre e não tinha onde morar. Sua família o rejeitou. Seus amigos o abandonaram. Seus discípulos o traíram. Seus inimigos o acusaram falsamente. O governo o julgou de maneira injusta e o condenou. Os soldados o espancaram sem piedade a ponto de desfigurá-lo. Ele sangrou, sofreu e morreu na vergonha. E ele fez tudo isso para a glória de Deus e para o nosso bem.

Jesus é o nosso benevolente Sumo Sacerdote, que concede graça aos que sofrem e promete justiça aos que não se arrependem. Ele está preparando um lugar para nós e nos deu o Deus Espírito como nosso Conselheiro até o dia de sua volta, para vivermos segundo a nossa identidade em Cristo.

Um dia veremos Cristo face a face. O objeto de nossa fé será visto. Suas mãos com as cicatrizes dos pregos enxugarão nossas lágrimas. *Um dia*, todos os que estiverem em Cristo entoarão juntos seus louvores e contemplarão a glória dele continuamente. *Um dia* ele agirá em todas as coisas para o bem daqueles que o amam. *Um dia* todas as nossas perguntas serão respondidas, nossas esperanças serão concretizadas e nossos medos serão esquecidos. Até esse dia chegar, seremos afligidos, mas nossa identidade em Cristo não tem de ser afetada.

CAPÍTULO 9

Eu sou ouvido

Por essa razão, ajoelho-me diante do Pai, do qual recebe o nome toda a família nos céus e na terra. Oro para que, com as suas gloriosas riquezas, ele os fortaleça no íntimo do seu ser com poder, por meio do seu Espírito, para que Cristo habite no coração de vocês mediante a fé; e oro para que, estando arraigados e alicerçados em amor, vocês possam, juntamente com todos os santos, compreender a largura, o comprimento, a altura e a profundidade, e conhecer o amor de Cristo que excede todo conhecimento, para que vocês sejam cheios de toda a plenitude de Deus.

Àquele que é capaz de fazer infinitamente mais do que tudo o que pedimos ou pensamos, de acordo com o seu poder que atua em nós, a ele seja a glória na igreja e em Cristo Jesus, por todas as gerações, para todo o sempre! Amém!

EFÉSIOS 3.14-21

Um querido casal de amigos tem uma linda garotinha chamada Ruby. Certo dia, eu me ajoelhei para falar com ela.

— Oi, Ruby!

— Oi, Amém! — ela respondeu. Como seus pais ocasionalmente dizem "Amém" durante meus sermões, ela deduziu que aquele era meu nome.

Foi um dos momentos mais graciosos e engraçados de que consigo me lembrar. A história ilustra um importante princípio: as crianças aprendem a falar ouvindo os mais velhos. Da mesma forma, novos convertidos aprendem a conversar com Deus, ou a orar, ouvindo os que são mais velhos na fé.

Quem ensinou você a orar? Criado na Igreja Católica Romana, eu memorizava a oração de gente morta, como Francisco de Assis, bem como preces repetitivas, como a Ave-Maria e o Ato de

Contrição. Embora não haja nada de errado com orações "roteirizadas", eu não sabia como falar com Deus pessoalmente, em tom de conversa. A meu ver, a oração era basicamente um encontro formal com um senhor idoso e enfadonho chamado Deus, que vivia muito longe e exigia que lhe falassem como a um dignitário estrangeiro. Em consequência disso, eu orava muito raramente, se alguma vez, a respeito de questões práticas de minha vida.

Então, aos 19 anos, Deus me salvou. Passei a ter novos desejos. Queria aprender a Bíblia, então comecei a lê-la. Queria conversar com Deus, então comecei a tentar descobrir como orar. E eu queria estar com o povo de Deus, então comecei a frequentar uma igreja.

Empolgado em aprender, juntei-me ao meu primeiro pequeno grupo. Eram todos simpáticos, e começávamos nossa reunião orando. Mas — em algo que só pode ser descrito como "momento *ooops*" — o líder me pediu para abrir o encontro com uma oração, uma vez que eu era novo na fé. Foi incrivelmente desconcertante informar ao grupo que eu não sabia orar, jamais havia orado em grupo e até então só tinha orado formalmente, preces escritas e memorizadas para a missa.

Felizmente, ele não demorou a perceber meu constrangimento e conduziu o grupo em oração em voz alta. Eu ouvi com atenção. Queria ouvir como outras pessoas oravam, de modo que aprendesse a orar, e percebi que elas não oravam a um Distante e Enfadonho Senhor Idoso, mas a um Deus amorosamente interessado a quem se referiam como "Pai". Eles também usavam linguagem cotidiana e falavam com Deus como se ele estivesse presente e quisesse ouvir coisas a respeito da vida deles. Eu não me lembro do estudo bíblico daquela noite, mas me recordo de ter ido embora surpreendido pela oração e com uma noção de como começar a orar.

Os cristãos aprendem a orar ouvindo outros cristãos maduros na fé, tanto na igreja como nas Escrituras. Isso ajuda a explicar por que a Bíblia está repleta de orações, como os salmos. Outros livros da Bíblia têm a oração como tema basilar. Um deles é Efésios. Praticamente metade dessa carta é composta de oração.

O Deus da Bíblia é uma comunidade trinitária de Amigos. O Pai, o Filho e o Espírito conversam e ouvem uns ao outros por toda a eternidade. Isso aparece, por exemplo, na vida de oração de Jesus, na qual observamos conversas entre a Trindade. Daí resulta uma verdade empolgante: se você está em Cristo e Cristo em você, então Deus o ouve!

Cristo serve como mediador para os que nele estão, levando nossas orações a Deus. E, uma vez que Deus Espírito Santo habita em nós, nossas orações se dão pelo Espírito, por meio do Filho, para o Pai. Ele ouve palavras pronunciadas, pensamentos não verbalizados e anseios vagos. Essa verdade é absolutamente admirável. O coração de Deus sempre se inclina para você: o rosto em sua direção e o ouvido receptivo à sua voz. Isso explica por que a Bíblia nos convida a "orar continuamente" (1Ts 5.17) acerca de qualquer coisa, a qualquer tempo e em qualquer lugar.

Por vezes a vida cristã se torna demasiadamente complicada, e acabamos ignorando a grandeza da simplicidade. Como lembrete de que Deus é nosso amigo, com quem devemos conversar regularmente, não por sermos obrigados mas por ser possível, a Bíblia está repleta de orações. Um exemplo é a oração de Paulo em Efésios 3.14-21, sobre a qual um teólogo afirmou: "Nenhuma oração já registrada proferiu pedido mais ousado".[1]

Imagine-se ao lado de Paulo no cárcere. Visualize-o passando as mãos nas articulações doloridas e no corpo cheio de cicatrizes à medida que se ajoelha num calabouço molhado, frio e imundo e levanta a voz em oração. Acompanhar a vida de oração de Paulo enquanto as palavras saem do coração dele em meio a tamanho sofrimento — conforme ele ora pedindo que os cristãos, incluindo você, entendam as profundidades do amor de Deus e sejam cheios da plenitude de Deus — nos revela quem ele realmente era. Ao presenciar sua conversa com Deus, descobrimos seis princípios de oração: Pessoal, Relacional, Petição, Desejo, Espera e Revelação.

A ORAÇÃO É PESSOAL

Aos 11 anos, se não me engano, minha filha mais velha, Ashley, sentou-se à mesa do café defronte a mim e explicou alguns problemas de relacionamento entre ela e seus amigos. Quando lhe perguntei o que poderia fazer para servi-la, ela disse: "Ore por mim". Em seguida, ajoelhou-se à minha frente, curvou a cabeça e esperou que lhe impusesse minha mão e orasse por ela, como seu pai, para o "Pai nosso".

Visto que Ashley tinha um relacionamento pessoal comigo, ela confiou em mim, ela me honrou, convidou, amou, recorreu a mim, recebeu-me, respeitou-me e se submeteu a mim com seu simples ato de ajoelhar-se e pedir oração. Pus a mão sobre sua cabeça e orei ao mesmo tempo que agradeci a Deus pela honra de ser o "Paizinho" dela.

O famoso pregador Martyn Lloyd-Jones certa vez escreveu: "A oração é, sem a menor dúvida, a mais elevada atividade da alma humana. O homem se encontra no seu maior e mais elevado estado quando, de joelhos, põe-se face a face com Deus".[2] Não era comum, na Bíblia, ajoelhar-se para orar; a maioria das pessoas se levantava para isso (Mc 11.25). Ajoelhar-se na oração, portanto, é um ato incomum e simples.

Paulo, igualmente impelido pelo Espírito Santo, como Ashley, nos diz que, ao orar, ele se ajoelhava diante do Pai (Ef 3.14). Não devia ser fácil para ele se ajoelhar, tendo em conta sua saúde precária e tudo o que sofrera no serviço a Cristo. Ainda assim, ele o fez com humildade e alegria.

A oração é uma das atividades mais edificadoras e simples que podemos fazer. Na oração, expressamos ao Deus do universo nossos mais profundos desejos, emoções, dores e gratidão. É algo intimamente pessoal.

Cabe dizer que é perfeitamente aceitável orar a Deus em pé, sentado ou mesmo deitado na cama, e a Bíblia dá exemplos de cada um desses métodos. No entanto, jamais devemos esquecer ou negligenciar a importância de, no mínimo ocasionalmente, ajoelhar-nos perante o Pai — não para que ele nos ouça, mas porque sabemos que ele nos ouve. Não porque ele exige, mas porque ele merece. Ajoelhados, com as mãos levantadas em oração, parecemos soldados em rendição e filhos em busca do pai, o que em muitos aspectos é exatamente o que define a oração — render-se ao seu Pai.

A oração é relacional

Ao longo dos evangelhos, Jesus chama Deus de "Pai" cerca de sessenta vezes. Talvez ele não tenha sido o primeiro judeu a chamar Deus de Pai, mas foi o primeiro a fazê-lo como principal meio de falar com Deus (Mt 11.25; Mc 14.36; Lc 23.46; Jo 17.1). Chamar Deus de Pai não era comum naquela antiga religião, mas sim uma nova compreensão da natureza de Deus. Jesus ensinou seus seguidores a chamar Deus de Pai (Mt 6.9). Semelhantemente a Jesus, Paulo também orou a Deus como Pai (Ef 3.14).

Uma compreensão de Deus como Pai é primordial para a oração. Se entendermos que Deus é Pai, então conversaremos naturalmente com ele a qualquer tempo sobre qualquer coisa, pois nos sabemos amados, cuidados e seguros com ele. Ele não é negligente. Ele é presente.

Quer aprender a orar? Então não se concentre na oração em si. A oração é um meio pelo qual enxergamos Deus como Pai. Observe crianças que têm um bom pai, repare em como elas interagem com ele e você entenderá a chave para a oração.

Se você teve um pai ruim, será mais difícil se relacionar — ou desejar se relacionar — com Deus como Pai. Por favor, não julgue Deus tendo como medida seu pai terreno. Julgue seu pai terreno pelo padrão de Deus Pai. O Pai nos escolhe para sermos seus filhos e, por meio da obra de nosso irmão Jesus, ele nos adota na família porque nos ama.

Pai de cinco crianças, aprendo com meus filhos muita coisa sobre a oração. Eles vivem me procurando para conversar, tirar dúvidas e fazer pedidos. Não é nada muito elaborado. Eles simplesmente vêm até mim e conversam, presumindo que vou reconhecê-los, ouvi-los e lhes responder "Sim", "Não" ou "Mais tarde".

Uma vez que Deus é um Pai infinitamente mais amoroso, poderoso, generoso, paciente, perdoador, cuidadoso, encorajador e divertido do que qualquer pai terreno, é de se presumir que seus filhos conversariam com ele o tempo todo a respeito de tudo. Foi exatamente isso que Paulo nos mostrou ao orar a Deus como "Pai". Ele sabia que o Deus que é nosso Criador soberano, Rei e Senhor, é também, pela graça, nosso Paizinho.

Havendo Deus nos adotado em sua família, nós temos o que a Bíblia denomina "irmãos" e "irmãs" espirituais que compõem a igreja. Ao viver em comunidade com o restante da família de Deus, aprendendo o que seus outros filhos aprendem e observando como eles são transformados, conhecemos mais de nosso Pai e de seus propósitos para conosco. Além disso, por termos irmãos e irmãs em Cristo, podemos nos unir a eles em oração e, juntos, encaminhar nossos pedidos a Deus. Por essa razão Jesus disse: "Pois onde se reunirem dois ou três em meu nome, ali eu estou no meio deles" (Mt 18.20). Agindo assim, encorajamos uns aos outros a seguir na direção de Cristo e nos ajudamos a discernir o que Deus vem dizendo e realizando entre nós como família.

Um dia haverá uma reunião familiar na presença de Jesus, onde todo o povo de Deus ficará junto para sempre. Até lá, conhecemos mais de nosso Pai com seus outros filhos, lendo suas biografias, vivendo juntos em comunidade em nossa igreja e cultivando amizades com cristãos de diferentes denominações, redes e grupos. Como disse John Stott: "É preciso que todo o povo de Deus entenda todo o amor de Deus; todos os santos juntos — [cristãos] judeus e [cristãos] gentios, homens e mulheres, jovens e idosos, brancos e negros — com todas as suas distintas origens e experiências".[3]

A oração é petição

Ao contrário de Deus, que é independente, autossuficiente e de nada carece, nós precisamos de muito. Felizmente, nosso Pai é um doador generoso que nos convida a pedir qualquer coisa. Em consequência disso, numa oração evidentemente trinitária, Paulo pede que Deus Pai capacite os cristãos por meio do Espírito Santo, para que Jesus habite no coração deles e lhes atenda as necessidades espirituais mais profundas (Ef 3.16-17). Há aqui duas grandes ideias a serem "descompactadas".

Primeiro, Deus Espírito Santo é o meio pelo qual o poder de Deus — ao nosso alcance por meio da vida, da morte, da ressurreição e da ascensão de Jesus — está acessível àqueles cuja fé está em Jesus. Viver a vida cristã requer poder, não para evitar todo tipo de sofrimento, dominar sobre outras pessoas e alcançar nossos desejos egoístas, mas para que nos tornemos cada vez mais semelhantes a Jesus Cristo em coisas como honestidade, santidade, amor, sabedoria, coragem, humildade e perseverança. A Bíblia ensina que Jesus era cheio do Espírito Santo e que é impossível tornar-se como ele sem a obra do Espírito (Lc 4.1,14,18; 10.21). Desse modo, quando a Bíblia se refere a estar cheio do Espírito, trata-se simplesmente de outra forma de dizer que é possível viver como Jesus por meio da graça e do poder do Espírito Santo. A vida cristã não é uma vida vivida para Deus, mas sim a vida de Deus vivida em nós, por meio de nós, conosco e, por vezes, apesar de nós pelo poder do Espírito.

Segundo, Paulo orava pedindo que Cristo habitasse em nosso coração. Curiosamente, este é o único lugar na Bíblia que trata de Jesus vivendo em nosso coração, e as palavras de Paulo se dirigem aos cristãos, o que causa alguma estranheza. Como D. A. Carson observou acertadamente:

> À primeira vista, parece estranho Paulo orar para que Cristo habite no coração dos crentes. Acaso ele já não vive neles? Para responder, notemos que o foco do pedido não se acha na habitação primeira de

> Cristo, mas em sua presença contínua. O verbo usado nesta oração é vigoroso, denotando uma habitação permanente, e não uma estada temporária.[4]

Para tentar explicar as palavras de Paulo, deixe-me falar dos lugares em que vivi. Na época da faculdade, morei numa agremiação por cerca de uma semana; odiei aquilo e então me mudei para uma residência estudantil onde passei todo um ano escolar. Nos dois anos seguintes, morei com amigos da faculdade em diferentes casas alugadas, decoradas com o que algum dia, muito antes de nossa chegada, haviam sido móveis, e os pratos sujos empilhados deviam chegar perto daquilo que Paulo chamou de terceiro céu. Em meu último ano de faculdade, casei-me com Grace, e nos primeiros anos de casamento mudamos de casa diversas vezes. Ela fazia o melhor para deixar os lugares com cara de lar, mesmo sem dinheiro nem compromisso de permanecer naqueles locais por muito tempo.

Então compramos uma casa. Pintamos todos os cômodos, arranjamos novos móveis, instalamos a iluminação, erguemos uma cerca, construímos uma área de lazer, fechamos o espaço acima da garagem para fazer nele meu escritório, acrescentamos uma mesa, adquirimos uma banheira de água quente e plantamos flores. Hoje em dia, para saber qual será o próximo local a ser atacado, assistimos a esses programas televisivos de melhorias no lar. O motivo? Como disse Paulo, esse é o lugar onde planejamos "habitar" (Ef 3.17).

Ao orar para que Jesus habite em nosso coração (literalmente, "no íntimo do ser"), Paulo estava pedindo que Jesus fizesse de nossa vida o seu lar e continuasse a agir em todas as coisas quebradas, sujas, desorganizadas, insensatas e destrutivas, de modo que tivéssemos uma casa cada vez melhor. Ele também orou para que não trancássemos portas a Jesus em rebeldia e falta de arrependimento, mas sim que abríssemos cada aspecto de nossa vida à purificação e à renovação.

A oração é desejo

Jesus ama você. Como você se sente ao ler isso? Você duvida, uma vez que está sofrendo? Você não acredita, pois há um enorme pecado em sua vida? Você desconsidera, pois parece banal, demasiado simples, e não algo que você realmente analisou com cuidado? Você ignora, estando tão ocupado com sua vida e seus problemas que não tem tempo para se debruçar em verdades profundas?

Se for esse o caso, então Paulo fez a seguinte oração não só para a igreja em Éfeso mas também para você:

> [Oro] para que Cristo habite no coração de vocês mediante a fé; e oro para que, estando arraigados e alicerçados em amor, vocês possam, juntamente com todos os santos, compreender a largura, o comprimento, a altura e a profundidade, e conhecer o amor de Cristo que excede todo conhecimento, para que vocês sejam cheios de toda a plenitude de Deus.
>
> Efésios 3.17-19

Paulo orou para que conhecêssemos a estonteante magnitude do amor de Deus, e sua oração é também evidência do amor de Deus por nós. Não são muitos os que oram, e a maioria dos que o fazem age sobretudo em prol de si mesma. Em amor, porém, Paulo ora pela igreja e por nós, estando numa cela de prisão, sozinho e sofredor.

Paulo não duvidava do amor de Deus por você, mas duvidava de que você soubesse disso de coração, que cresse de fato e recebesse isso no íntimo, de maneira passional, empírica e pessoal. Muitos cristãos sabem que Deus os ama, mas sabem disso como alguém que faz aulas de direção sem entrar num carro.

Paulo queria que o amor de Deus estivesse firmemente fundamentado em nossa mente, como o alicerce de um edifício. Mas ele queria mais. Seu desejo era que o amor de Deus, como uma planta enraizada fundo, apta a florescer, constituísse a raiz profunda de nossa alma. Ele queria que nós, juntamente com "todos os santos", soubéssemos que o amor de Deus é largo o suficiente para acolher qualquer pessoa em qualquer lugar, comprido o bastante para se entender desde o princípio até o final dos tempos, profundo o necessário para alcançar até o pior dos pecadores e consideravelmente alto para nos elevar ao reino celestial de Deus. Visto que o amor de Deus é sem medida, infinito e infindável — algo que podemos conhecer como verdade, mas não plenamente —, Paulo se esforça para encontrar palavras a fim de explicá-lo.

Tenha em mente a quem Paulo se endereça: cristãos espalhados em igrejas por toda a cidade de Éfeso, na atual Turquia. Intelectualmente, aqueles cristãos sabiam que Deus os amava, mas precisavam — e também precisamos nós — conhecer plenamente a verdade do amor de Deus, não como conhecemos o caminho de casa, mas do modo como filhos amados reconhecem a voz do pai lhes chamando pelo nome, convidando-os a correr até ele, que sorri de braços abertos, pronto para agarrá-los, abraçá-los e beijá-los na testa.

O desejo de Deus é que saibamos que ele nos ama assim. Paulo orou para que "compreendêssemos" esse amor (Ef 3.18). É interessante o termo grego aqui usado, que significa "tomar posse ou apreender com avidez", "agarrar ou abraçar, sobretudo usando os dedos ou os braços", ou "apoderar-se com a mente". Muitos cristãos contrapõem conhecimento e experiência, bem como mente e coração. A verdade é que ambos são necessários para a compreensão do amor de Deus. Tal amor é o que acontece quando a verdade em nossa mente captura a afeição de nosso coração, impelindo-nos a nos apossar do amor de Deus em nossa vida.

À medida que o amor de Deus cativa nosso coração e nos apoderamos desse amor, somos transformados e amadurecemos cada vez mais em Cristo, pois nossas afeições determinam nossas ações. Estando enraizados e firmados no amor, passamos a amar aquilo que Deus ama e, consequentemente, a odiar o que ele odeia, a saber, o pecado. Assim, a transformação de nossas afeições resulta na transformação de nossas ações. O fato é que existe uma resposta a todos os nossos problemas: a compreensão plena do amor de Deus por nós. Portanto, vivenciar o amor de Deus é algo pelo qual devemos orar e buscar por meio do poder do Espírito Santo, para a igreja e para nós mesmos, assim como fez Paulo.

O inesperado é que, muitas vezes, nos momentos de sofrimento, o amor de Deus se torna plenamente conhecido. Não apenas leia as palavras da oração de Paulo, mas se lembre de que foram escritas na prisão; o apóstolo estava faminto, com dores, ele sofria e provavelmente redigiu a carta à luz de uma vela acesa num chão imundo, ansiando que experimentássemos o amor de Deus de maneira tão profunda e passional como ele.

Como ele pôde agir assim? No sofrimento, Paulo era continuamente lembrado do maior ato de amor que o mundo já conheceu — a morte de Jesus, o Salvador Sofredor, em nosso lugar e por nossos pecados. Com efeito, falar do amor de Deus é falar da cruz de Cristo. A vida de Paulo ilustra o fato de que, na bondade de Deus, algumas de nossas fases mais dolorosas nos ensinam muitíssimo sobre o amor de que desfrutamos por causa do sofrimento que Jesus suportou.

A oração é espera

Paulo orava porque Deus "é capaz de fazer infinitamente mais do que tudo o que pedimos ou pensamos" (Ef 3.20). *Mais* é uma palavra essencial. Deus não só é poderoso; ele também é generoso. Você acredita que Deus pode fazer qualquer coisa? A verdadeira prova de sua teologia não diz respeito apenas ao que você diz, mas ao seu modo de orar.

Se outras pessoas o escutassem em sua vida de oração, eles o ouviriam orando o tipo de preces passíveis de resposta caso Deus de fato irrompesse e se manifestasse? Você realmente acredita, bem lá no fundo, que Deus é capaz de fazer mais do que você pode pedir ou imaginar? Espero que sua oração seja do tamanho de seu Pai!

O Deus todo-poderoso, rei sobre toda a criação, absurdamente generoso e deslumbrante não só está em ação; ele "atua em nós" (3.20). E o poder de Deus atuante em nós nos concede esperança. A mudança é possível quando Deus, poderosamente e de modo contínuo, nos transforma ao nos cativar com seu amor. Paulo exemplificou a oração que espera a ação contínua de Deus em nós pelo poder do Espírito Santo. À luz do poder de Deus que atua em nós, devemos orar na esperança de sermos ouvidos, se orarmos dentro da vontade divina, que é a maneira como Paulo encerra sua oração.

A oração é revelação

Pode-se aprender muito a respeito das pessoas ouvindo-lhes orar. Aprendemos quem ou o que habita em seu coração e em sua mente, com o que se importam e onde residem suas paixões. Aprendemos também muito sobre nós mesmos ao prestar atenção ao nosso modo de orar. Na oração, expomos nosso coração, nossas motivações, nossos desejos, falsos deuses, bem como salvadores funcionais.

A oração de Paulo (como toda boa oração) inicia-se e encerra com Deus. Começa falando de e para Deus e termina com a glória divina revelada por meio da pessoa de Jesus Cristo e das testemunhas de sua igreja. É apropriado Paulo encerrar sua oração com a glória de Deus, visto ser esta o propósito de todas as coisas.

Deus é glorioso e merecedor da glória. A "glória de Deus" expressa o esplendor, a beleza, a magnificência, o brilho, o peso, a proeminência, a preeminência, a luminescência, a majestade, a santidade, a pureza, a dignidade e a superioridade do Deus da Bíblia.

Nós existimos para glorificar a Deus assim como os peixes existem para nadar e os pássaros existem para voar. A glória de Deus é um tema onipresente na Bíblia: aparece cerca de 275 vezes nas traduções em português, incluindo cerca de 50 ocorrências somente em Salmos. Quando as pessoas deparam com a glória de Deus, elas reagem com temor, reverência, admiração, adoração, tremor, respeito, convicção, arrependimento e humildade. Deus é grandioso; nós somos pequenos. Deus é bom; nós somos maus. Nós existimos para Deus, e não o contrário. Ainda assim, ele nos ouve e nos ama.

Jesus Cristo é a glória de Deus. De maneira perfeita, contínua e obediente, ele revelou o Pai. Por isso Jesus disse que quem o vê, vê o Pai (Jo 14.9), e é também por essa razão que a Bíblia o chama de "o resplendor da glória de Deus" (Hb 1.3). No sofrimento, na solidão, na pobreza, na traição, e até mesmo na morte, Jesus viveu inteiramente para a glória do Pai.

De igual modo, a igreja existe para glorificar a Deus. Nós, como igreja, fomos criados para conceder ânimo, entoar cânticos e nos alegrar a respeito de nosso Deus, e também para refletir sua glória, vivendo como ele e exibindo seu caráter e amor ao mundo. Não raro, essa paixão concedida por Deus visando à sua adoração é mal direcionada para a idolatria e a adoração de coisas criadas, como sexo, fama e alimentos. Entretanto, quando a glória de Deus é o verdadeiro norte no compasso da vida, tudo (incluindo nossas orações) se direciona para Deus e é nele centrado.

Em seu livro *A cidade de Deus*, Agostinho determinou acertadamente que tudo flui a partir da glória. Resolvida a questão da glória — isto é, para onde ela se encaminha e quem ou que a merece — então tudo mais está decidido. Uma vez que determinamos em nossa alma que a glória de Deus é o nosso objetivo, então deixamos o caminho do menor esforço e tomamos o caminho da maior glória a Deus.

Provavelmente o maior teólogo norte-americano, Jonathan Edwards, fez da glória de Deus o centro de seus estudos. Ele costumava explicar que a Trindade divina descrita na Bíblia é infinitamente feliz vivendo para mútua glorificação em perfeito amor. Edwards ensinava que a glória de Deus é uma forma concisa de dizer quem Deus é e o que Deus faz na totalidade: "Tudo que as Escrituras expressam como sendo a finalidade das obras de Deus está incluído na frase 'a glória de Deus'".[5]

Deus não precisa de nós, mas ele nos quer, o que é muito melhor. Ele nos acolhe num relacionamento a fim de que conheçamos sua alegria gloriosa e a tornemos conhecida. Como diz o Catecismo de Westminster: "O fim principal do homem é glorificar a Deus e dele desfrutar para sempre".[6] Tecendo uma importante modificação para aquilo que chama de "Hedonismo Cristão", John Piper escreveu: "O fim principal do homem é glorificar a Deus *desfrutando* dele para sempre".[7]

Para que a glória de Deus seja revelada na igreja, conforme a oração paulina, devemos nos satisfazer nele individual e coletivamente, embora também ansiemos pelo dia em que veremos Jesus face a face (Êx 33.18; 1Co 13.12). Isso significa desfrutar dele, o nosso maior tesouro, para além da noção de que ele nos ama, sendo cativados por ele e agarrando seu amor, vivendo com ele num relacionamento maduro, arrependendo-nos de nosso pecado, crescendo para glorificá-lo mais e mais pela graça e com alegria, propagando sua fama a outros, servindo humildemente os necessitados como ele nos serviu, entoando seu amor e orando por sua igreja. A vida que visa revelar a glória de nosso Deus Pai resulta em nossa alegria e no benefício de outros, conforme nos assemelhamos cada vez mais a Jesus pelo poder do Espírito.

Seu Pai está à espera. Você será ouvido.

CAPÍTULO 10

Eu sou capacitado

Como prisioneiro no Senhor, rogo-lhes que vivam de maneira digna da vocação que receberam. Sejam completamente humildes e dóceis, e sejam pacientes, suportando uns aos outros com amor. Façam todo o esforço para conservar a unidade do Espírito pelo vínculo da paz. Há um só corpo e um só Espírito, assim como a esperança para a qual vocês foram chamados é uma só; há um só Senhor, uma só fé, um só batismo, um só Deus e Pai de todos, que é sobre todos, por meio de todos e em todos.

E a cada um de nós foi concedida a graça, conforme a medida repartida por Cristo. Por isso é que foi dito:

> "Quando ele subiu em triunfo às alturas,
> levou cativos muitos prisioneiros,
> e deu dons aos homens".

(Que significa "ele subiu", senão que também havia descido às profundezas da terra? Aquele que desceu é o mesmo que subiu acima de todos os céus, a fim de encher todas as coisas.) E ele designou alguns para apóstolos, outros para profetas, outros para evangelistas, e outros para pastores e mestres, com o fim de preparar os santos para a obra do ministério, para que o corpo de Cristo seja edificado, até que todos alcancemos a unidade da fé e do conhecimento do Filho de Deus, e cheguemos à maturidade, atingindo a medida da plenitude de Cristo. O propósito é que não sejamos mais como crianças, levados de um lado para outro pelas ondas, nem jogados para cá e para lá por todo vento de doutrina e pela astúcia e esperteza de homens que induzem ao erro. Antes, seguindo a verdade em amor, cresçamos em tudo naquele que é a cabeça, Cristo. Dele todo o corpo, ajustado e unido pelo auxílio de todas as juntas, cresce e edifica-se a si mesmo em amor, na medida em que cada parte realiza a sua função.

EFÉSIOS 4.1-16

Na infância, eu adorava acompanhar meu pai, Joe, no trabalho. Ele era operário de construção civil, e eu vestia botas de bico de aço, macacão, camiseta branca e capacete, igualzinho a ele. Levava até garrafa térmica e lancheira para as refeições, além de possuir minha própria caixa de ferramentas. Meu pai conseguia realizar sozinho todo o trabalho e, para falar a verdade, seria bem mais fácil sem a minha presença. Mas penso que ele me levava junto para que eu o conhecesse melhor.

Deus é Pai, e o ministério, algo que cabe a todo cristão, se assemelha a ir trabalhar com o pai. Como disse Jesus: "Não sabiam que eu devia estar na casa de meu Pai?" (Lc 2.49). Jesus passou a maior parte de seu ministério trabalhando como carpinteiro, glorificando a Deus e servindo as pessoas ao lado de José, seu pai adotivo. Nos últimos três anos de sua vida, ele pregou, ensinou, curou, alimentou, evangelizou, liderou, entre outras coisas, e depois morreu na cruz por nossos pecados, foi enterrado, ressuscitou dos mortos e ascendeu ao céu, de onde governa, ainda realizando sua obra.

O ministério de Jesus continua hoje na terra por meio de seu povo. Mediante o Espírito Santo, ele promove nossos dons e talentos (1Co 12.11; Hb 2.4), os quais nos habilitam a efetuar uma obra valorosa para Jesus. Os dons habilitados pelo Espírito são concedidos apenas pela graça de Deus, e não podemos obter um dom a menos que o recebamos de Deus (Rm 12.6; 1Co 12.4-7,11). Uma vez que Deus sabe do que precisamos, o que o futuro reserva e do que igrejas específicas carecem, ele nos confere dons específicos imprescindíveis para a saúde da igreja. Na prática, isso significa que você é capacitado por Cristo e necessário na igreja.

As Escrituras costumam se referir à imprescindibilidade de cada indivíduo na igreja comparando-o às partes do corpo humano, unidas no mesmo propósito (Rm 12.5; 1Co 12.12-31; Ef 1.22-23; 4.4,12,16; 5.30; Cl 1.18,24; 2.19). Isso deixa claro que, se você é cristão, é capacitado a servir o corpo de Cristo.

Nem todo cristão é chamado a exercer o ministério *vocacional* em tempo integral, mas todo cristão é chamado à "obra do ministério". Tal obra inclui emprego, família, igreja e comunidade, amando e servindo pessoas em sua vida em prol de Jesus Cristo.

Paulo, sendo uma pessoa capacitada, só lembrou que, no serviço à igreja, muitas coisas acontecem. Você:

- Contribui para a "unidade do Espírito pelo vínculo da paz".
- Edifica "o corpo de Cristo".
- Encoraja a "unidade da fé e do conhecimento do Filho de Deus".
- Ajuda as pessoas a crescer e atingir "a medida da plenitude de Cristo".
- Faz aumentar o número de cristãos biblicamente maduros que já não são "jogados para cá e para lá por todo vento de doutrina".
- Aprende a dar e a receber "a verdade em amor".
- Valoriza outros cristãos à medida que o trabalho conjunto torna o corpo "ajustado e unido".
- Constata que o corpo "cresce e edifica-se a si mesmo".
- Ajuda a igreja a crescer "em amor" para os que estão nela, bem como para os que ainda não conhecem Jesus.

Em Cristo, você adquire uma nova identidade e uma nova comunidade; nesta aprende mais a respeito daquela à medida que faz uso de seus dons para servir enquanto é servido pelos dons de outros. Não raro, alguns cristãos evitam se envolver numa igreja local porque enxergam falhas nessa comunidade. Ironicamente, talvez o fato de perceberem os defeitos indique que eles e seus dons se fazem necessários ali. Em vez de reclamar, é melhor começar humildemente a servir visando a atender as necessidades da igreja e a convidar outros a também ajudar.

O Novo Testamento apresenta quatro diferentes listas de dons promovidos pelo Espírito, incluindo Efésios 4.1-16 (cf. 1Co 12.8-10,28-30; Rm 12.6-8; Ef 4.11; 1Pe 4.11). Visto não haver duas listas de dons idênticas, é improvável que mesmo uma combinação de todas as listas nos forneça uma visão completa de todos os dons que nos são concedidos por Deus e habilitados pelo Espírito. Por exemplo, muitas pessoas possuem dons como talento artístico, habilidade musical, aptidão atlética, e assim por diante, dos quais o Espírito Santo pode fazer uso para servir a igreja e glorificar a Deus. Provavelmente quaisquer habilidades usadas por um cristão para servir a causa do evangelho atua como aquilo que alguns chamam de "dons espirituais". Talentos sobrenaturais e naturais são dons concedidos por Deus para "a obra do ministério" e, no fim, o mais importante é que Deus seja glorificado, e sua igreja, edificada pela graça de Deus por intermédio de vocês, que vivem "de maneira digna da vocação que receberam". Uma vez que Deus o capacitou, a igreja precisa de você.

DONS PROMOVIDOS PELO ESPÍRITO

O restante deste capítulo enfoca os variados dons promovidos pelo Espírito alistados nas Escrituras. Durante a leitura, ore e reflita acerca de seus dons e de como pode usá-los para servir o corpo de Cristo.

Antes de prosseguirmos para os diversos dons, as noções introdutórias a seguir podem servir de ajuda.

- Recebemos diferentes porções de um dom ou talento. Por exemplo, alguns são capacitados a exercer liderança sobre dezenas de pessoas, outros sobre milhares, ou mais.
- Nossos dons precisam ser cultivados e amadurecidos mediante discipulado e desenvolvimento. Por exemplo, você pode ter sido capacitado a lecionar, mas talvez precise estudar anos antes de ensinar formalmente as Escrituras a grupos maiores.
- Esteja disposto a servir fora da área em que é capacitado, pelo menos por algum tempo, de modo a atender uma necessidade enquanto não aparecer outra pessoa mais habilitada. Dessa

forma, a igreja se torna mais semelhante a uma família, na qual os membros se comprometem a ajudar conforme for necessário.
- Há uma diferença entre dons e maturidade. Devemos cultivar não só os dons pela graça de Deus, mas também a nossa maturidade. Às vezes, pessoas capacitadas ainda não amadureceram, o que é enganoso para elas e perigoso para os outros.
- A melhor forma de descobrir dons consiste no velho método da tentativa e do erro. Encontre um lugar para servir numa igreja de seu interesse e veja o que acontece. Se não der certo, não desanime. Tente alguma outra coisa até encontrar seu lugar.

À medida que examinamos os dons alistados nas Escrituras, espero que você se empolgue com o fato de Deus lhe ter concedido um dom para fazer um pouquinho do que Jesus fez, o que é uma grande honra e oportunidade. Por fim, para quem deseja estudar mais sobre a questão dos dons, há bons recursos disponíveis.[1]

Sabedoria (1Co 12.8)

Os indivíduos que receberam o dom da sabedoria têm extraordinária percepção a respeito de pessoas e situações, aliada a um entendimento do que fazer e como fazer. Não só percebem os princípios da Palavra de Deus, mas também os aplicam às questões práticas da vida por meio do "espírito de sabedoria". Em geral, atuam bem como instrutores, conselheiros e consultores.

Você possui este dom?

1. Você acha que, ao estudar a Palavra de Deus, descobre o significado e as implicações de alguma passagem antes que as outras pessoas?
2. Você entende coisas a respeito da Palavra de Deus que outros cristãos com o mesmo histórico e experiência não compreendem?

3. Você é capaz de aplicar a verdade bíblica de maneira prática de modo a ajudar outros a tomar decisões benéficas na vida?
4. Você se sente frustrado quando as pessoas tomam decisões insensatas e sabe como elas deveriam ter agido?
5. Quando as pessoas têm importantes decisões a tomar, elas vêm até você em busca de oração e conselhos bíblicos?

Conhecimento (1Co 12.8)

Os indivíduos que receberam o dom do conhecimento pesquisam, relembram e fazem uso efetivo de informações sobre assuntos diversos. Gostam muito de estudar e de aprender e não se contentam com conhecimento superficial. Sentem-se obrigados a pesquisar com profundidade e a compilar suas conclusões para o bem alheio. Quem possui este dom ama a Deus "de todo o seu entendimento" (Mc 12.30).

Você possui este dom?

1. Você gosta muito de estudar e tem boa memória?
2. As pessoas reconhecem sua capacidade de conhecer e entender a Palavra de Deus?
3. As pessoas levam até você problemas e perguntas difíceis da Bíblia, à procura de sua percepção, pois sabem que você já tem ou encontrará a resposta?
4. Você acha que, ao estudar a Palavra de Deus, tem facilidade para alcançar novas percepções acerca de assuntos difíceis?
5. Você se sente frustrado ao ouvir ensino de má qualidade por parte de pessoas que não fizeram o dever de casa?

Fé (1Co 12.9)

A fé é a capacidade de visualizar o que precisa ser feito e de confiar em Deus para realizá-lo, mesmo que pareça impossível para a maioria das pessoas. Os indivíduos que receberam o dom da fé confiam em Deus nas situações difíceis — até impossíveis

— enquanto outros estão prontos a desistir. Quase sempre são visionários com sonhos grandiosos, fazem orações notáveis e tentam realizar feitos extraordinários para Jesus. Também são convincentes quanto às Escrituras, pois estão convencidos da verdade e do poder de Deus e de sua Palavra.

Você possui este dom?

1. Você encara os obstáculos como oportunidades de confiar em Deus para o impossível?
2. Você se vê frequentemente alardeando o poder de Deus e aquilo que o tem visto realizar?
3. Você se incomoda quando alguém diz que algo não pode ser feito?
4. Cristãos que enfrentam provações ou tarefas opressivas buscam seu encorajamento e sua oração?
5. Você já presenciou respostas maravilhosas a orações — respostas essas que, do ponto de vista humano, pareciam impossíveis?

Cura[2] (1Co 12.9)

Trata-se da capacidade de invocar a Deus mediante a oração em fé para curar enfermos por meios sobrenaturais, com o propósito de revelar Deus. Os indivíduos que receberam esse dom entendem as curas como sinais usados por Deus para manifestar seu poder, de modo que muitos venham a crer em Jesus. Isso não significa, porém, que enfermos serão curados toda vez que alguém que possui o dom de cura fizer uma oração. Somente o Deus soberano decide curar ou não (cf. Gl 4.13-14; Fl 2.27; 1Tm 5.23; 2Tm 4.20).

Você possui este dom?

1. Você sente uma profunda compaixão por enfermos?
2. Você tem a íntima convicção de que Deus pode curar qualquer pessoa que ele escolher?

3. Você se agrada de orar por enfermos? Já viu pessoas sendo curadas ao orar por elas?
4. Quando Deus cura alguém, você se sente empolgado por isso ajudar a manifestar o poder divino?
5. Você anseia pela vinda do reino de Deus, quando não haverá mais enfermidades?

Milagres[3] (1Co 12.10)

O dom de milagres se refere à capacidade de invocar a Deus para que realize atos sobrenaturais que revelem seu poder. Os indivíduos que receberam o dom de milagres veem Deus se mostrar de maneiras extraordinárias, desde ocasiões de menor relevância até grandes exibições públicas. Entre os exemplos bíblicos há as práticas de expulsar demônios, de fazer a natureza obedecer à autoridade divina e de ressuscitar os mortos. Obviamente, os milagres são incomuns e não acontecem com frequência. Do contrário, não seriam vistos como milagres. Quem possui este dom não deve buscar sinais e maravilhas, mas sim esperar que estes acompanharão o povo de Deus.

Você possui este dom?

1. Você crê de fato que Deus pode fazer o impossível?
2. Ao ler os muitos milagres da Bíblia, você se sente encorajado pela ideia de ver Deus se fazer conhecido de maneiras tais que não podem ser ignoradas?
3. Você já viu alguém ser liberto da opressão demoníaca?
4. Quando você ouve falar de milagres ou presencia algum, sua fé em Deus aumenta?
5. Você usa as histórias dos milagres divinos para ajudar a provar aos outros que Jesus é Deus?

Discernimento (1Co 12.10)

Discernimento é a capacidade de perceber rapidamente se algo vem de Deus ou de Satanás. Os indivíduos que receberam este dom sabem que Satanás e seus demônios se disfarçam de santos (2Co 11.14-15), que ele promove milagres falsos para enganar as pessoas (Êx 7.11-22; 8.7; Mt 7.21-23; 2Tm 3.8; 2Ts 2.9) e concede poder a falsos mestres, profetas, apóstolos e a falsas doutrinas (2Pe 2.1; Mt 7.15; 2Co 11.13; 1Tm 1.3; 6.3).

Você possui este dom?

1. Você sente a responsabilidade especial de expor erros a fim de proteger a verdade da Palavra de Deus?
2. Você regularmente faz avaliações rápidas de algo ou de alguém que, embora passem despercebidas pelos demais, no final se provam acertadas?
3. Você possui entendimento sólido das Escrituras e sensibilidade à instrução do Espírito Santo?
4. Você tem bastante consciência acerca de pecados morais e heresias doutrinárias?
5. Você é capaz de ler um livro ou ouvir um mestre e distinguir quase de imediato algum falso ensinamento?

Apostolado[4] (1Co 12.28; Ef 4.11)

O dom de apostolado pode gerar confusão, pois existe por vezes certa incapacidade de distinguir entre o ofício de Apóstolo (*A* maiúsculo) e o dom de apóstolo (*a* minúsculo). O ofício de Apóstolo diz respeito aos primeiros apóstolos escolhidos por Jesus (Mt 10.1; 19.28; 20.17; Mc 3.13-19; 6.7; 9.35; 10.32; Lc 6.2-16; 8.1; 9.1; 22.19-30; Jo 6.70-71; Ap 21.14). Os requisitos para esse ofício incluem o testemunho da vida e da ressurreição de Jesus e de seu poder miraculoso (At 1.21-26; 2.43; 5.12; 8.18; 2Co 12.12; Hb 2.4). Não existem apóstolos com "*A* maiúsculo" hoje (por exemplo, escrevendo livros da Bíblia), embora a função desse ofício prossiga em certo sentido. Por exemplo, o apostolado num sentido secundário se aplica a pessoas como Barnabé, Apolo, Sóstenes, Andrônico, Júnias, Tiago, Silas e Timóteo (At 14.3-4,14; 1Co 4.6-9;

Rm 16.7; Gl 1.19; 1Ts 1.1; 2.6). Esses homens, como os apóstolos de hoje, eram indivíduos capacitados enviados para plantar igrejas locais (At 13.3-4), levantar líderes e ministrar a diferentes culturas (At 10.34-35). Atualmente, os plantadores de igreja e os missionários operam com base no dom de apostolado, assim como os líderes cristãos que Deus levanta para guiar e influenciar múltiplas igrejas e pastores. Tais pessoas possuem uma série de dons, como evangelismo, ensino, liderança, fé e exortação, e são motivadas por novas e difíceis tarefas.

Você possui este dom?

1. Você é efetivamente capaz de ministrar a diferentes culturas?
2. Você é chamado e qualificado para plantar uma igreja?
3. Você é capaz de iniciar uma igreja a partir do zero?
4. Você é empreendedor?
5. Deus lhe concedeu liderança e influência sobre múltiplas igrejas?

Ensino (Rm 12.7; 1Co 12.28; Ef 4.11)

O ensino é a capacidade de entender e comunicar a verdade bíblica de maneira clara e relevante, de modo que seja compreendida e aplicada. Aqueles que têm este dom gostam de estudar e aprender coisas novas e se alegram muito em partilhar o que sabem com os outros. As oportunidades de ensino variam do discipulado pessoal a aulas formais, estudos bíblicos informais, ensinamentos a grupos maiores e pregações.

Você possui este dom?

1. Você gosta de estudar e de pesquisar?
2. Você gosta de transmitir a verdade bíblica aos outros?
3. As pessoas vão até você para conhecer mais das Escrituras?
4. Quando você ensina, as pessoas "captam" o que é ensinado?

5. Ao encontrar alguém confuso em seu entendimento da Bíblia, você sente a responsabilidade de falar com essa pessoa a respeito das concepções equivocadas que ela tem?

Auxílio e serviço (Rm 12.7; 1Co 12.28; 1Pe 4.11)

O dom de auxílio e de serviço consiste na capacidade de cooperar com alguém para ajudar essa pessoa a completar uma tarefa designada por Deus. Em geral, os indivíduos que receberam este dom preferem trabalhar humildemente nos bastidores e se alegram ao identificar e ajudar a aliviar os fardos e as responsabilidades de outros. Demonstram postura de servo, lealdade, atenção a detalhes e prontidão perante as iniciativas alheias, lidando bem com pormenores e na assistência de líderes.

Você possui este dom?

1. Você gosta de ajudar as pessoas a serem mais eficientes em seu trabalho?
2. Você prefere trabalhar nos bastidores?
3. Quando alguém realiza um trabalho ruim, sua primeira reação é ajudar em vez de criticar?
4. Você prefere ocupar um cargo de suporte a exercer a posição de liderança?
5. Quando sua ajuda é solicitada, você tem dificuldades para dizer "não"?

Administração (1Co 12.28)

A administração é a capacidade de dar orientações e tomar decisões em favor de outros, a fim de executar operações eficientes e cumprir metas. A marca de um administrador é sua habilidade de realizar coisas "com decência e ordem" (1Co 14.40). Os administradores costumam ter olho apurado para pormenores, qualidade que se reverte em talento natural para organização, observação e uso de detalhes, solução de problemas e raciocínio.

Você possui este dom?

1. Quando as coisas estão mal organizadas, você sente frustração e desejo de ajudar a ordená-las?
2. Você consegue pôr ordem no caos?
3. Você tem facilidade para organizar sua vida, sua agenda, suas finanças, suas prioridades etc.?
4. Você se sente "energizado" quando trabalha com tarefas e projetos?
5. Eficiência e presteza são mais importantes para você do que para outras pessoas?

Evangelismo (Ef 4.11)

O evangelismo é a capacidade e a paixão de transmitir a não cristãos, com ousadia e clareza, o evangelho de Jesus Cristo. Os evangelistas sentem compaixão pelos perdidos e buscam compreender suas dúvidas e perguntas, de modo a lhes fornecer respostas convincentes. Em geral, preferem estar entre gente de fora da igreja a andar com cristãos.

Você possui este dom?

1. Você gosta de estar com descrentes e de propagar o evangelho?
2. Você consegue se comunicar efetivamente com não cristãos?
3. A conversão de alguém lhe causa intensa alegria?
4. Você se sente frustrado quando passa algum tempo sem partilhar sua fé?
5. Você gosta de ensinar pessoas a partilhar a fé?

Pastoreio/aconselhamento (Ef 4.11)

Em certo sentido, pastorear é uma função do cargo reservado àqueles que cumprem os critérios bíblicos do bispado (1Tm 3.1-7; Tt 1.5-9). Noutro sentido, existe um dom de pastorear, também comumente conhecido como *apascentar* ou *aconselhar*, que Deus concede a pessoas na igreja. Os indivíduos que receberam este dom sentem profundo amor pelas pessoas, algo que os incita a protegê-las, guiá-las, aconselhá-las e cuidar delas pelo discipulado. Sentem-se muito alegres em ver os outros amadurecendo na fé para superar o pecado e o desânimo.

Você possui este dom?

1. Você sente tamanho amor pelas pessoas que isso quase o obriga a se importar com elas?
2. Você gosta de se reunir com pessoas para ouvir sua história de vida e lhes dar conselhos bíblicos a fim de ajudá-las a amadurecer na fé?
3. Quando você fica sabendo de alguém com problemas, seu primeiro impulso é tentar ajudar de alguma forma?
4. Você é capaz de apontar amorosamente o pecado e a insensatez na vida das pessoas, de modo que elas recebam suas palavras como algo benéfico?
5. As pessoas buscam seus conselhos e suas instruções?

Encorajamento (Rm 12.8)

O encorajamento (também chamado de *exortação*) implica motivação, inspiração e conforto, visando à maturidade na caminhada com Jesus. Os indivíduos que receberam este dom têm sensibilidade, paciência e otimismo incomuns. Aqueles que se sentem desanimados ou enfrentam lutas buscam as palavras de cura, a verdade graciosa e os conselhos compassivos desses cristãos. Os encorajadores costumam possuir talento especial para relacionamentos pessoais e preferem trabalhar com indivíduos e pequenos grupos.

Você possui este dom?

1. As pessoas buscam seus conselhos e encorajamento?
2. Você gosta de ficar ao lado de alguém que esteja enfrentando problemas?

3. Você é atraído por pessoas que estão sofrendo ou passando necessidades?
4. Você é paciente com as pessoas?
5. Você prefere conversar individualmente com as pessoas acerca dos problemas delas a encaminhá-las a alguém?

Contribuição (Rm 12.8)

Contribuir é a capacidade de usar a riqueza com generosidade, de modo a atender com alegria e sabedoria as carências alheias e dar suporte a ministérios. Os indivíduos que receberam este dom enxergam seus tesouros, talentos e tempo como empréstimos de Deus. Eles se agradam de dar de si e do que têm e, muitas vezes, sentem-se movidos a atender às necessidades físicas dos outros. Mesmo sem dispor de recursos para ajudar, oram fervorosamente até que essas necessidades sejam atendidas.

Você possui este dom?

1. Você consegue visualizar a necessidade alheia mais frequentemente do que a maioria das pessoas?
2. Você gosta de doar seu tempo, talento e tesouro aos outros?
3. Você encara a contribuição para um projeto digno como uma honra e um privilégio e parte em busca de projetos desse tipo sem que lhe precisem pedir?
4. Você contribui com a igreja alegremente, de maneira regular e sacrificial?
5. As pessoas costumam dizer que você é generoso?

Liderança (Rm 12.8)

Encontra-se o dom da liderança em pessoas que receberam uma visão clara e significativa de Deus e são capazes de comunicá-la em público ou reservadamente de modo a influenciar os demais. Os indivíduos assim capacitados tendem a exercer "posições pontuais" num ministério, confiam em suas habilidades e servem melhor às pessoas ao guiá-las nos propósitos de Deus.

Você possui este dom?

1. As pessoas têm confiança em sua capacidade de liderar?
2. Você gosta de ter a responsabilidade geral na direção e no sucesso de algum grupo ou organização?
3. Quando surgem situações difíceis que exigem grandes decisões, as pessoas buscam sua liderança?
4. Você costuma assumir a liderança num grupo sem líderes?
5. Você considera a liderança algo agradável ou frustrante e difícil?

Misericórdia (Rm 12.8)

A misericórdia é a capacidade de sentir e expressar compaixão e simpatia incomuns por aqueles que enfrentam momentos de crise, provendo a ajuda necessária e dando apoio em tempos difíceis. Os indivíduos que receberam este dom "se põem na pele do outro" e sentem a dor e os fardos alheios. Desejam fazer, sem julgamentos, alguma diferença na vida sofrida dessas pessoas.

Você possui este dom?

1. Você se sente atraído por pessoas necessitadas, feridas, enfermas, incapazes ou idosas?
2. Você costuma pensar em maneiras de ministrar aos que sofrem?
3. Você sente compaixão por pessoas que enfrentam problemas pessoais e emocionais?
4. Visitar indivíduos em sofrimento faz você sentir disposição ou desânimo?
5. Você responde às pessoas com compaixão ou com críticas?

Hospitalidade (Rm 12.13)

A hospitalidade é a capacidade de acolher estranhos e receber convidados, geralmente em seu lar, com alegria e bondade, de modo que se criem amizades. A prática inclui familiares, amigos, cristãos e estranhos que talvez não sejam cristãos (Lv 19.34; Pv 27.10; Gl 6.10; 1Tm 5.8), mas *não* inclui falsos mestres e afins, que são perigosos (2Jo 10-11). Indivíduos hospitaleiros costumam ter a "casa aberta", onde as pessoas são bem-vindas, e exibem talentos naturais para coisas como *design* interior, culinária e planejamento de eventos.

Você possui este dom?

1. Você gosta de receber pessoas em seu lar?
2. Você gosta de ver pessoas reunidas e de se divertir em festas e eventos que você ajudou a promover?
3. Sua casa é do tipo em que as pessoas se sentem confortáveis e costumam fazer visitas inesperadas?
4. Você costuma visualizar sua casa sob a perspectiva das pessoas que vão visitá-la?
5. Você considera sua casa um ministério?

Línguas[5] (1Co 12.8-10,29-30)

A palavra *línguas* pode ser mais bem traduzida do grego como "idiomas". A confusão relacionada às línguas refere-se ao fato de haver menção a pelo menos três usos diferentes desse dom nas Escrituras. Primeiro, há o falar em línguas na oração individual, sobre a qual Paulo escreveu: "... oro em uma língua" (1Co 14.14). Segundo, há um dom missionário que capacita a pessoa a expressar o evangelho de Jesus de maneira que estrangeiros ouçam em sua língua nativa mesmo quando o falante não conhece aquele idioma. Atos 2.1-13 registra uma ocasião desse tipo, na qual três mil pessoas foram salvas num só dia com a pregação dos cristãos primitivos. Terceiro, há uma língua reveladora pela qual uma mensagem de Deus é expressa em língua desconhecida àquele que fala, a qual deve ser traduzida para a língua nativa da igreja, a fim de que as pessoas entendam o que está sendo dito. Este uso de línguas, portanto, requer igualmente a assistência de alguém que tenha o dom de interpretação (1Co 12.10).

Quem ora em línguas reservadamente sente ligação íntima com Jesus por meio do ministério do Espírito Santo e desfruta tempo de intimidade com Deus. Quem tem o dom missionário ou revelador de falar em línguas se vê usado por Deus para transmitir o evangelho às pessoas de um modo que não seria possível em razão das barreiras de linguagem.

Você possui este dom?

1. Você tem uma linguagem própria de oração que o ajuda a se conectar com Deus?
2. Deus já usou você para transmitir o evangelho a quem não partilhava de sua língua?
3. Deus já usou você para interpretar o falar em línguas de outra pessoa?

Profecia[6] (Rm 12.6; 1Co 12.10,28; Ef 4.11)

Muito semelhante ao que ocorre com os dons de apostolado e de pastoreio, existe tanto um cargo de profeta exercido somente por algumas pessoas quanto um dom de profecia acessível a todos. No Antigo Testamento, o título "profeta" nomeia o cargo da pessoa escolhida por Deus para ouvir dele e falar por ele (1Sm 3.20; 1Rs 18.36; 2Rs 6.12; Ag 1.1; Zc 1.1).

Hoje não existem mais os profetas que foram a fonte original das infalíveis Escrituras. Ainda há, entretanto, o dom e o ministério de profecia. Aqueles que receberam o dom de profetizar têm facilidade para detectar transgressões, pecados e erros, e desejam mudança e ação imediatas para Cristo. Tendem a ser ousados e sensíveis ao pecado e concedem alto valor à prontidão na obediência à Bíblia.

Assim como as línguas, a profecia é expressa de maneiras variadas ao longo das Escrituras. É importante notar que o Novo Testamento não eleva a profecia ao mais alto grau de autoridade, como faz o Antigo Testamento. Cada profecia potencial deve ser testada e aprovada pelos líderes da igreja (1Co 14.29-32; 1Ts 5.19-22).

Nos dias atuais, por vezes a profecia consiste no ministério do ensino e da pregação da Bíblia como a Palavra de Deus na igreja (1Co 14.4-7,24-25); outras vezes, numa revelação sobre um acontecimento futuro que Deus pretende revelar à igreja inteira e cuja autenticidade se verifica ao tornar-se realidade (At 11.28-29; 1Co 14.6); e ainda outras vezes, numa palavra de Deus a um indivíduo (At 21.10-11).

Você possui este dom?

1. Você se sente impelido a proclamar a Palavra de Deus com valentia?
2. Ao observar pecados e erros, você se sente incitado a confrontá-los?
3. Você é capaz de detectar e refutar falsos ensinos?
4. Você atua com coragem em prol de Cristo?
5. Você ama as pessoas e busca o melhor delas em Cristo?

CAMINHO AINDA MAIS EXCELENTE

Neste capítulo, tratamos de uma série de dons promovidos pelo Espírito. Minha esperança é que, no decorrer da leitura, o Espírito Santo o tenha ajudado a compreender melhor os seus dons e como eles podem ser usados para edificar a igreja.

Embora os dons sejam importantes, deve-se notar que eles não são a coisa mais importante. De acordo com Paulo, o amor é mais excelente que todos os dons, e estes, se não usados em amor, são inúteis (1Co 13.1-3). Assim, devemos orar com mais fervor, pedindo que Deus nos conceda seu coração para amar e servir a igreja com esses dons em nossa "obra do ministério", como fez Jesus por nós.

Com base no que dissemos aqui, que dom ou dons você acredita ter? Cada um de nós recebe dons de Deus promovidos pelo Espírito Santo para glorificar Deus e servir a igreja. Sua vida é importante. Você é necessário. Você é capacitado. Deus quer que você partilhe da alegria divina de ver pessoas salvas, igrejas plantadas, cristãos amadurecidos e congregações enriquecidas. Para ajudá-lo a descobrir qual pode ser sua "obra do ministério", reflita sobre as perguntas a seguir:

1. Onde ou a quem você sente paixão de servir?
2. Que responsabilidade você tem a exercer?
3. Que necessidades você vê na igreja?
4. Existe algo que você faz pelos outros e que lhe causa alegria? O que é?
5. Que oportunidades Deus já lhe concedeu para servir?
6. Em que coisas você é melhor e tem maior sucesso?
7. Por que motivo pessoas tementes a Deus elogiam você?
8. Quais atos de serviço lhe dão maior sensação de satisfação e alegria?

CAPÍTULO 11

Eu sou novo

> Assim, eu lhes digo, e no Senhor insisto, que não vivam mais como os gentios, que vivem na inutilidade dos seus pensamentos. Eles estão obscurecidos no entendimento e separados da vida de Deus por causa da ignorância em que estão, devido ao endurecimento do seu coração. Tendo perdido toda a sensibilidade, eles se entregaram à depravação, cometendo com avidez toda espécie de impureza.
>
> Todavia, não foi isso que vocês aprenderam de Cristo. De fato, vocês ouviram falar dele, e nele foram ensinados de acordo com a verdade que está em Jesus. Quanto à antiga maneira de viver, vocês foram ensinados a despir-se do velho homem, que se corrompe por desejos enganosos, a serem renovados no modo de pensar e a revestir-se do novo homem, criado para ser semelhante a Deus em justiça e em santidade provenientes da verdade.
>
> EFÉSIOS 4.17-24

Hannah cresceu num lar cristão. Seu pai era o pastor que conduzia a adoração, e ela, como muitos filhos de pastores, tinha forte envolvimento na igreja. Contudo, após um desentendimento com o pastor principal, seus pais deixaram de ir à igreja; isso coincidiu com o período em que Hannah frequentava o ensino médio.

A mudança drástica, somada ao desejo dos pais de que ela desenvolvesse sua própria fé, não sendo, como ela diz, "forçada a obter algum conhecimento teológico ou mesmo básico do cristianismo", fizeram Hannah sofrer para encontrar sua identidade nos anos da adolescência e da faculdade.

"Fui encontrar minha identidade nos rapazes e no valor que eles me davam quando adoravam meu corpo", conta Hannah. "Eu tinha meus problemas com questões sexuais, mas acreditava na mentira de Satanás de que não havia nada demais naquilo. Eu não carregava a marca de uma cristã. Minha fé era condicional, e o arrependimento, mínimo."

No primeiro ano de faculdade, Deus a trouxe à Mars Hill Church e iniciou um longo e árduo processo para remover as camadas de sua identidade. "Pela primeira vez me disseram que eu era uma pecadora. Eu cresci ciente do amor de Deus por mim e de que Jesus era um Deus realmente incrível, mas o evangelho sobre o que Jesus Cristo fez em meu favor nunca tinha sido expresso com clareza. Deus abriu meus olhos e me revelou a verdade, e eu vi, pela primeira vez, o que eu tinha feito para Jesus. Eu era uma pecadora lastimável."

Por nove meses, Hannah batalhou, confessou, arrependeu-se e entregou seu pecado a Jesus. "Meu orgulho foi humilhado, meu alicerce foi derrubado e meus ídolos foram arremessados ao chão. Eu vi a mim mesma como uma prostituta, uma pessoa sexualmente impura. Era nisso, porém, que o Diabo exercia controle sobre mim. Eu esqueci a boa notícia de que nós somos pecadores e que, por meio de Jesus, não há condenação, mas graça."

Hannah havia passado de uma identidade baseada na imagem corporal e nos rapazes para uma identidade de pecadora condenada, sendo ambas mentiras do inimigo. Ela lutou durante meses com os sentimentos de culpa e inadequação, até que em seu último ano de faculdade, enquanto participava de uma conferência, o Espírito Santo usou a oração de um pastor para expressar a verdade em sua vida.

"Ele era transparente em suas orações", diz Hannah. "Primeiro, ele alistou os motivos por que ele era indigno, declarando seus mais íntimos pecados. Em seguida, proclamou a verdade da graça de Deus."

Algo "encaixou" na mente de Hannah aquela noite, e ela finalmente compreendeu a história do evangelho. Ela não era apenas uma pecadora condenada por Deus. Sim, outrora fora pecadora, mas agora estava salva e renovada em Cristo como filha de Deus.

Hannah diz: "A graça de Deus foi uma revelação inédita para mim. O Espírito Santo me encheu; senti claramente o amor dele e me dei conta de que sou adotada como sua filha, reconciliada e parte da família da igreja. Mais importante, por meio do poder de Cristo sou vitoriosa sobre Satanás, o pecado e a morte. Estou livre dos pecados que cometi! Nunca me senti tão liberta em minha vida. Eu era escrava do pecado, mas isso se desfez, e o inimigo não pode me condenar, pois fui liberta por meio de Cristo e de seu ato de redenção. Estas são as boas-novas: todo o meu pecado foi até Jesus, meu substituto, porque eu merecia aquela morte, mas ele pagou minha pena e depois me concedeu sua justiça. Isso é a graça, imerecida e impossível de ser conquistada".

A revelação da graça na vida de Hannah resultou numa visão completamente diferente sobre a vida, bem como uma nova maneira de viver. "Fui regenerada, completamente transformada pelo Espírito Santo. Passei a ter novos desejos, a odiar o pecado e a amar as coisas de Deus. Eu me sentia como se tivesse nascido de novo, pois Deus mudou minha identidade e me transformou de dentro para fora."

Ela se tornou uma nova pessoa.

Você é uma nova pessoa?

A maioria das pessoas deseja ser alguém diferente. É por isso que praticamente as capas dos livros e das revistas mais populares, os tópicos dos programas televisivos e radiofônicos mais discutidos e os *blogs* e *sites* mais visitados tratam de um único assunto — tornar-se um novo alguém.

Mesmo que não utilizem a linguagem bíblica do pecado e da redenção, as pessoas, em sua maior parte, sabem que há algo de errado, que elas não são inteiramente quem poderiam ou deveriam ser, e que seria bom mudar algumas coisas. Em termos bíblicos, queremos ser "salvos" das consequências e dos efeitos do nosso pecado e ser "justificados" ou declarados bons por quem ou aquilo que adoramos — e isso abrange desde Jesus até uma falsa deidade, passando pelas opiniões dos amigos, a aprovação dos pais e até de nós mesmos.

Nós, seres humanos, somos religiosos segundo a natureza decaída, isto é, pensamos que podemos ser justificados mediante uma de quatro maneiras.

Primeiro, as pessoas superficialmente religiosas *presumem que são boas o bastante* e que não é necessário nenhum esforço extra ou devoção espiritual para que Deus se agrade delas. Tais indivíduos fazem correções moderadas em sua vida e aprendem novas lições ocasionalmente, mas na maior parte do tempo acreditam que só os "maus de verdade" — e não eles próprios — precisam ser renovados. Resumindo, eles já estão salvos e justificados em sua mente.

Segundo, os religiosos seculares *trabalham duro em causas sociais* por achar que são boas pessoas e precisam vencer o mal com seu bem. Esses indivíduos tendem a enxergar mais o problema alheio do que o próprio e, presunçosamente, imaginam ser a dádiva de Deus para o mundo, colocados neste planeta para transformá-lo e renová-lo. Eles justificam a si mesmos salvando o restante de nós.

Terceiro, os não cristãos "espiritualizados" *tentam mudar a si mesmos por meio de noções de autoajuda vagamente espirituais*; eles têm o desejo de se renovar mas não sabem como fazer isso em Cristo. Acompanham os livros e as ideias da moda, que tratam o amor próprio como meio para liberar o potencial e transformar a vida. Na visão dessas pessoas, Deus nos concede princípios para nossa autossalvação e autojustificação e ele só ajuda aqueles que ajudam a si mesmos.

Quarto, os religiosos devotos *se esforçam arduamente para obedecer às regras* de uma religião específica, numa tentativa de justificar a si mesmos sendo obedientes aos olhos de Deus. Tais indivíduos se esforçam para fazer a coisa certa com o intuito de que Deus os ame e se agrade deles. Esse modo de pensar é pernicioso e talvez o mais comum dentre os tipos de pessoa que comprariam este livro — ou outra obra deste autor.

Paulo era exatamente assim antes de se despir da antiga identidade religiosa e se revestir da nova identidade em Cristo. Em Filipenses 3.5-6, o apóstolo alista seu impressionante currículo religioso: "Circuncidado no oitavo dia de vida, pertencente ao povo de Israel, à tribo de Benjamim, verdadeiro hebreu; quanto à Lei, fariseu; quanto ao zelo, perseguidor da igreja; quanto à justiça que há na Lei, irrepreensível". Um comentarista bíblico afirma, com razão: "Paulo intentava demonstrar que, externamente, seu histórico era perfeito!".[1] Pelas regras religiosas de seu povo, ele teria sido considerado quase impecável. Naturalmente, em seu interior ele abrigava os pecados do orgulho e da autossuficiência.

Apesar de aparentar perfeição no exterior, Paulo declarou que seu nascimento nobre, sua educação impecável, seu trabalho incansável, seu estilo de vida puro e sua devoção religiosa anterior eram como "esterco" comparados à sua nova identidade e "justiça [...] mediante a fé em Cristo" (Fp 3.8-9). A palavra grega para "esterco" só é usada uma vez na Bíblia, e as traduções em língua inglesa a traduzem como lixo, refugo, imundície, excremento e esterco de cachorro.[2] É uma palavra forte que reflete os sentimentos contundentes de Paulo a respeito de sua vida anterior. Após receber uma nova identidade "em Cristo", o apóstolo passou a considerar cada esforço e realização anterior tão sem valor quanto um lixo fétido e tão desagradável quanto uma pilha de estrume de cachorro. Sim, a identidade sem Cristo é assim repugnante.

Comentando sobre sua experiência e identidade "em Cristo", em Efésios 4.17-24, Paulo explica como vivemos nossa nova identidade. O arrependimento é explicado como um trajeto por uma estrada diferente daquela em que andávamos antes, no qual somos despidos da velha natureza (ou velho homem) e revestidos da nova natureza (ou novo homem).

Na prática, isso significa que já não pensamos, desejamos ou agimos de acordo com nossa antiga identidade, desconectada de Jesus Cristo. Em vez disso, recebemos uma nova identidade "em

Jesus" e nos tornamos um novo alguém, "criado para ser semelhante a Deus em justiça e em santidade provenientes da verdade". Paulo diz que essa nova identidade tem de ser vestida como se fosse uma roupa. Portanto, sempre que formos nos vestir fisicamente, pode ser uma ótima ideia orar pedindo que Deus nos revista espiritualmente para vivermos nossa identidade em Cristo no decurso do dia. A questão é a seguinte: como nos despimos de nosso velho ser e nos revestimos do novo? A resposta está nos efeitos da obra de Cristo na cruz: justificação, regeneração e glorificação. A justificação nos renova externamente. A regeneração nos renova internamente. A glorificação nos renova eternamente em Cristo (Fp 3.9-11).

Externamente novos: justificação

Deus é um rei santo e justo que domina sobre a criação e julga a cada um de nós conforme nossas obras (Gn 18.25; Sl 50.6; 96.13; 2Tm 4.8). Como ensinou Paulo em Efésios, sem o perdão e a justiça de Cristo estamos mortos em "transgressões e pecados", vivendo "na desobediência", "por natureza merecedores da ira", "sendo estrangeiros quanto às alianças da promessa, sem esperança e sem Deus no mundo", "estrangeiros" e "forasteiros" (Ef 2.1-3; 12-13; 19).

Como, então, Deus pode nos justificar — nos declarar justos — sem que ele mesmo se torne injusto ao absolver o pecado (Êx 23.7; Pv 17.15)? Uma vez que todos os injustos merecem condenação e ira no inferno, Deus poderia ter declarado que ninguém seria justificado. Ele permaneceria perfeitamente justo caso aplicasse a sentença de morte a todo ser humano, pois nem um sequer de nós é justo (Rm 3.10). Embora Deus de fato condene com justiça algumas pessoas, em sua amável misericórdia ele também justifica alguns em Cristo.

A Bíblia ensina que pecadores injustos podem ser declarados justos aos olhos de Deus ao serem justificados — ou, obtendo *justificação* (Rm 2.13; 3.20). Esse termo jurídico aparece 222 vezes em formas variadas ao longo do Novo Testamento e se refere a uma transação dupla pela qual Deus remove nossa injustiça pecaminosa por meio da morte vicária de Jesus em nosso lugar e nos concede a justiça de Jesus onde antes nossa injustiça dominava (Rm 3.21-22; 4.4-6; 5.12-21; 10.4; 1Co 1.30; 2Co 5.21; Fp 3.8-9; 1Pe 2.24; 3.18).

Paulo assim descreve a obra divina: "Deus tornou pecado por nós aquele que não tinha pecado, para que nele nos tornássemos justiça de Deus" (2Co 5.21). Martinho Lutero acertadamente chamou isso de "a Grande Substituição". Na cruz Jesus tomou nossa injustiça pecaminosa e nos deu sua justiça impecável. Com isso, a justiça nos é imputada e transmitida: no primeiro caso, somos declarados santos aos olhos de Deus; no segundo, somos capacitados pelo Espírito a viver em santidade depois de nascermos de novo para uma nova vida em Cristo. Esse fato permite que pessoas como Hannah se livrem dos horrores de seu passado afastadas de Cristo e olhem com esperança para seu futuro com ele.

Não podemos justificar a nós mesmos, ainda que muitos se esgotem tentando fazê-lo. Somos justificados somente pela graça, apenas por meio da fé, unicamente por causa de Jesus Cristo. Como escreveu Paulo: "Pois vocês são salvos pela graça, por meio da fé, e isto não vem de vocês, é dom de Deus; não por obras, para que ninguém se glorie. Porque somos criação de Deus realizada em Cristo Jesus para fazermos boas obras" (Ef 2.8-10).

Para simplificar (dentro do possível), permitam-me dizer da seguinte forma: a justificação tem tudo a ver com Jesus. É a obra de Jesus, não as nossas, que nos salva. É a vida de Jesus, não a nossa, o que nos dá esperança. É a morte de Jesus, não nossas obras religiosas, o preço da salvação. Somente Jesus perdoa o pecado. Portanto, devemos apresentar a Jesus o arrependimento por nosso pecado. Somente ele concede justiça. Assim, confiamos em Jesus para nossa justificação, visto que esta não se realiza — em medida nenhuma — por nossas obras, moralidade ou devoção religiosa. A justificação é realizada por Jesus e mais nada; Jesus e mais alguma coisa significa a ruína de tudo.

A justificação é algo que acontece fora de nós. É realizada pela vida imaculada, a morte vicária e a ressurreição corporal de Jesus Cristo em nosso lugar, por nossos pecados, como nosso salvador. É uma transação jurídica aos olhos de Deus para aqueles cuja fé está em Cristo. Em termos práticos, você é justo em Cristo. Deus não pode amá-lo mais, e jamais o amará menos. Você não tem de ser perfeito, porque Jesus o é. Você não precisa pagar a Deus, porque Jesus pagou. Você não precisa sofrer por seus pecados, porque Jesus sofreu. Você é livre para parar de se esforçar por sua justificação e começar a trabalhar com base na justiça de Jesus.

Internamente novo: regeneração

Em sua história, Hannah contou de sua completa transformação pelo Espírito Santo por meio da regeneração. A regeneração é a aplicação interna de nossa justificação externa. A regeneração é a aplicação da obra de Jesus em nós, efetuada pelo Espírito Santo.

Apesar de a palavra *regeneração* só aparecer duas vezes nas Escrituras (Mt 19.28; Tt 3.5), tanto o Antigo como o Novo Testamento descrevem o processo usando uma constelação de imagens. Como exemplos, podemos citar "participantes da natureza divina" (2Pe 1.4), "nova criação" (2Co 5.17) e "coração novo" (Ez 36.26). Em Efésios, a regeneração é descrita com as expressões "novo homem" (Ef 2.15; 4.24), "vida com Cristo" (Ef 2.5; Cl 2.13; 1Pe 1.3,23; 1Jo 5.1) e "criação de Deus realizada em Cristo Jesus" (Ef 2.10). Cada uma delas significa uma profunda e permanente mudança em nós.

Quando nós, como cristãos regenerados, somos "selados em Cristo com o Espírito Santo" (Ef 1.13), ocorrem onze mudanças fundamentais.

1. Novo nascimento

Nascer de novo e ser uma nova pessoa, com um novo coração e uma nova natureza, significa que, no nível mais profundo, você possui uma nova identidade e novos desejos apaixonados pela Palavra e pela vontade de Deus. Foi o que aconteceu com Hannah. Tamanha é a mudança que a Bíblia, incluindo Efésios, usa o termo "nascer de novo" (Jo 3.3) para descrevê-la.

Essa expressão provavelmente se originou das palavras de Jesus a Nicodemos, um estudioso do Antigo Testamento. Jesus lhe disse que, para entrar no reino de Deus, é preciso nascer de novo. Com isso, quis dizer que somos todos pecadores fisicamente vivos, mas espiritualmente mortos (Ef 2.1,5; Cl 2.13). Para receber vida espiritual, nosso espírito deve passar por um segundo nascimento — em outras palavras, nascer de novo — o qual se dá pela obra de Deus Espírito Santo, como disse Jesus a Nicodemos.

A Bíblia muitas vezes dá novo nome às pessoas regeneradas, e isso ilustra de maneira concreta a obra interna de Deus na vida delas. Abrão, por exemplo, se tornou Abraão, Cefas se tornou Pedro e Saulo se tornou Paulo. Tais indivíduos passaram por transformações no nível mais profundo.

Hannah também mudou seu nome por causa da profunda obra divina em sua vida. Assim diz ela: "Eu estava tão comovida pela graça e pelo amor de Deus, tão emocionada por ele haver me chamado para ser nova criação nele, que me senti chamada a mudar meu nome para representar a enorme mudança de coração que Deus realizou em mim. É pela graça de Deus que sou capaz de partilhar honestamente meu testemunho em público, sem vergonha nem condenação. Eu pertenço a Jesus, eu o declaro Senhor e Salvador e estou aqui para falar de sua graça em minha vida. É pela graça, portanto, que eu posso agora ser conhecida como Grace".

Todo cristão ilustra por meio do batismo o significado da regeneração e do novo nascimento. No batismo, ao sermos mergulhados na água e levantados dela, mostramos que Jesus viveu, morreu e ressuscitou por nós; manifestamos que nossa velha natureza morreu com Cristo e que ele fez ressurgir nossa nova natureza.

Assim Pedro exorta os que nasceram de novo: "Como crianças recém-nascidas, desejem de coração o leite espiritual puro, para que por meio dele cresçam para a salvação" (1Pe 2.2). Um indicador de que passamos pelo novo nascimento é o fato de começarmos a desejar a nutrição das Escrituras tal como o recém-nascido deseja leite. Aprender a Bíblia não é algo que se faz por obrigação, mas algo que, como nova pessoa com nova mentalidade, causa prazer. Você é nascido de novo em Cristo.

2. Novo Senhor

Satanás e o pecado já não têm domínio sobre as pessoas regeneradas. Em vez disso, nascemos de novo para uma nova vida com Deus, que é nosso novo Senhor e soberano acima tudo em nossa vida. Em Efésios, Paulo nos convida a conhecer melhor ao Senhor Jesus Cristo no decorrer da vida, não obstante o fato de já termos ouvido falar dele e nele termos sido ensinados (Ef 4.21).

Jesus não é apenas um conceito teológico. Ele é uma pessoa viva que ressurgiu e reina agora e para sempre. Seu novo Senhor ama, perdoa, serve, presenteia, ouve, capacita e habita você. Ele jamais vai desapontá-lo, deixá-lo ou abandoná-lo. Seu novo Senhor venceu Satanás, seu antigo senhor, para que você já não tenha de acreditar em suas mentiras, sucumbir às suas tentações ou servir sua missão. Entre os maravilhosos benefícios de ter Jesus como novo Senhor está o fato de que os falsos senhores anteriores usados por Satanás, como algum namorado, pai ou cônjuge abusivo, são destronados. Você tem novo Senhor em Cristo.

3. Novo coração

Nas Escrituras, o *coração* é a base e o centro simbólico de nossa identidade, que é expressa externamente em nossas palavras e ações. A palavra *coração* aparece mais de novecentas vezes em formas variadas ao longo das Escrituras.

Jesus disse que palavras (Mt 12.34), desejos (5.28), modo de gastar dinheiro (6.21), maus pensamentos, imoralidades sexuais, roubos, homicídios, adultérios, cobiças, maldades, engano, devassidão, inveja, calúnia, arrogância, insensatez (Mc 7.21-23), o bem e o mal (Lc 6.45), libertinagem, bebedeira e ansiedades da vida (Lc 21.34) vêm todos do coração. Além disso, o Antigo Testamento se refere frequentemente à regeneração como uma obra profunda realizada em nosso coração (Dt 30.6; Jr 24.7; 31.31-33; 32.39-40; Ez 11.19-20). Quando nascemos de novo e Jesus se torna nosso novo Senhor, os desejos mais profundos de nosso coração mudam e recebemos um novo coração voltado para as coisas de Deus.

Assim diz Deus: "Darei a vocês um coração novo e porei um espírito novo em vocês; tirarei de vocês o coração de pedra e lhes darei um coração de carne. Porei o meu Espírito em vocês e os levarei a agirem segundo os meus decretos e a obedecerem fielmente às minhas leis" (Ez 36.26-27). Você tem novo coração em Cristo.

4. Nova criação

Nós, pessoas regeneradas, somos transformados tão profundamente que as Escrituras nos chamam de "nova criação". O apóstolo Paulo assim o diz: "Portanto, se alguém está em Cristo, é nova criação. As coisas antigas já passaram; eis que surgiram coisas novas!" (2Co 5.17).

Na prática, isso significa que, se deve existir alguma santidade em nós, a mudança em nosso comportamento deve ser precedida por uma mudança em nossa natureza pelo Espírito Santo. Sobre essa questão, Paulo afirma: "De nada vale ser circuncidado ou não [ações externas]. O que importa é ser uma nova criação [ação interna]" (Gl 6.15). Infelizmente, muitas vezes esquecemos o maravilhoso benefício da regeneração e tentamos mudar nosso comportamento exterior, ignorando que a mudança começa bem dentro de nós e se estende às nossas ações diárias.

Deus deseja que cada um de nós nasça de novo nele e tenha nova vida como novo indivíduo num relacionamento com ele, e não que busquemos ser transformados por nossos esforços aparentes e religiosos. Deus não quer apenas melhorar sua antiga natureza. O desejo dele é criar uma natureza totalmente nova. Você é nova criação em Cristo.

5. Nova mentalidade

Nós, novas pessoas em Cristo, recebemos de Deus uma nova mentalidade para pensarmos como ele e amarmos o que ele ama. Isso não quer dizer que somos mais espertos que os não cristãos, ou que estes são incapazes de obter grandes conhecimentos em áreas como a medicina ou a engenharia. Contudo, de fato significa que, sem uma nova mentalidade em Cristo, as coisas de Deus não são percebidas e acolhidas de modo natural. Por exemplo, sem o Espírito Santo e sem uma nova mentalidade em Cristo, Jesus como plenamente Deus e plenamente homem e o fato de ele ter morrido em nosso lugar por nossos pecados soam como loucura. Paulo diz da seguinte maneira:

> Quem não tem o Espírito não aceita as coisas que vêm do Espírito de Deus, pois lhe são loucura; e não é capaz de entendê-las, porque elas são discernidas espiritualmente. Mas quem é espiritual discerne todas as coisas, e ele mesmo por ninguém é discernido; pois "quem conheceu a mente do Senhor para que possa instruí-lo?" Nós, porém, temos a mente de Cristo.
>
> 1Coríntios 2.14-16

À medida que alimentamos nossa mente com a verdade, sobretudo como apresentada nas Escrituras, nosso modo de pensar se transforma radicalmente. Você tem nova mentalidade em Cristo.

6. Novo amor

Se nascermos de novo, amaremos como Jesus amou. Como diz 1João 4.7: "Amados, amemos uns aos outros, pois o amor procede de Deus. Aquele que ama é nascido de Deus e conhece a Deus". Porque Deus é amor, nós, ao sermos feitos novos, somos conectados à fonte de todo amor verdadeiro — a Trindade. Como resultado, ao andar em obediência temos a capacidade de amar a Deus, o cônjuge, os filhos, os amigos, os vizinhos e até mesmo nossos inimigos. Você tem novo amor em Cristo.

7. *Novos desejos*

Uma nova pessoa tem novos desejos que se assemelham a um novo apetite pelas coisas de Deus. Paulo falou a esse respeito em Gálatas 5.16-17: "Por isso digo: Vivam pelo Espírito, e de modo nenhum satisfarão os desejos da carne. Pois a carne deseja o que é contrário ao Espírito; e o Espírito, o que é contrário à carne. Eles estão em conflito um com o outro, de modo que vocês não *fazem o que desejam*". A última frase é incrivelmente importante. Como cristãos, não desejamos nossa própria vontade, mas a de Deus, e isso se deve à presença e ao poder transformador do Espírito Santo que habita em nós.

Nesta vida, à medida que nos tornamos mais semelhantes a Jesus, continuamos a lutar com os desejos pecaminosos e as tentações. Quando cedemos a tais desejos, nos sentimos infelizes até que nos arrependamos e vivamos em obediência a Deus.

Você já sofreu a angústia do pecado? Paulo descreveu sua experiência pessoal: "Não entendo o que faço. Pois não faço o que desejo, mas o que odeio" (Rm 7.15). A vida cristã deve buscar apaixonadamente os desejos mais profundos de nosso coração regenerado, não se contentando com os desejos inferiores e pecaminosos da velha natureza. Salmos 37.4 encoraja: "Deleite-se no Senhor, e ele atenderá aos desejos do seu coração".

Nós, cristãos, somos livres para buscar com grande paixão os desejos que Deus nos concede. Desse modo, adoramos não só por dever, obedecendo ao que ele nos ordena, mas também por deleite em seus mandamentos, de modo que nossa vontade e a vontade de Deus se tornam uma só coisa.

A religião não entende os novos desejos do coração regenerado e presume de maneira equivocada que os cristãos, lá no fundo do ser, carregam em sua essência um apetite pelo pecado. Consequentemente, a religião refreia nossos desejos com a culpa e com regras legalistas, de origem humana, concluindo que a paixão induz ao pecado. O entendimento bíblico dos desejos regenerados derruba essa forma de pensar, ensinando que não superamos o pecado por meio de religião, regras e do amortecimento de nossa paixão, mas sim por nos tornarmos mais apaixonados pelos novos desejos que são as coisas de Deus.

C. S. Lewis afirma isto, com razão:

> Ao que parece, nosso Senhor não considera demasiado grandes nossos desejos, mas demasiado pequenos. Somos criaturas de coração dividido, tolos que vão atrás de bebida, sexo e ambições enquanto a alegria infinita nos é oferecida, como uma criança ignorante que deseja continuar a brincar na lama num bairro miserável porque não consegue imaginar o que significa ser convidado a passar um feriado à beira-mar. Contentamo-nos com tão pouco.[3]

Você tem novos desejos em Cristo.

8. Nova comunidade

Nós, pessoas regeneradas, temos nossos pecados perdoados e somos reconciliados com Deus, como cristãos, e com nossos irmãos em Cristo, como igreja. Em consequência disso, desejamos e buscamos a comunhão com outros cristãos na igreja. Tal comunidade de pessoas recebe diversos nomes no Novo Testamento: concidadãos dos santos, membros da família de Deus, morada de Deus (Ef 2.19-22) e parte de um só corpo (Rm 12.5). Na vida em comunidade com os irmãos cristãos como igreja, aprendemos mais sobre Deus e sobre como ter uma vida que o glorifica e ajuda os outros a fazer o mesmo. Você tem uma nova comunidade em Cristo.

9. Novo poder

Deus nos dá poder novo e sobrenatural para viver uma nova vida. Este novo poder é a capacitação de Deus Espírito Santo que habita no cristão regenerado. É por isso que Jesus chama o Espírito Santo de "Conselheiro" (Jo 14.26; 16.7) e nosso guia (Jo 16.13). O novo poder de Deus Espírito Santo é liberado para nos ajudar a arrepender-nos do pecado continuamente, afastar-nos dele, voltar para Deus e deixar-nos "encher pelo Espírito" (Ef 5.18).

Deixar-se encher pelo Espírito se assemelha a uma vela que é cheia pelo vento. Assim como o navio abre sua vela e pode ser fortemente impulsionado a alguma direção, nós, cristãos cheios do Espírito, abrimos mente, coração e vontades às coisas de Deus e acolhemos sua poderosa direção.

Mediante o poder do Espírito Santo, Deus nos ajuda a viver de maneira santa e nos capacita a obedecer-lhe. Dessa forma, a regeneração é o oposto da religião, pois esta tragicamente ensina que, se você obedecer a Deus, ele o amará. A verdade é o exato oposto. A regeneração revela que, porque Deus nos ama, nós podemos obedecer a ele pelo poder do Espírito Santo. Você tem novo poder em Cristo.

10. Nova liberdade

Assim como novo poder, temos nova liberdade — a capacidade de dizer não ao pecado e sim a Deus. Há duas opções nesta vida: voltar nosso rosto para o pecado e as costas para Deus ou voltar nosso rosto para Deus e as costas para o pecado. Uma das autonomias derivadas da regeneração consiste na capacidade de nos arrepender, dar as costas ao pecado e voltar o rosto para Deus, a fim de ter uma nova vida de santidade. Os teólogos gostam de chamar isto de viver *coram Deo*, que significa "na presença de Deus". Você não precisa esconder seu pecado, arrumar desculpas para ele, pôr a culpa em outros ou negá-lo. Em Cristo, seu pecado pode ser declarado morto porque Jesus morreu por ele. Em Cristo, você pode ter uma nova vida, pois o Senhor ressuscitou em novidade de vida. Você tem nova liberdade em Cristo.

11. Nova vida

O ponto culminante da regeneração é a nova vida amplamente diferente de nossa vida anterior. O Novo Testamento aprecia fazer o contraste entre a antiga e pecaminosa vida e a nova vida regenerada no Espírito, visando a distinguir o que nossa vida é o que não é.

Paulo assim descreve nossa antiga vida sem Cristo:

> Assim, eu lhes digo, e no Senhor insisto, que não vivam mais como os gentios, que vivem na inutilidade dos seus pensamentos. Eles estão obscurecidos no entendimento e separados da vida de Deus por causa da ignorância em que estão, devido ao endurecimento do seu coração. Tendo perdido toda a sensibilidade, eles se entregaram à depravação, cometendo com avidez toda espécie de impureza.
>
> Efésios 4.17-19

Na sequência, apresenta o contraste entre nossa antiga vida sem Cristo e nossa nova vida com ele:

> Todavia, não foi isso que vocês aprenderam de Cristo. De fato, vocês ouviram falar dele, e nele foram ensinados de acordo com a verdade que está em Jesus. Quanto à antiga maneira de viver, vocês foram ensinados a despir-se do velho homem que se corrompe por desejos enganosos, a serem renovados no modo de pensar e a revestir-se do novo homem, criado para ser semelhante a Deus em justiça e em santidade provenientes da verdade.
>
> Efésios 4.20-24

Você tem nova vida em Cristo.

Eternamente novo: glorificação

Conforme dissemos, às vezes é dito que o cristão é a combinação do "velho homem" (também chamado de velha natureza) e do "novo homem" (também chamado de nova natureza). Alguns gostam de explicar pecado e tentação como uma guerra constante entre as duas naturezas. O novo homem exerce domínio quando opta pela santidade, e o velho homem vence quando escolhe a pecaminosidade. Conquanto seja compreensível alguém pensar dessa forma com base nas experiências do dia a dia, biblicamente não é assim que funciona.

O cristão não é ao mesmo tempo salvo e perdido, filho de Deus e inimigo de Deus, perdoado e não perdoado por Jesus Cristo. Nós, como cristãos, somos em tudo feitos novos em Cristo.

Apesar de sermos *genuinamente* novos em Cristo, não somos ainda *completamente* novos em Cristo. Ainda existe em nosso interior uma semente da rebeldia de Adão, as tentações do mundo à nossa volta e as ciladas do demônio preparadas para nós. Nesta vida, amadurecemos continuamente para uma vida de acordo com nossa nova identidade como novas pessoas em Cristo mediante um processo chamado *santificação.* Nesse processo, aprendemos mais sobre Jesus e nos tornamos mais semelhantes a ele pelo poder do Espírito Santo, crendo nas verdades bíblicas esboçadas neste capítulo e, com base nelas, agindo na fé.

Um dia, morreremos. Se morrermos em Cristo, seremos feitos novos de maneira plena, completa, imutável e eterna — aquilo que os teólogos chamam de *glorificação.* Nesse dia, sua fé será vista enquanto você contempla face a face o ressurreto rei Jesus. Nesse dia, todos em Cristo seremos feitos totalmente perfeitos enquanto juntos subimos como Jesus para ser como ele para sempre. Em Cristo você é nova pessoa.

E Cristo ainda tem mais para você.

CAPÍTULO 12

Eu sou perdoado

Portanto, cada um de vocês deve abandonar a mentira e falar a verdade ao seu próximo, pois todos somos membros de um mesmo corpo. "Quando vocês ficarem irados, não pequem". Apaziguem a sua ira antes que o sol se ponha, e não deem lugar ao Diabo. O que furtava não furte mais; antes trabalhe, fazendo algo de útil com as mãos, para que tenha o que repartir com quem estiver em necessidade.

Nenhuma palavra torpe saia da boca de vocês, mas apenas a que for útil para edificar os outros, conforme a necessidade, para que conceda graça aos que a ouvem. Não entristeçam o Espírito Santo de Deus, com o qual vocês foram selados para o dia da redenção. Livrem-se de toda amargura, indignação e ira, gritaria e calúnia, bem como de toda maldade. Sejam bondosos e compassivos uns para com os outros, perdoando-se mutuamente, assim como Deus os perdoou em Cristo.

Efésios 4.25-32

Rose cresceu num lar cristão e desde muito cedo viveu cercada de cristãos. Frequentava uma igreja conservadora todos os domingos; estudou desde a pré-escola até o primeiro ano do ensino médio num colégio cristão particular administrado pela igreja; e participava de atividades eclesiásticas. "Eu vivia basicamente imersa em Jesus", diz ela. "Passava seis dias por semana no *campus*, praticava esportes, havia o grupo de jovens... Cresci numa bolha santa, por assim dizer, e nunca houve nenhum motivo para interagir com alguém de fora. Eu sabia versículos bíblicos como a palma da mão. No final do ensino fundamental, eu já havia lido a Bíblia inteira e conhecia todas as respostas para todas as perguntas relacionadas à Bíblia e ao cristianismo." Rose era uma "boa garota". Nunca era "rebelde" e sempre seguia as regras. Mas ela "não tinha nenhum relacionamento com Deus".

Rose era altamente dedicada à igreja, mas não havia devoção a Jesus. Em consequência disso, tornou-se legalista (substituiu um relacionamento com Deus por regras que Deus não criou) e tratava as pessoas com aspereza. "Olhando em retrospecto para minha vida, eu não testemunhava às pessoas com amor, mas com condenação e um senso de dever. Tudo que eu fazia para ser uma 'boa' cristã era cumprir uma lista tácita de exigências. Não tinha nada a ver com conhecer melhor a Deus."

Na adolescência, tudo mudou. Rose se descobriu culpada por sua falta de relacionamento com Deus. "Eu me lembro com bastante nitidez do dia em que me dei conta de que não era cristã, de que tinha passado a vida inteira vivendo uma mentira. Fui de imediato a um professor confiável e expliquei minha nova percepção. Ele orou por mim e conversamos a respeito, mas, para falar a verdade, eu já conhecia todas as respostas. Eu sabia como dar um jeito naquilo. Então, provavelmente pela milésima vez, orei pedindo salvação."

Embora Rose agora soubesse que precisava de Jesus e começasse a amá-lo num relacionamento, e não de modo legalista, ela não tardou a descobrir que havia uma longa estrada de crescimento pela frente. "Somente alguns anos mais tarde fui ter uma noção de quão fundo no legalismo eu havia mergulhado", diz ela.

O processo de descoberta de seu legalismo se iniciou na época em que sua família deixou a igreja na qual tinha crescido. Ela assim me contou: "Depois de frequentar por mais de dez anos a igreja, minha mãe começou a sentir depressão... Não havia nenhuma graça, nenhuma misericórdia, nenhum encorajamento, só condenação. Ao longo do ano seguinte, meu pai, com a ajuda de Deus e por causa de minha mãe, também se deu conta disso, e nós finalmente deixamos a igreja e o colégio após meu primeiro ano no ensino médio".

Rose conta que passou mais de um ano guardando rancor. Por fim, ela e a família procuraram e encontraram uma nova igreja.

Nesse novo lugar, Deus começou a remover dela as camadas de legalismo, ajudando-a a compreender o peso de seu pecado contra ele e a necessidade de olhar para as pessoas com a mesma graça com que Deus olhava para ela. "Levou algum tempo para que eu realmente percebesse como eu tinha sido contaminada pelo legalismo. Demorei para mudar esses hábitos e pensamentos e meu modo de tratar as pessoas, especialmente os não cristãos. O Senhor continua a agir todos os dias em meu coração, e mesmo hoje [cinco anos depois], ainda luto contra meus antigos hábitos de julgar os outros e de 'tratar' do pecado alheio sem a graça, em vez de amá-los como Jesus me amou."

Segundo Rose, seu legalismo resultou em anos de dúvida a respeito de sua salvação, período em que ela trabalhava duro para agradar a Deus e sentia a culpa de julgar os outros sendo ela mesma pecadora. "Não consigo expressar a enorme diferença que Jesus fez em minha vida. Ele me tirou do legalismo e da hipocrisia, da religião e do ódio. Eu já não tenho de duvidar da minha salvação, e tenho muito mais fé nele e muito menos em mim. Agora é ele quem me sustenta, e não uma lista tácita de deveres cristãos."

A história de Rose poderia facilmente ter culminado em amargura e abandono da fé. Ou poderia ter sido a história de alguém que se esforça ainda mais para agradar a Deus e continua a sentir o peso de ficar aquém das expectativas. Pelo contrário: é a história do profundo conhecimento da graça e do perdão. "Sei bem o que é o legalismo, e não quero nunca mais voltar para lá. Jesus me deu empatia pelas pessoas, algo que eu não tinha antes, e sou muito grata por experimentar sua misericórdia e graça."

Rose foi perdoada e agora também pode perdoar.

O poder do perdão

O apóstolo Paulo, que também era legalista antes de encontrar Jesus, experimentou o poder radical do perdão. Em Atos 7, Estêvão, diácono da igreja primitiva, pregava um sermão maravilhoso. Para silenciá-lo, uma multidão enfurecida o arrastou para fora da cidade e começou a apedrejá-lo. Paulo supervisionou essa multidão que apedrejava o diácono e aprovou suas ações. Conforme diz o relato em Atos:

> As testemunhas deixaram seus mantos aos pés de um jovem chamado Saulo [Paulo]. Enquanto apedrejavam Estêvão, este orava: "Senhor Jesus, recebe o meu espírito". Então caiu de joelhos e bradou: "Senhor, não os consideres culpados deste pecado". E, tendo dito isso, adormeceu.
>
> Atos 7.58-60

Em seu momento de morte, Estêvão perdoou Saulo por corroborar seu assassinato e orou pedindo que Deus também o perdoasse. Deus respondeu à oração de Estêvão. Saulo se tornou cristão, experimentou o perdão de todos os seus pecados, incluindo o consentimento no assassinato de Estêvão, e passou a ser conhecido como Paulo. Acima de tudo, Paulo conheceu o poder do perdão.

Já parou para pensar em quão pecador você é? Imagine-se anotando cada erro que você cometeu e tudo que deveria ter feito mas não fez — incluindo aí cada pessoa que deveria ter ajudado, cada injustiça que deveria ter confrontado e cada centavo que deveria ter doado para ajudar os outros. Acrescente cada pensamento pecaminoso em sua mente, cada palavra pecaminosa dita e cada motivação pecaminosa que o levou a fazer determinada coisa, mesmo aquilo que parecia bom.

Agora considere que cada pecado em sua lista constitui uma afronta direta contra Deus e seu lugar de direito como soberano da criação. Como diz R. C. Sproul: "Todo pecado é um ato de traição cósmica, uma tentativa fútil de destronar Deus de sua autoridade soberana".[1] Deus sente raiva — e ódio — do pecado (Pv 6.16-19; Zc 8.17). Além disso, as Escrituras nos dizem que ele chega a odiar alguns pecadores (Sl 5.5; 11.4-5; Os 9.15; Ml 1.2-3; cf. Rm 9.13).

Em resposta ao pecado, Deus derrama sua justa ira sobre os pecadores que não se arrependem — aqueles que continuam a se opor a ele com ações, omissões e pensamentos.

A doutrina da ira de Deus não é popular em nossos dias, mas o fato é que só no Antigo Testamento cerca de 20 palavras, expressas aproximadamente 600 vezes, são usadas para descrevê-la. No Novo Testamento, a ira de Deus aparece por volta de 25 vezes, incluindo Efésios 5.6, que diz com todas as letras: "A ira de Deus vem sobre os que vivem na desobediência".

Com relação à raiva e ao ódio de Deus, costuma-se protestar dizendo que Deus não pode odiar porque ele é amor. Mas talvez você se surpreenda ao saber que a Bíblia se refere mais à ira, à raiva e à fúria de Deus do que ao seu amor, à sua graça e à sua misericórdia. Isso não quer dizer que Deus odeia como os humanos odeiam. Nós, pecadores, guardamos rancor e desejamos o mal a nossos inimigos. Cada expressão das emoções de Deus, incluindo a raiva e o ódio, é perfeita e sem pecado. Deus nos manda amar nossos inimigos e exemplifica isso ao convidá-los ao arrependimento, "não querendo que ninguém pereça" (2Pe 3.9). Isso é possível porque o ódio de Deus não é vingativo como o ódio humano, mas sim uma rejeição santa e, em última análise, caso eles não se arrependam, uma justa condenação de pecadores e do pecado, uma vez que ele é um Deus santo e não pode permanecer junto de pecadores profanos que não se arrependem de suas iniquidades.

O lugar da ativa e infindável ira ativa divina reservado aos pecadores que não se arrependem é o inferno, acerca do qual Jesus discorre mais que qualquer outro assunto na Bíblia.[2] O inferno é um lugar eterno de doloroso tormento, semelhante a ser espancado, massacrado e queimado (Mt 8.11-12,29; 13.49-50; 18.8-9; 24.50-51; 25.41,46; Mc 1.24; 5.7; 9.43-48; Lc 12.46-48; 16.19-31; Ap 14.10).

A Bíblia faz uso de termos impactantes e assustadores para falar do inferno porque as merecidas consequências para nossos pecados — nossa traição cósmica contra Deus — nos devem assustar. Tenhamos em conta ainda que não é possível salvar a nós mesmos dos tormentos conscientes e eternos da ira de Deus no inferno. Se levássemos isso a sério, dormiríamos todos de capacete e com um olho aberto. Felizmente, na obra de Jesus na cruz e no poder do perdão há boas-novas para nós.

Você é perdoado em Cristo

Em amor, Jesus se pôs no lugar de nossos pecados e levou a ira de Deus consigo para a cruz (Rm 5.9; 1Ts 1.9-10). As Escrituras usam uma palavra para descrever isso: *propiciação*. Significa que a ira de Deus contra o pecado foi satisfeita (Rm 3.23-25; Hb 2.17; 1Jo 2.2; 1Jo 4.10).

Compreender a verdade da ira de Deus nos permite apreciar mais a fundo a verdade de sua graça e entender as palavras mais venturosas que os pecadores poderão algum dia ouvir: "Deus os perdoou em Cristo" (Ef 4.32).

Você está em Cristo? Então Deus o perdoou de todos os seus pecados — passado, presente e futuro. Na cruz, Jesus Cristo exclamou suas palavras definitivas em triunfante vitória: "Está consumado!" (Jo 19.30). Naquele momento, o pecado foi expiado e os pecadores, perdoados.

Você aceita seu perdão em Cristo? Você *aprecia* seu perdão? Em caso afirmativo, você deve oferecer perdão como Cristo fez. Foi o que Rose aprendeu pela graça de Deus: aceitar o perdão e ao mesmo tempo recusar-se a oferecê-lo consiste em hipocrisia e erro. Agindo assim, estamos efetivamente afirmando que os pecados alheios são mais graves que aqueles por nós cometidos contra Deus e os outros. E, em última análise, essa atitude resulta em amargura.

Você pode perdoar em Cristo

Eu detesto trabalhar no quintal. Contudo, por ser o mais velho de cinco irmãos, fui incumbido da tarefa. Certo dia, meus pais pediram que eu arrancasse as ervas daninhas do quintal. Aquilo parecia um trabalhão. Assim, bolei um plano que, ao meu ver, era simples e engenhoso. Em vez de perder horas arrancando as ervas daninhas, levei alguns minutos para golpeá-las com um poderoso cortador de grama elétrico e passei o restante do dia andando de bicicleta. Lembro-me de ter sentido bastante orgulho de mim mesmo por aquela brilhante solução... Até que, alguns dias depois, as ervas daninhas não só pareciam ter voltado, mas multiplicado, tomando o quintal inteiro. Eu ignorei o fato de que elas têm raízes.

Deus, por meio de Paulo, diz que só temos duas possíveis respostas àqueles que pecaram contra nós: perdão ou amargura. E a Bíblia diz que, como as ervas daninhas, a amargura tem raízes (Hb 12.15). Assim, quando pecam contra nós, podemos sair devastando a superfície — frustrações, decepções, acessos de raiva, mágoas e tristeza — ou podemos arrancar nossa amargura antes que ela crie raiz. Se não removermos a raiz da amargura, ela invariavelmente retornará, maior que nunca. É como a raiz axial: quanto maior a espera, maior a dificuldade para arrancá-la.

A regra afirma que pessoas amargas têm boas razões para se zangar — alguém pecou contra elas. O pecado pode ter sido algo catastrófico, como adultério, abusos ou calúnias graves. Ou talvez não pareça grande coisa para quem vê de fora, mas a dor causada é severa, pois a pessoa que a provocou era objeto de amor, confiança e tinha acesso privilegiado à nossa alma. Por vezes a pior dor é a da traição.

Na maioria dos casos, a amargura tem a ver com o nível de amor que o ofendido sente por quem ofendeu. Se um estranho pecar contra você, é pouco provável que isso gere amargor. Se, contudo, for um familiar ou algum amigo querido, você provavelmente sentirá amargura, pois tem expectativas mais elevadas para aquele relacionamento. As pessoas que amamos são os candidatos mais prováveis a causar amargura — e isso inclui amargura contra Deus.

Ao tratar de nossa amargura potencial, Paulo nos exorta a "abandonar a mentira e falar a verdade" (Ef 4.25). Para isso, precisamos ser honestos a respeito de algumas de nossas lembranças mais dolorosas. É necessário sondar as perguntas do fundo da alma e ir além da resposta simples que afirma estar tudo bem.

O ciclo da amargura

Paulo deixa claro que, se a amargura não for substituída pelo perdão, ela aumentará e se tornará cada vez mais destruidora para você e para os outros. Ele alista um padrão decorrente da amargura: indignação, ira, gritaria, calúnia e maldade (Ef 4.31).

Quando sentimos amargura, nós nos recusamos a perdoar. A indignação procede de nossa irritação e agitação, e dá até para sentir o sangue subir. A ira injusta não decorre da injustiça, mas de nossa amargura; ela nos deixa furiosos e nos incita a ferir de algum modo o alvo de nossa ira. A gritaria indica que nossa raiva já não pode ser contida, então nos envolvemos num conflito com outras pessoas com o intuito de atingi-las — em termos emocionais ou físicos. A calúnia ocorre quando, numa tentativa de justificar a nós mesmos e vilipendiar os outros, fazemos fofocas a respeito deles e procuramos arruinar sua reputação. A maldade se manifesta ao inventarmos formas de praticar o mal a fim de punir aqueles de quem temos amargor, seja qual for o custo envolvido. O objetivo final é derrotar esses indivíduos, mesmo que isso também signifique nossa própria derrota. Quando atinge o ponto da maldade, a pessoa é capaz de ações terríveis e condutas anormais muitas vezes difíceis até de imaginar.

Às vezes o ciclo da amargura se move bastante depressa, como um violento incêndio, em questão de minutos ou dias. Outras vezes, a amargura arde lentamente ao longo de meses ou anos.

É preciso admitir que nós todos somos amargos em determinados momentos da vida. Nessas fases, tendemos a culpar os outros por nossa amargura. O fato é que as pessoas, mesmo as piores, não nos deixam amargurados. Na verdade, elas nos oferecem a oportunidade de escolher perdoar ou guardar mágoa, decisão pela qual permanecemos moralmente responsáveis.

"Quando vocês ficarem irados, não pequem"

Um conselho comumente dirigido às pessoas amargas diz que elas não devem sentir raiva por erros que os outros cometeram. Tal conselho não é bíblico e tampouco é útil. O próprio Deus, ao longo de toda a Bíblia, sentiu raiva em resposta ao pecado, embora repetidamente nos seja dito que ele tem o pavio longo e é "paciente" (Êx 34.6).[3] Além do mais, Jesus se enraiveceu em várias ocasiões nas Escrituras.[4]

A raiva justa é a resposta correta ao pecado e é muito mais consistente com o caráter de Deus do que a felicidade, a aprovação ou a aceitação fingidas. Em diversas ocasiões, a Bíblia fornece exemplos de raiva humana justificada (Êx 32.19; cf. Êx 11.8; 16.20; Nm 16.15; Lv 10.16; 1Sm 11.6; 20.34; 2Sm 12.5; Ne 5.6; Mc 3.5; Lc 14.21). É por isso que Paulo *não* diz "Não fiquem irados", mas sim, "Quando ficarem irados, não pequem" (Ef 4.26). Ele aceitava a raiva como uma legítima resposta emocional ao pecado. Contudo, ele também nos adverte a tomar cuidado para não aceitar ou fortalecer a raiva decorrente do pecado. Ao contrário, manda-nos direcionar a energia da raiva para a justiça em vez de deixá-la abastecer nossa queda rumo à gritaria, à calúnia e à maldade — "apaziguem a sua ira antes que o sol se ponha" (Ef 4.26). Não devemos permitir que a raiva nos domine e se estabeleça em nossa alma; antes, devemos levar nossa raiva a Deus e, pelo poder do Espírito Santo, procurar lidar de maneira justa com os erros cometidos contra nós.

Quando não somos dominados pelo Espírito Santo, mas por nossa raiva, tornamo-nos o tipo de insensato irritadiço e cabeça quente contra o qual a Bíblia nos alerta em Provérbios: "Quem é irritadiço faz tolices [...]. O homem paciente dá prova de grande entendimento, mas o precipitado revela insensatez" (Pv 14.17,29).

Por sua vez, "A sabedoria do homem lhe dá paciência; sua glória é ignorar as ofensas" (Pv 19.11).

Ao contrastar a raiva injusta com a raiva justa, um conselheiro cristão disse:

> Existe uma raiva autocentrada, absorvida pelo *eu*, que só se importa consigo mesmo e não dá a mínima para a outra pessoa. Existe ainda a raiva autodirigida, que é a raiva direcionada a si próprio e é uma expressão de nossa falta de preocupação com nós mesmos. A raiva saudável implica preocupação com a justiça, com a proteção de si e do outro e é disciplinada em suas ações.[5]

A raiva, se corretamente utilizada e direcionada a injustiças reais (e não àquilo que entendemos como injustiça), torna-se uma força poderosa em prol da justiça, da bondade e do amor. Um exemplo trágico ajuda a esclarecer o poder positivo da raiva justa.

Em 3 de maio de 1980, um motorista bêbado entrou em seu carro após três dias seguidos de farra e passou por cima de Cari Lightner, 14 anos, que seguia para a igreja. O impacto arremessou a garota a mais de trinta metros, e o motorista, após despertar de seu estado de inconsciência, fugiu. Acabou pego mais tarde, e Candace, a mãe de Cari, disse estar "furiosa" porque o assassino de sua filha nem mesmo permaneceria preso, a despeito de suas outras quatro detenções por dirigir embriagado (ele estava em liberdade sob fiança por um desses casos).

Em vez de buscar vingança, Candace canalizou sua raiva em favor da justiça e das boas obras. Fundou a Mothers Against Drunk Driving [Mães contra a condução embriagada], cujos trabalhos de base resultaram em leis que salvaram milhares de vidas.[6] Com efeito, se nos induzir à justiça e não à maldade, nossa raiva pode exercer enorme força para o bem.

Paulo nos exorta a lidar de imediato com nossa raiva, sem esperar nem mesmo um dia para confrontá-la, para que ela não nos consuma. Do contrário, diz ele, entristeceremos o Espírito Santo, que deseja e pode atuar por meio de nossa raiva e amargura para que Satanás não ganhe terreno em nossa alma. Na prática, isso não significa que não podemos reservar uma ou duas horas para orar, limpar a mente, relaxar, buscar conselhos sábios e anotar alguns pensamentos a fim de lidar de maneira construtiva com aqueles que nos enraiveceram. Significa, porém, que quanto mais esperarmos, mais espaço em nossa vida concederemos ao inimigo.

A única resposta benéfica à nossa amargura e raiva é o evangelho. Paulo coloca desta maneira: "Sejam bondosos e compassivos uns para com os outros, perdoando-se mutuamente, assim como Deus os perdoou em Cristo" (Ef 4.32). Não há dúvida de que, em nossa amargura e raiva, tais palavras possam soar como chavões hiperespirituais, o que nos leva a defender nossos sentimentos, recordando as razões válidas para nossa dor. Ao defender nossa amargura raivosa, apelamos a um senso de justiça — a ideia de que perdoar alguém que não pediu desculpas, não mudou nem se redimiu equivale a tolerar o mal.

Como eu sei disso? Eu mesmo já agi assim. Muitas vezes.

Nesses momentos, percebo que sou capaz de relembrar detalhes minuciosos das circunstâncias exatas em torno dos pecados que contribuíram para minha dor e raiva. Posso me lembrar de onde eu estava quando pecaram contra mim, o que exatamente foi dito, e outros detalhes semelhantes, como a roupa da pessoa que me ofendeu, o tom de voz usado e quais eram as expressões de seu rosto. Com relação a essas ocasiões, minha memória guarda interesse, pois o ocorrido é retomado sucessivas vezes em minha mente, desenterrando o passado para revivê-lo no presente — e isso, disse Paulo, é manter um registro nada amável de erros (1Co 13.6).

Sou propenso à amargura raivosa e espero que as palavras de Paulo aos efésios auxiliem você tanto quanto fizeram comigo. Relativamente a algumas pessoas, eu não havia feito aquilo a que o apóstolo exortou: "Livrem-se de *toda* amargura" (Ef 4.31). Isso se deve, em grande parte, ao fato de eu não considerar a tristeza, o sofrimento ou o arrependimento de tais pessoas como proporcionais à dor causada. Mas Deus, em sua bondade, lembrou-me de que devemos nos perdoar mutuamente, "assim como Deus [nos] perdoou em Cristo" (Ef 4.32). E como Deus nos perdoou em Cristo? Nós fizemos Jesus sofrer injustamente, e ele recebeu nossa injustiça sem amargura, nos perdoou, nos buscou e deseja o nosso bem. Devemos agir da mesma forma por aqueles que pecam contra nós e nos machucam.

O perdão bíblico é uma ideia revolucionária e central ao evangelho. Em nossa dor, não é difícil perder de vista o fato de que a ninguém se cometeu mais pecado do que contra Deus. De mais a mais, cada indivíduo contribui com o sofrimento que ele enfrenta, visto que todo pecado, em última análise, é pecado contra Deus (Sl 51.4). Isso significa que Deus poderia ter sido a pessoa mais amargurada de todas; contudo, ele veio como Jesus e tomou nosso lugar para sofrer por nossos pecados. Ele se dirige a nós por meio dos lábios ensanguentados de Jesus na cruz: "Está consumado!" — estamos perdoados.

Portanto, nosso perdão às pessoas tem pouquíssimo — se é que tem alguma coisa — a ver com quem perdoa. Pelo contrário, tem tudo a ver com Deus. Como ato de adoração, devemos responder aos pecadores como Deus responde a nós, pecadores: com perdão. Naturalmente, se eles vão receber ou não o perdão final de Deus depende de eles aceitarem ou não a obra de Jesus na cruz por seus pecados. Se rejeitarem Jesus, o Pai os rejeitará. Desse modo, ao perdoá-los, estamos entregando-os a Deus, orando para que venham a se arrepender, e libertando-nos da amargura. Em resumo, simplesmente não é possível aceitar o perdão de Deus sem oferecê-lo aos outros.

Isso leva à seguinte pergunta: o que é o perdão?

SETE COISAS QUE O PERDÃO É

O perdão é tanto uma decisão como um processo. A decisão de perdoar costuma ser precedida por emoções intensas, como o pesar, a tristeza e a raiva. Uma vez que o perdão cobra sua taxa emocional, em geral é melhor formalizá-lo declarando-o em palavras e atos. Isso pode incluir um encontro pessoal — num ambiente seguro, na presença de um mediador ou uma testemunha — com o indivíduo que o ofendeu; uma conversa por telefone; ou uma carta expressando o pecado do outro, os sentimentos que você guarda a respeito e o perdão pelo pecado, a qual você pode enviar ao seu ofensor ou queimar como representação de desprendimento. O processo de perdão, contudo, pode levar dias ou anos, dependendo da ofensa cometida, da dor causada, da reação do ofensor e de uma miríade de outras variáveis. Os seguintes aspectos podem ajudar o leitor a entender o que é realmente o perdão:

1. O perdão é o cancelamento de uma dívida. Quando alguém peca contra você, um erro é cometido e uma dívida é acumulada. Ao perdoar, você abdica de seu direito de fazer o outro pagar essa dívida.
2. O perdão é a remoção do controle que o ofensor exerce sobre você. Enquanto aquele que o ofendeu não for perdoado, ele continuará a pairar sobre sua vida, mantendo uma presença emocional. Com o perdão, você não só o liberta da dívida como também se liberta dele emocionalmente.
3. O perdão é a doação de uma dádiva a seu ofensor e a si mesmo. Entre os benefícios físicos do perdão estão a redução da ansiedade, do estresse e da pressão sanguínea; entre os benefícios mentais, a extinção da obsessão por determinado indivíduo ou ação praticada, o que deixa você livre para seguir sua vida. O perdão também permite que você passe de uma vida centrada na dor para uma centrada em Deus e nos outros, recuperando saúde emocional, empatia e perspectiva. É uma dádiva para você, para seus amigos e para sua família, uma melhora em todos os seus relacionamentos.
4. O perdão é a renúncia à vingança. Assim diz o apóstolo Paulo: "Amados, nunca procurem vingar-se, mas deixem com Deus a ira, pois está escrito: 'Minha é a vingança; eu

retribuirei', diz o Senhor" (Rm 12.19). Quando buscamos vingança, alinhamo-nos moralmente àqueles que nos ofenderam. Quando perdoamos, elevamo-nos acima deles pela graça e os entregamos a um Deus perfeito e santo. A vingança pode aplacar nossa raiva por algum tempo, mas jamais desfará um erro. Ao alimentar a raiva, tornamo-nos iguais à pessoa que nos feriu — egoístas e perigosos. É por isso que um antigo provérbio chinês diz: "Quem busca vingança deve antes cavar duas tumbas".

5. O perdão é deixar a justiça final nas mãos de Deus. Às vezes o perdão é difícil porque viola nosso senso de justiça. A Bíblia, no entanto, promete que Deus lidará de modo justo com o pecado de todos. Para quem se arrepender do pecado e crer em Jesus Cristo, haverá a justiça da cruz, na qual nosso Salvador sofreu e morreu em nosso lugar por nossos pecados. Quem não se arrepender do pecado e não crer em Jesus Cristo, receberá a justiça na punição dos tormentos infernais eternos, dos quais terá consciência. Ao perdoar, não negligenciamos a justiça, mas sim confiamos que Deus efetuará a justiça perfeita e deixamos de estar entre o pecador e Deus.
6. O perdão costuma ser um processo contínuo. Na época de Jesus, um ensino rabínico dizia que só era preciso perdoar três vezes, e depois disso, não mais. Mateus 18.21-22 relata o seguinte diálogo: "Então Pedro aproximou-se de Jesus e perguntou: 'Senhor, quantas vezes deverei perdoar a meu irmão quando ele pecar contra mim? Até sete vezes?' Jesus respondeu: 'Eu lhe digo: Não até sete, mas até setenta vezes sete'". A esse respeito disse um notável comentarista bíblico: "Trata-se de uma forma de Jesus dizer aos seus seguidores que o perdão deve ser ilimitado".[7]
7. O perdão é o querer bem a quem ofendeu. Ao perdoar nossos ofensores, deixamos de desejar que eles sofram pelo que fizeram e passamos a querer que se arrependam e sejam transformados pela graça divina.

Sete coisas que o perdão não é

A palavra *perdão* é muitas vezes proferida, mas nem sempre compreendida. Assim como é importante entender o que é o perdão, é igualmente importante entender o que ele não é.

1. O perdão não é a negação de que ocorreu algum pecado nem a diminuição de seu mal. Ao perdoar alguém, não dizemos "Não houve nada" ou "Não foi nada demais". Pelo contrário, dizemos que o pecado existiu e foi algo tão sério a ponto de Jesus ter morrido por ele.
2. O perdão não implica permissão para pecar. Perdoar não é possibilitar que o ofensor permaneça preso em seu ciclo de pecado; isso seria colocar-se como cúmplice e permissivo em relação ao prosseguimento da transgressão. É possível perdoar e ao mesmo tempo ser franco a respeito do comportamento do outro.
3. O perdão não é necessariamente uma resposta a um pedido de desculpas. Às vezes os pecadores reconhecem o erro e pedem perdão; às vezes, não. Às vezes nem sequer sabemos quem é o ofensor ou como localizá-lo; às vezes, tal pessoa já não está presente. De qualquer modo, devemos perdoar quer haja admissão da culpa, quer não. O cristianismo é único nesse sentido; as outras principais religiões ensinam que não se pode perdoar alguém que não pediu desculpas.
4. O perdão não é o encobrimento do pecado cometido contra nós. Tanto assim que, se um crime for cometido, podemos simultaneamente perdoar e recorrer a uma ação jurídica (Rm 13.1-7).
5. O perdão não é esquecimento. As pessoas costumam dizer que é preciso "perdoar e esquecer", algo impossível. Quando Deus disse: "Porque eu lhes perdoarei a maldade e não me lembrarei mais dos seus pecados" (Jr 31.34; cf. Hb 8.12; 10.17), ele não estava afirmando não possuir lembrança,

pois isso é impossível, visto que Deus é onisciente. Em vez disso, significa que Deus não se agarra de má vontade ao nosso pecado nem o mantém como base de nossa identidade e interação com ele. Além disso, quando perdoamos, estamos relembrando o pecado para que possamos esquecê-lo. Exigir que alguém perdoe por completo sem se lembrar de ter sido espancado, estuprado, traído ou qualquer outra gama de ações pecaminosas é exigir o impossível, e acrescentar fardos.

6. O perdão não implica confiança. O perdão toma um instante, mas a confiança se constrói com o tempo. E, uma vez que se perde a confiança em razão do pecado, pode demorar muito tempo para reconstruí-la.
7. O perdão não é reconciliação. É preciso um pecador para que haja arrependimento e uma vítima para que haja perdão, mas ambos são necessários para haver reconciliação. Assim, a menos que haja arrependimento por parte do pecador e perdão por parte da vítima, não pode ocorrer reconciliação, ou seja, a relação permanece rompida. O perdão é o início de uma possível reconciliação, mas não é, em si mesmo, a reconciliação.

Vida e morte na ponta da língua

Provérbios 18.21 diz: "A língua tem poder sobre a vida e sobre a morte". O verdadeiro teste para saber se somos amargos ou não é nossa língua. O que dizemos acerca daqueles que nos ofenderam? Nós oramos por eles? Deveríamos. Como disse Paulo: "Nenhuma palavra torpe saia da boca de vocês, mas apenas a que for útil para edificar os outros, conforme a necessidade, para que conceda graça aos que a ouvem. Não entristeçam o Espírito Santo de Deus, com o qual vocês foram selados para o dia da redenção" (Ef 4.29-30). Mesmo quando a pessoa de quem sentimos rancor não está presente, o Espírito Santo ali está, e ele se entristece quando falamos mal dos outros.

Como pastor, noto duas tendências comuns nas palavras dos indivíduos amargurados. Primeiro, eles costumam dar apelidos às pessoas de quem guardam rancor, impondo ao seu infrator uma nova identidade humilhante e desprezível. Segundo, eles não conseguem refrear a língua, permitindo que a "raiz de amargura brote e cause perturbação, contaminando muitos" (Hb 12.15). Na prática, isso significa que os filhos são impactados pela amargura dos pais, gerações são afetadas, círculos de amigos são envenenados e igrejas inteiras podem ser consumidas pelo drama demoníaco procedente de uma língua movida por um coração amargo. Para piorar ainda mais a situação, em nossos dias são inúmeras as oportunidades que a tecnologia nos proporciona para registrar nossa amargura e enviá-la precipitadamente ao mundo.

Para encerrar, como você se sentiu ao ler este capítulo? Minha oração é que você tenha sido servido, informado e liberto. Ainda assim, isso não é suficiente, e eu desejo mais ao seu favor. Os amargurados às vezes ficam cegos ou indiferentes àqueles a quem eles mesmos causaram amargor. Que pessoas, caso elas lessem este capítulo, pensariam em você e no pecado que você cometeu contra elas? Quem leria isto não como o pecador, mas como a vítima do seu pecado? Que arrependimento essas pessoas esperam de você?

Como Paulo nos exortou, eu exorto você: "Apaziguem a sua ira antes que o sol se ponha" (Ef 4.26). Faça o que é certo hoje, perdoando aqueles que o feriram e, pela graça de Deus, buscando o perdão daqueles a quem você feriu. Você está perdoado. Ande no perdão.

CAPÍTULO 13

Eu sou adotado

Portanto, sejam imitadores de Deus, como filhos amados, e vivam em amor, como também Cristo nos amou e se entregou por nós como oferta e sacrifício de aroma agradável a Deus.

Entre vocês não deve haver nem sequer menção de imoralidade sexual como também de nenhuma espécie de impureza e de cobiça; pois essas coisas não são próprias para os santos. Não haja obscenidade, nem conversas tolas, nem gracejos imorais, que são inconvenientes, mas, ao invés disso, ações de graças. Porque vocês podem estar certos disto: nenhum imoral, ou impuro, ou ganancioso, que é idólatra, tem herança no Reino de Cristo e de Deus. Ninguém os engane com palavras tolas, pois é por causa dessas coisas que a ira de Deus vem sobre os que vivem na desobediência. Portanto, não participem com eles dessas coisas.

Porque outrora vocês eram trevas, mas agora são luz no Senhor. Vivam como filhos da luz, pois o fruto da luz consiste em toda bondade, justiça e verdade; e aprendam a discernir o que é agradável ao Senhor. Não participem das obras infrutíferas das trevas; antes, exponham-nas à luz. Porque aquilo que eles fazem em oculto, até mencionar é vergonhoso. Mas, tudo o que é exposto pela luz torna-se visível, pois a luz torna visíveis todas as coisas. Por isso é que foi dito: "Desperta, ó tu que dormes, levanta-te dentre os mortos e Cristo resplandecerá sobre ti". Tenham cuidado com a maneira como vocês vivem; que não seja como insensatos, mas como sábios, aproveitando ao máximo cada oportunidade, porque os dias são maus. Portanto, não sejam insensatos, mas procurem compreender qual é a vontade do Senhor. Não se embriaguem com vinho, que leva à libertinagem, mas deixem-se encher pelo Espírito, falando entre si com salmos, hinos e cânticos espirituais, cantando e louvando de coração ao Senhor, dando graças constantemente a Deus Pai por todas as coisas, em nome de nosso Senhor Jesus Cristo. Sujeitem-se uns aos outros, por temor a Cristo.

EFÉSIOS 5.1-21

O pequeno Benjamin foi deixado num apertado quarto de orfanato cheio de berços e de crianças sem pais. Raramente saía para brincar e chamava o único homem que trabalhava naquele local — um guarda — de pai.

Um dos seis milhões de órfãos de seu país, Benjamin tem uma história infelizmente comum numa nação devastada pela fome e pela pobreza. Sua mãe, uma pobre camponesa estuprada pelo irmão do namorado, deu à luz Benjamin numa cultura que não lhe conferia valor, uma vez que não tinha pai nem herança. A superstição afirma que meninos como Benjamin se tornam assassinos e criminosos na idade adulta. São vistos como uma mancha na família e em geral são abandonados.

O fato de Benjamin ter ido parar num orfanato é uma ação da graça de Deus. Sua mãe, confrontada com a pressão familiar e sem nenhuma possibilidade de cuidar do menino, queria levá-lo a uma floresta e deixá-lo ali para morrer — prática comum em sua cultura. Pela graça de Deus, os anciãos da tribo de sua aldeia impediram-na de agir, receosos de que o governo fosse informado e lhes causasse problemas. Em vez de abandonar Benjamin na floresta, levaram-no a um orfanato, não para que ele tivesse uma vida melhor, mas para remover a mancha da família.

Recentemente, um amigo fez uma viagem à aldeia de Benjamin. Meu amigo e a esposa efetuaram o processo de adoção de Benjamin e o trouxeram empolgados para casa a fim de apresentá-lo às duas irmãs mais velhas.

Meu colega explica como tudo começou: "A pobreza era severa — horrenda. Nunca tinha visto crianças da idade de minhas filhas mendigando com tanta agressividade. Aquilo calou fundo em mim, e Mateus 25.40 ganhou vida — a maneira como tratamos a menor daquelas crianças é a maneira como tratamos Jesus. Elas eram o coração de Jesus. Fazendo par com minha experiência de salvação na África em 2005, que também abriu meu coração para aquele país, esse processo de adoção constitui o acontecimento mais impactante da minha vida".

Em decorrência de suas viagens, meu amigo soube da horrível situação de muitos dos órfãos daquele país. "Parte dos órfãos que vagam pelas ruas estão ali como consequência da morte de seus pais por HIV, mas o restante vem de famílias que enviam aquelas crianças às ruas para a morte, literalmente. A maioria acaba falecendo ou recorrendo à prostituição infantil."

Ainda que incapazes de salvar a todos, meu amigo e sua esposa decidiram adotar ao menos um daqueles meninos e fazer o possível para resgatá-lo de uma vida tão horrível. Foi assim que conheceram e amaram o pequeno Benjamin, agora integrante de uma família amorosa. Meu amigo relata como o processo de adoção o ajudou a entender melhor o evangelho de Jesus.

"Benjamin estava condenado, sem nada ter feito para tal", diz esse meu amigo. "E ele não podia salvar a si mesmo. Alguém precisava fazê-lo. A ilustração da adoção é a história de Jesus. Nós somos todos pecadores, mas pela graça de Deus temos salvador e salvação mediante Jesus. Não é algo que conquistamos. É graça pura. Cem por cento. Há mais de seis milhões de órfãos naquele país, e Benjamin é um dos poucos que conseguirá sair dessa situação. Ele terá uma vida de bênção a qual ele não merece e pela qual não pagou. Ele terá uma família na igreja que o ama e aprenderá sobre Jesus de uma forma que, do contrário, seria impossível."

Tal como Benjamin foi adotado por seu novo pai celestial, nós somos adotados por nosso Pai espiritual em Cristo.

Adotados por Deus

A história de Benjamin não é diferente da de muitas crianças na época do Novo Testamento.[1] Ao longo de todo o Império

Romano, crianças eram espancadas duramente e até jogadas no lixo ou num monte de esterco para morrer ou ser levadas por alguém a fim de ser usadas como escravas, prostitutas, gladiadores, ou algo pior.

Tamanha era a mortalidade infantil que apenas metade das crianças sobrevivia ao seu quinto aniversário, e menos de 40% vivia até completar vinte anos. Consequentemente, uma família precisaria gerar cinco filhos para que dois chegassem à vida adulta, e a maioria dos casais costumava esperar até o oitavo ou nono dia após o nascimento do filho para nomeá-lo, pois o esforço não compensava enquanto não se certificassem de que a criança sobreviveria.

O infanticídio também era comum, sobretudo entre meninas e crianças deficientes. Entre os métodos usados estavam o abandono no deserto, o ato de amarrar a criança a uma rocha e lançá-la num rio, e até mesmo a asfixia.

Nessa cultura de abandono e infanticídio, as adoções aconteciam por parte da classe abastada. Em geral, porém, suas motivações não eram nobres; antes, visavam principalmente ao benefício próprio.

> Neste contexto da Roma antiga, a adoção não dizia respeito a bebês e casais sem filhos desejosos de constituir família. No lugar disso, os adotados eram geralmente adultos, e a adoção consistia antes de tudo numa disposição legal que proveria um herdeiro para receber uma herança e integrar um novo lar com todos os seus privilégios e responsabilidades.[2]

Dito de modo mais simples, os líderes políticos que precisavam proteger grandes impérios ocasionalmente adotavam um herdeiro adulto, com o intuito de estender a grandeza de seu legado para além de sua vida. "Tanto assim que todos os imperadores da dinastia júlio-claudiana adotaram 'filhos'. Embora tivesse um filho biológico com Júlia Agripina, Claúdio adotou Nero, então com 12 anos, e o tornou herdeiro de sua dinastia".[3]

Em meio a isso tudo, os cristãos começaram a agir de modo contracultural, adotando crianças por razões bem diferentes dessas das classes abastadas. Em sua maioria pobres, os cristãos começaram a adotar crianças abandonadas. Por que eles faziam isso?

A resposta está na comparação que Paulo traça entre o evangelho e a adoção. Vivíamos "na desobediência" (Ef 2.2), mas agora somos co-herdeiros com Cristo (Rm 8.17). Paulo conecta o tema central da adoção à base de todas as Escrituras — Jesus (ele próprio um filho adotado por seu pai terreno, José) e sua obra na cruz por nós. A adoção é um conceito maravilhoso a ser biblicamente investigado.

No Antigo Testamento, Deus descreveu seu relacionamento com a nação liberta de Israel como sendo ele Pai de seu primeiro e favorito filho (Êx 4.22; Os 11.1). A verdade é que todos a quem Deus chama de filhos foram adotados em sua família. Mesmo Abraão, o patriarca dos judeus, era um gentio antes de ser adotado por Deus (Dt 32.10; Ez 16.3; Rm 9.4). Nenhum de nós é filho por natureza com direito à graça do Pai.

No Novo Testamento, Paulo selecionou esses temas do Antigo Testamento e os ampliou, explicando que, por meio da fé em Jesus Cristo, o irmão mais velho, os que não descendem fisicamente de Israel são espiritualmente adotados na família de Deus (Rm 8—9; Gl 4). Para nós, leitores modernos, é desafiador imaginar o significado das palavras de Paulo. Como escreveu Russell Moore: "Temos dificuldade em captar a força do conceito de 'irmãos', visto que quase nenhum de nós pensa em si mesmo como 'gentio'. Parece-nos um enfadonho 'termo bíblico'".[4] Todavia, é benéfico refletir acerca dessa ideia revolucionária.

Imagine que você é um novo cristão gentio recém-saído do paganismo e descobre que

> no livro que, na sua visão, é a Palavra de seu Deus, pessoas como você parecem ser referidas como "os outros". Tudo bem, às vezes vocês

> também são chamados de "estrangeiros e forasteiros" no bom sentido. Na maior parte, contudo, são os vilões da história, denominados Golias, Nabucodonosor ou Jezabel. Gente do seu tipo tem a cabeça cortada pelos mocinhos da história, ou então é afogada pelo próprio Deus. Você é aquilo que eles chamam de "gentio".[5]

Sob essa perspectiva, é possível imaginar quão encorajador era ouvir as palavras de Paulo: "Não há judeu nem grego, [...] pois todos são um em Cristo Jesus" (Gl 3.28).

Adotados por um Pai

O pai exerce uma das influências mais significativas na vida de alguém. Grande parte da nossa vida é determinada por quem nosso pai é e como ele se comporta. Por exemplo, o pequeno Benjamin traz em sua certidão de nascimento as palavras "negado pelo pai". Agora, porém, ele possui um novo pai que o adotou com todos os recursos e disposição para transformar sua vida e seu destino. Ele terá uma vida muitíssimo diferente da que poderia ter.

Benjamin nunca poderia declarar-se parte da família de meu amigo. A adoção é uma questão jurídica e, como pai, meu amigo tinha de decidir legalmente adotar Benjamin em sua família — algo que ele fez com alegria e amor. O fato é que, assim ocorreu com o pequeno Benjamin, nós não podemos entrar à força na família de Deus. Na realidade, Deus Pai, em seu amor, nos adota como filhos e filhas mediante a obra de nosso irmão Jesus.

Na maioria das traduções de Efésios, Paulo se refere oito vezes a Deus como pai. Tanto que o livro se inicia falando de "Deus nosso Pai" (1.2) e encerra mencionando "Deus Pai" (6.23). Se você é cristão, Deus Pai escolheu por livre vontade adotá-lo espiritualmente, amá-lo, viver ao seu lado e abençoá-lo. Pense nisso por um momento. Deus não tem obrigações com você, mas tem afeição. Se você não teve um pai terreno decente, agora tem um Pai celestial perfeito. E se você teve um pai terreno decente, agora tem a bênção ainda maior de ter um Pai celestial perfeito.

Adotados mediante um irmão

Em Efésios 1.5, Paulo introduziu este conceito de adoção, dizendo que somos "adotados como filhos por meio de Jesus Cristo".[6] Numa época em que alguns se perguntam se há outros caminhos, salvadores e planos para encontrar salvação, jamais devemos esquecer que nossa adoção espiritual se dá somente "por Jesus Cristo". Não há outro caminho, salvador ou plano pelo qual podemos ser adotados. O Pai escolheu adotar somente os que estão em Cristo. Como foi dito acertadamente: "O Deus da Bíblia não possui, à exceção de Jesus Cristo, filhos 'naturais' ou 'gerados'; todo o restante de nós precisa ser adotado".[7] Jesus sabia disso e prometeu que efetuaria nossa adoção: "Não os deixarei órfãos; voltarei para vocês" (Jo 14.18).

Jesus é o Filho de Deus e nosso irmão mais velho (Mt 3.17; Jo 20.17). Ele é o herdeiro de tudo que pertence ao Pai (Sl 2.7-8). Apenas em Cristo somos adotados e recebemos todos os benefícios e bênçãos que lhe pertencem, pois ele, em sua graça, escolheu partilhá-los conosco (Rm 6.5; Gl 3.16,26-27; 4.4-5).

No Antigo Testamento, o irmão mais velho era o herdeiro da propriedade. No Novo Testamento, Jesus é o irmão mais velho de todos os filhos de Deus, e os filhos de Deus, por estarem "em Cristo", são herdeiros da propriedade de Cristo. É por isso que Paulo chama os cristãos de "co-herdeiros" com Cristo (Rm 8.17).

Nossa herança e nossa condição de herdeiros se devem somente à pessoa e à obra de Jesus. Martinho Lutero assim explica:

> O filho é herdeiro não em virtude de altas realizações, mas em virtude de seu nascimento. Ele é mero recebedor. Seu nascimento, e não seus esforços, faz dele um herdeiro. Exatamente da mesma forma, obtemos as dádivas eternas da justificação, da ressurreição e da vida eterna. Obtemos isso tudo não como agentes, mas como beneficiários. Somos filhos e herdeiros de Deus mediante a fé em Cristo. Temos de agradecer a Cristo por tudo.[8]

Portanto, assim como um filho adotado recebe nova identidade por meio de um novo nome familiar, o mesmo se dá conosco espiritualmente. É por isso que somos chamados de "cristãos". Nossa adoção e identidade se devem somente ao nosso irmão Jesus Cristo. Na cruz ele se tornou órfão em nosso lugar para que, nele, pudéssemos ser adotados.

Adotados com irmãos e irmãs

Na verdade só existem duas famílias neste mundo: a família sob Adão e a família sob Cristo (Rm 5.12-21; 1Co 15.23,45). Em relação à primeira, composta de pecadores por natureza e escolha, Efésios 2.2 e 5.6 dizem que "vivem na desobediência" e Efésios 2.3 os chama de "merecedores da ira". Uma vez que Deus Pai nos adota, passamos de "filhos da desobediência" e "merecedores da ira" para "filhos de Deus". Como escreveu Paulo em Efésios 2.19: "Portanto, vocês já não são estrangeiros nem forasteiros, mas concidadãos dos santos e membros da família de Deus".

O pequeno Benjamin está agora a salvo, em casa, com sua nova família nos Estados Unidos, e tem a alegria de conhecer e conviver com duas irmãs. De igual modo, quando o Pai nos adota espiritualmente, somos adotados numa família com outros irmãos e irmãs. Nós, cristãos, fazemos parte de uma família ampla que carrega o nome de Deus (Ef 3.15).

Talvez o mais interessante sobre o conceito bíblico da família em Cristo seja o fato de que, na época de Paulo, era ilegal chamar alguém de parente íntimo — irmão ou irmã, por exemplo — caso não houvesse relação jurídica estabelecida. Com isso arriscava-se confundir os direitos de herança que, após a morte do indivíduo, só deveriam ser repassados aos familiares íntimos. Para o cristão, no entanto, às vezes nossos relacionamentos na família de Deus são ainda mais íntimos que os que temos com parentes de sangue. Muitos cristãos primitivos viam seus irmãos e irmãs em Cristo como a designação primária para sua identidade e se arriscavam a perder a herança de suas famílias biológicas. Uma mudança assim no modo de pensar e na identidade era incendiária.

Hoje as palavras *irmão* e *irmã* são usadas de modo casual e tiveram seu significado esvaziado. Na época de Paulo, porém, a família era importante, e a posição na família era fundamental. Nós, cristãos, somos co-herdeiros como irmãos e irmãs em Cristo. Imagine as implicações radicais de levar nossos laços familiares a sério! Nas palavras de Russell Moore:

> Que significaria, todavia, se tomássemos a sério a noção radical de sermos irmãos e irmãs? Que aconteceria se a sua igreja visse uma irmã de idade, a quem ninguém chamaria de "descolada", ajoelhada na frente da igreja enquanto ora ao lado de uma garota anoréxica de 15 anos cheia de *piercings*? Que aconteceria se sua igreja visse um milionário branco, vice-presidente de alguma corporação, sendo orientado por um porteiro latino que recebe um salário mínimo, porque ambos sabem que o porteiro tem mais maturidade nas coisas de Cristo?[9]

Adotados com herança

Filho adotado legalmente, Benjamin terá parte nas alegrias e bênçãos de integrar sua família. Um dos muitos benefícios que ele recebe é o direito a uma eventual herança. Isso também é verdadeiro para aqueles que são adotados pelo Pai em Cristo. Efésios 3.6 diz que os gentios são co-herdeiros. Efésios 1.11,14,18 e 5.5 também falam de nossa "herança", que é tanto espiritual como material.

Espiritualmente, a maior dádiva que recebemos é o próprio Deus. Apocalipse 21.3-4 nos concede imagens extraordinárias do dia em que Deus habitará plenamente entre nós:

> Ouvi uma forte voz que vinha do trono e dizia: "Agora o tabernáculo de Deus está com os homens, com os quais ele viverá. Eles serão os seus povos; o próprio Deus estará com eles e será o seu Deus. Ele

enxugará dos seus olhos toda lágrima. Não haverá mais morte, nem tristeza, nem choro, nem dor, pois a antiga ordem já passou".

Jesus é o herdeiro de tudo que pertence ao Pai e escolheu compartilhar sua herança conosco. Quando o reino de Deus for plenamente estabelecido, a herança incluirá um corpo glorificado ressurreto, a entrada no reino (1Co 15.12-28) e novos céus e nova terra (Ap 21.1), ou seja, uma enorme reunião familiar cheia de festa, celebração e adoração à mesa de nosso Pai (Ap 19.9-10).

Atualmente, Benjamin possui uma incrível herança que inclui nova nação, nova família, novo lar e nova igreja. Há alimentos ricos e nutritivos na geladeira, como ele nunca viu antes, e diversão que ele jamais conheceu em sua vida no orfanato. Não é exagero dizer que ele agora vive num mundo inteiramente novo, o qual ele jamais imaginou.

Antes de ser levado para casa, porém, Benjamin ainda era adotado, e embora a herança lhe pertencesse, ele ainda não a tinha recebido por inteiro. As bênçãos de sua adoção começaram quando seus pais adotivos o abraçaram e lhe demonstraram amor no país em que ele nasceu. Sua adoção já tinha se iniciado, mas ela não se completou enquanto ele não chegou ao seu novo lar. Dá-se o mesmo conosco espiritualmente.

Em muitos aspectos, nosso mundo não passa de um imenso orfanato. O Pai nos adotou, mas ainda não nos levou para casa. Ele, no entanto, promete que o fará e, sendo o Pai perfeito, sempre cumpre suas promessas. Como diz Paulo, nós somos "selados em Cristo com o Espírito Santo da promessa, que é a garantia da nossa herança até a redenção daqueles que pertencem a Deus, para o louvor da sua glória" (Ef 1.13-14).

ADOTADOS COM UMA NOVA IDENTIDADE

Talvez o mais importante seja a definitiva transformação de nossa identidade por meio da redenção, passando de criança rejeitada para criança renascida, redimida e refeita em Cristo. A história de Sarah, uma mulher de nossa igreja, ilustra isso de maneira clara e poderosa.

Antes de Sarah nascer, seu pai biológico sumiu. A mãe costumava usar o abandono do pai como arma contra a menina, dizendo que Sarah era "um lixo tão inútil" que o próprio pai não a queria como filha.

O padrasto de Sarah, um homem mau, tinha prazer em atormentá-la fisicamente, muitas vezes forçando-a a comer da tigela do cachorro e a dormir fora da casa. Este é o relato de Sarah: "Passei a infância coberta de hematomas, com ossos quebrados e encolhida num canto. Ele me estuprava diariamente. Meu padrasto, alimentado pelo ódio que minha mãe sentia por mim, prostituiu meu corpo a milhares de homens. Eu sabia como satisfazer um homem sexualmente antes mesmo de aprender a soletrar meu nome".

O abandono de seu pai biológico e o horrível abuso sofrido nas mãos de seu padrasto deixaram Sarah entorpecida e enojada com a ideia da paternidade. "Toda vez que ouvia alguém se referir a Deus como pai, eu me esforçava para não vomitar", diz ela. "Para mim, 'papai' era uma palavra que começava com abandono e terminava em perversão sexual doentia."

Como resultado dos pecados contra ela, Sarah não se via como um ser humano, muito menos como filha de Deus. "Eu estava totalmente convencida de ser inferior a um humano — de ser uma espécie vil e inútil de animal. Por muito tempo acreditei que eu era uma prostituta. Sentia nojo do que me haviam feito e vergonha da imundície em minha alma, algo que nem todos os banhos do mundo poderiam lavar."

Deus, em sua graça, arrastou a adolescente Sarah, que "gritava e esperneava", a um encontro de grupo de jovens. Foi ali que Deus a chamou para si e acendeu uma luz em seu coração. Apesar de salva, Sarah agora tinha um longo caminho a percorrer para entender quem ela era em Cristo. "Passei os anos seguintes tomando consciência de que o ocorrido naquela noite fora real, de que eu era uma cristã e pertencia a Deus, mas não tinha a menor ideia do que isso significava de verdade. Li a Bíblia inteira algumas vezes e não entendi nada. Sentia uma imensa desconexão entre esse Deus sobre o qual eu lia na Bíblia e o sofrimento pelo qual eu havia passado. Eu me perguntava como Deus podia ser bom tendo permitido que tanta coisa ruim acontecesse comigo."

Por fim, Sarah e o marido, em um período difícil no relacionamento, começaram a frequentar nossa igreja. Ali eles se ligaram a um grupo da comunidade, e seu líder recomendou que se aconselhassem com um pastor. Por essa época, Sarah também passou por um grupo de redenção,[10] com reuniões de terapia intensiva que mergulham fundo em questões do passado a fim de aplicar a esperança do evangelho e encontrar cura. "Só posso descrever como milagre o que aconteceu. No último encontro do grupo de redenção, enquanto orava, ouvi as seguintes palavras: 'Deus é bom, eu sou sua filha preciosa, e isso é suficiente'. Deus me fez entender a verdade de sua bondade em meu coração, me abraçou forte e me chamou de filha preciosa. Tudo em minha vida mudou."

"O amor divino é maior e mais poderoso do que a maioria das pessoas se dá conta", diz Sarah. "Deus me resgatou de minha infância infernal, me levou a um lugar seguro, me deu um marido temente a ele, uma linda filha (e outro bebê a caminho!) e uma família na igreja para caminhar comigo pela vida, e ainda transformou meu coração e minha identidade com seu amor. Eu nada fiz para merecer a graça de Deus ou seu amor. Ele me escolheu e me redimiu. Eu não sou uma prostituta suja nem um animal inútil. Eu sou a filha preciosa de Deus." Esse é o poder de encontrar nossa nova identidade como filhos adotados em Cristo.

Agindo como filhos e filhas

Nossa identidade como filhos adotados de Deus significa também transformação em nosso comportamento — obedecendo ao Pai e vivendo de modo a imitar nosso irmão Jesus e seguir seus passos.

Nós nos despimos das coisas do passado (o velho homem) e nos voltamos de coração às coisas que refletem a vida e o caráter de Deus (o novo homem). Deus não nos adota em sua família apenas para nos tirar de um caminho e nos punir com regras severas. Pelo contrário, ele define regras familiares para o nosso *bem*. Nossa carne guerreia contra nosso espírito, dizendo que a vida verdadeira provém de nossa entrega aos nossos desejos decaídos. Deus é mais sábio. A vida verdadeira só é encontrada na alegria santa, no amor e na paz que fluem em nós pela obra do Espírito. Nesta vida, devemos sempre escolher as coisas de Deus, obedecendo ao nosso Pai, fonte de inesgotável alegria e vida.

Segundo o ensino de Paulo, o crente em Cristo desfruta das bênçãos da adoção e se esforça para andar nas obrigações que ela implica. Isso nos leva a Efésios 5.1-21, uma longa lista de coisas que devemos e não devemos fazer. Se fossemos meros moralistas, faríamos uma lista mais ou menos parecida com esta:

Fazer

- Imitar a Deus (5.1).
- Viver em amor (5.2).
- Viver na luz (5.8).
- Discernir o que é agradável ao Senhor (5.10).
- Ser como sábios (5.15).
- Aproveitar ao máximo cada oportunidade (5.16).
- Deixar-se encher pelo Espírito (5.18).
- Cantar e louvar de coração a Deus (5.19).
- Dar graças (5.4,20).
- Sujeitar-se uns aos outros (5.21).

Não fazer

- Envolver-se em imoralidade sexual, impureza e cobiça (5.3).
- Tomar parte em obscenidades, conversas tolas e gracejos imorais (5.4).

- Associar-se com os que praticam tais coisas (5.7).
- Participar das obras das trevas em vez de expô-las à luz (5.11).
- Embriagar-se (5.18).

Você já fez alguma coisa da segunda lista? E quanto tem evitado da primeira lista? Se formos sinceros, assumiremos que todos pecamos e estamos aquém desse padrão. Assim, qual a resposta? A chave para transformar nosso comportamento consiste em conhecer nosso Pai. Em Efésios 5.1, Paulo prefaciou sua lista de coisas a fazer e não fazer, dizendo: "Portanto, sejam imitadores de Deus, como filhos amados". De igual modo ele encerra esta unidade de pensamento em Efésios 5.20, lembrando-nos de nosso "Deus Pai".

Bryan Chapell, professor de teologia prática e presidente do Seminário Covenant, conta que por algum tempo seu filho teve problemas comportamentais. Bryan recorreu a inúmeras táticas para alterar o comportamento do filho, sem sucesso. Por fim ele se deu conta de que não estava aplicando à sua relação com o filho as verdades do evangelho que ele próprio conhecia e ensinava a respeito de nosso relacionamento como filhos e filhas com o Pai — ou seja, que entender quem somos determina o que fazemos.

Em resposta à desobediência do filho, Bryan começou a lhe dizer: "Filho, quero que saiba que eu sou seu pai e o amo. Não importa o que você faça ou diga, eu sempre vou amar você como filho. O modo como você vem agindo não é adequado a um filho. Gostaria que você começasse a agir como um filho amado".

À medida que uma compreensão da identidade de filho amado começou a firmar raiz, Bryan notou uma mudança significativa no comportamento do filho e em sua reação à disciplina. Ao invés de forçar o filho a ser bom para merecer o amor, ele o viu se tornar bom por se saber amado. O mesmo se dá conosco como filhos de Deus.

Seu Pai é perfeito, amoroso, gracioso, misericordioso, paciente, santo, atencioso e generoso. Quanto mais você o conhece por meio das Escrituras, da oração, da música, do culto e do tempo passado com seus irmãos e irmãs em Cristo, mais o ama e dele desfruta. Seus desejos se deslocarão do pecado para a santidade, e cada vez mais você desejará ser como ele. Você amará o que ele ama e odiará o que ele odeia.

Nossa meta como cristãos não é meramente experimentar modificação de comportamento por meio de uma mudança em nossa forma de agir e reagir. Nossa meta primária é conhecer Deus, amá-lo e confiar nele como sendo nosso Pai. No final, tornamo-nos semelhantes àqueles a quem mais amamos. Conforme crescemos em amor por nosso Pai, o Espírito Santo nos ajuda a nos tornar cada vez mais iguais a ele. Como resultado, paramos de pecar e começamos a adorar, não para que o Pai nos ame, mas porque ele já o faz. Nosso irmão Jesus nos ensinou este princípio, dizendo a respeito de si mesmo enquanto estava na terra: "Eu lhes digo verdadeiramente que o Filho não pode fazer nada de si mesmo; só pode fazer o que vê o Pai fazer, porque o que o Pai faz o Filho também faz" (Jo 5.19).

Como viver semelhantemente ao nosso irmão Jesus, fazendo o que vemos o Pai fazer? Da mesma forma que Jesus: deixando-nos "encher pelo Espírito" (Ef 5.18). Ao humilhar a si mesmo assumindo corpo humano, o segundo membro da Trindade se inseriu na história humana como o Deus-Homem Jesus Cristo. Ele viveu como plenamente humano, confiando no poder do Espírito Santo. Possivelmente, os escritos de Lucas são o melhor testemunho dessa verdade.

O poder de Jesus mediante o Espírito Santo é ressaltado repetidas vezes no evangelho de Lucas. Nesse livro, aprendemos que Jesus foi concebido pelo Espírito Santo e recebeu o título "Cristo", que significa "ungido pelo Espírito Santo" (Lc 1—2). Jesus batizou as pessoas com o Espírito Santo (3.16), e o Espírito Santo desceu sobre Jesus em seu batismo (3.21-22). Além disso, Jesus era "cheio do Espírito Santo", "levado pelo Espírito" (4.1-2), andava "no poder do Espírito" (4.14), e a respeito de si mesmo declarou: "O Espírito do Senhor está sobre mim" (4.18; cf. Is 61.1). Ele também falava "exultando no Espírito" (Ef 10.21) e prometeu que Deus Pai "dará o Espírito Santo a quem o pedir" (11.13) e que o Espírito nos ensinaria (12.12).

Em Atos, na sequência do evangelho de Lucas, Jesus disse aos seus discípulos que esperassem para iniciar seu ministério até que o Espírito Santo viesse e lhes concedesse poder (At 1). Adiante no livro, o Espírito Santo desce sobre os cristãos primitivos assim como havia descido em Jesus (At 2). Dessa forma, Deus revela que nos foi dada a capacidade de viver como Jesus mediante o poder do Espírito Santo (embora não perfeitamente, uma vez que permanecemos pecadores).

Ao longo de Atos, o povo de Deus é capacitado pelo Espírito Santo a abranger pessoas e culturas por meio de missões, como fez Jesus. Pessoas foram salvas, igrejas foram plantadas, culturas foram redimidas e o reino de Deus avançou pelo poder de Deus Espírito Santo agindo por intermédio de seres humanos. O mesmo Espírito que capacitou Jesus também nos capacita a viver como Jesus.

Para encerrar, a revelação bíblica de que Deus é Pai, e de que somos seus filhos adotivos, é uma verdade mais desesperadamente necessária do que nunca.[11] O sociólogo Christian Smith conduziu enormes projetos de pesquisa para estudar a cultura e a espiritualidade. O primeiro estudo foi o maior já realizado sobre a espiritualidade dos adolescentes, culminando na obra *Soul Searching: The Religious and Spiritual Lives of American Teenagers* [Sondagem da alma: a vida religiosa e espiritual dos adolescentes americanos]. Na sequência, empreendeu um estudo da espiritualidade dos jovens adultos após o ensino médio, o que resultou na obra *Souls in Transition: The Religious and Spiritual Lives of Emerging Adults* [Almas em transição: a vida religiosa e espiritual de jovens adultos]. Sua pesquisa concluiu que a maioria dos adolescentes e dos jovens adultos se apega ao que ele chama de Deísmo Moralista Terapêutico (DMT). A ideia básica é a seguinte:

1. Existe um deus que criou o mundo mas vive muito distante. Ele observa a vida na terra, mas não se envolve de nenhuma maneira significativa, e nós não encontraremos este deus sem nome nem rosto a menos que vivamos uma vida boa, de modo que possamos ir para o céu (deísmo).
2. Não somos pecadores que precisam de um salvador, e sim, na essência, boas pessoas. Cada indivíduo deve viver uma vida moral, sendo bom, justo e gentil com os outros, conforme ensinado na Bíblia e na maioria das religiões e ideologias. Todas as religiões ensinam basicamente a mesma mensagem moral (moralismo).
3. O objetivo central da vida é ser feliz e se sentir bem. Assim, devemos reunir as informações que nos concedem ânimo e poder e integrá-las de forma que funcionem para nós. Então poderemos tomar boas decisões e ter uma boa vida da qual sentiremos orgulho e felicidade (terapêutico).

Essa visão generalizada de Deus por parte dos jovens infelizmente se assemelha à de muitos de seus pais terrenos. Na visão deles, Deus é na essência um pai que deixou a família quando eles eram jovens demais para sequer recordar dele. Ainda assim, ele é um sujeito decente, e apesar de não o conhecermos e de ele não aparecer para uma visita, ele quer que sejamos boas pessoas e tenhamos uma boa vida.

O Deus Pai revelado nas Escrituras é muitíssimo melhor que o deus falso inventado por nós, órfãos confusos. Louvado seja Deus! Nós somos adotados por um Pai que nos ama, importa-se conosco e, conforme necessário, nos disciplina para o nosso bem (Pv 3.12; Hb 12.6). Somos herdeiros de tudo que pertence a Cristo, filhos e filhas de Deus plenamente privilegiados e completamente adotados em Cristo, com o melhor Pai possível!

CAPÍTULO 14

Eu sou amado

> Mulheres, sujeite-se cada uma a seu marido, como ao Senhor, pois o marido é o cabeça da mulher, como também Cristo é o cabeça da igreja, que é o seu corpo, do qual ele é o Salvador. Assim como a igreja está sujeita a Cristo, também as mulheres estejam em tudo sujeitas a seus maridos.
>
> Maridos, ame cada um a sua mulher, assim como Cristo amou a igreja e entregou-se por ela para santificá-la, tendo-a purificado pelo lavar da água mediante a palavra, e para apresentá-la a si mesmo como igreja gloriosa, sem mancha nem ruga ou coisa semelhante, mas santa e inculpável. Da mesma forma, os maridos devem amar cada um a sua mulher como a seu próprio corpo. Quem ama sua mulher, ama a si mesmo. Além do mais, ninguém jamais odiou o seu próprio corpo, antes o alimenta e dele cuida, como também Cristo faz com a igreja, pois somos membros do seu corpo. "Por essa razão, o homem deixará pai e mãe e se unirá à sua mulher, e os dois se tornarão uma só carne." Este é um mistério profundo; refiro-me, porém, a Cristo e à igreja. Portanto, cada um de vocês também ame a sua mulher como a si mesmo, e a mulher trate o marido com todo o respeito.
>
> EFÉSIOS 5.22-33

Kimberly nasceu numa família em que a mãe e o pai abusavam do álcool e de si mesmos, além disso viviam gritando e se machucando fisicamente. "Eu achava que amor tinha a ver com bater no outro e berrar o tempo inteiro", diz Kimberly. No fim, ambos tiveram casos e se divorciaram, e a mãe acabou tendo de cuidar dela e de suas quatro irmãs menores.

Após o divórcio, a mãe mudou o nome dos filhos a fim de escondê-los do pai. Nesse tempo, Kimberly a viu passar por oito maridos e inúmeros outros homens. "Alguns até mesmo se revezavam entre minhas irmãs e eu", conta ela. "Chegamos bem perto de cometer incesto. Minha mãe tinha múltipla personalidade e nos batia com frequência, ou então nos abandonava durante semanas para fugir com algum homem. Eu me lembro de pensar, ainda bem jovem, que me tornaria uma *stripper* ou prostituta quando moça. Acho que tinha apenas sete ou oito anos nessa época."

A jovem Kimberly sonhava com um cavaleiro heroico que a resgataria dos abusivos maridos e namorados de sua mãe. "Eu nunca mais teria de ouvir que eu era uma inútil", diz ela. Aos 15 anos, foi expulsa de casa pela mãe. Tímida, assustada e sozinha, Kimberly apaixonou-se pelo primeiro rapaz que lhe deu atenção e, aos 16, se viu sem lar e grávida.

Ela me contou como se sentia naquele tempo: "Eu era uma perdedora. Não tinha nada nem valia nada, exatamente como dizia minha mãe. Passei a buscar consolo em muitos braços, perdendo a esperança de encontrar meu cavaleiro. Não sabia o que era amor e ninguém nunca me tinha dito que me amava. Por um ano, fui uma jovem mãe que havia sido estuprada, sem lar, estima nem esperança".

Foi então que a vida de Kimberly mudou radicalmente. Uma garota que conhecera no passado a convidou para dormir na casa dela e lhe falou sobre Jesus. "Ela me disse tudo a respeito desse Cristo que morreu por mim e desejava mais para minha vida. Disse que eu era a princesa dele, sua garotinha, e que ele queria cuidar de mim. Eu mal podia acreditar. Ela estava me apresentando ao meu Cavaleiro. Ele me resgatou naquela mesma noite, enquanto meu bebê dormia ao meu lado no chão do quarto."

Ao longo dos anos seguintes, após entregar a vida a Jesus e confiar em seu amor, Kimberly teve seus altos e baixos. Não foi uma estrada fácil. O amor de Jesus, porém, lhe deu esperança e, pela graça divina, ela deixou de compreender o amor como abuso, estupro, incesto e sexo para, então, conhecer a plenitude do amor de Cristo por ela. "Não sou uma inútil", declara. "Tenho grande valor para ele. Não precisava mais barganhar por amor. Eu era amada. Sentia paz e um amor que jamais havia conhecido. Eu sabia que ele tinha um propósito para tudo."

Hoje, Kimberly ainda ama seu Cavaleiro Jesus, e Jesus continua a amá-la. Ele a abençoou com um marido maravilhoso e uma bela família. "Fiquei mais forte em Cristo e conheci um ótimo cristão, com quem me casei e tive seis filhos. Sou uma mãe bem diferente da que eu tive. Amo meus filhos e eles amam o Senhor. Ele concedeu um novo começo a esta família. Sou esperançosa quanto às gerações futuras."

Kimberly é amada por Jesus. E você também é.

Anseio por amor

Todo mundo anseia ser amado. Na cultura popular, o amor é celebrado como um deus. Quase todo filme, livro e programa de televisão contém uma história de amor. Em geral, essas histórias apresentam algumas dificuldades que posteriormente são resolvidas num final feliz. A tensão e a resolução são importantes, uma vez que é inerente ao ser humano evitar a tensão e almejar a paz. Como todos sabemos, porém, a vida é diferente das histórias representadas na tela e nas páginas dos livros.

Nesta vida, somos amados por algumas poucas pessoas; no caso de alguns, por ninguém. E mesmo aqueles que nos amam não o fazem de maneira completa, abnegada, contínua e perfeita. Todavia, existe uma pessoa que nos ama exatamente dessa forma. Em Cristo, somos perfeitamente amados.

Quando a maioria das pessoas pensa no amor, é o casamento que lhes vem à mente. Em Efésios 5.22-23, Paulo se referiu a Jesus como o noivo que tanto ama sua noiva, a igreja, a ponto de morrer por ela. O apóstolo usou esse amor como padrão para o casamento cristão, cuja existência última visa à partilha e à manifestação do amor de Cristo. É isso que Efésios 5.25 quer dizer com "Cristo amou a igreja".

O substantivo *amor* aparece com mais frequência em Efésios do que em qualquer outra epístola paulina, com exceção de 1Coríntios, que é bem maior em tamanho e contém a famosa passagem sobre o amor lida e relida em tantos casamentos. O verbo *amar* aparece conjugado seis vezes só em Efésios 5.25-33. Sempre que alguém diz a mesma coisa seis vezes em poucas frases, seja numa conversa ou numa frase, significa que aquilo é muito importante.

A palavra grega usada em Efésios 5.22-33 e traduzida como "amor" é *ágape*, da qual você já ouviu falar muitas vezes, caso tenha crescido na igreja, pois os pastores e as senhoras da igreja "amam" a palavra *ágape*. Ela é essencial para a mensagem desse trecho bíblico,[1] pois expressa um amor incondicional e irrevogável. Mas *ágape* é mais que um sentimento; esse tipo de amor se manifesta perfeitamente na ação, por vezes até mesmo *a despeito* do sentimento.

Tal conceito se perdeu em nossa cultura. Somos dominados por nossos sentimentos no que tange ao amor, e raramente pensamos nele como incondicional e irrevogável. As pessoas costumam falar de deixar de amar, e os sentimentos perdidos são então usados como desculpas para passar ao próximo companheiro, de modo que o ardor da paixão possa ser sentido novamente. Felizmente, Paulo e outros na Bíblia ensinam que Jesus não nos ama com um amor superficial fundamentado em sentimentos, mas com o profundo e ativo amor *ágape*.

JESUS AMA

Na década de 1960, um teólogo alemão muito proeminente, mas nem sempre ortodoxo, chamado Karl Barth, famoso por se posicionar contra Adolf Hitler, visitou os Estados Unidos para lecionar em Yale, Princeton e na Universidade de Chicago. Multidões vinham em massa para ouvi-lo falar. Durante essa viagem, um repórter perguntou-lhe qual havia sido sua mais importante descoberta teológica. Depois de refletir cuidadosamente sobre a resposta, Barth disse: "Cristo tem amor por mim. Com certeza creio assim". De fato, jamais podemos esquecer essa verdade grandiosa, majestosa, simples e transformadora.

Cristo tem amor por mim. Essa é a base da fé cristã.

O amor de Jesus por nós, a igreja, é chamado de "mistério" (Ef 3.3-4; 5.32). Peter T. O'Brien, estudioso da Bíblia resume assim o importante tema do "mistério": "Efésios foi chamado de a 'epístola do mistério'. Paulo usa o termo seis vezes na carta (Ef 1.9; 3.3,4,9; 5.32; 6.19)".[2] Por "mistério" a Bíblia quer dizer que algo anteriormente desconhecido foi agora manifesto em Jesus Cristo.

O Antigo Testamento trata com frequência do amor de Deus, mas tal amor não era conhecido plenamente, e nem mesmo conhecido amplamente, para além da nação de Israel, antes que ocorresse o maior ato de amor já visto no mundo — a morte e ressurreição de Jesus Cristo em nosso lugar, por nossos pecados, como nosso Salvador amoroso. A Bíblia vincula o conceito do amor de Deus à cruz de Jesus Cristo, onde o mistério do amor de Deus foi revelado de maneira mais patente. Foi o que Paulo disse em Efésios 5.25: "Cristo amou a igreja e entregou-se por ela". Outras passagens das Escrituras ressoam essa verdade e demonstram claramente que o amor de Deus não pode ser entendido à parte da cruz de Cristo:

- João 15.13: "Ninguém tem maior amor do que aquele que dá a sua vida pelos seus amigos".
- João 3.16: "Porque Deus tanto amou o mundo que deu o seu Filho Unigênito para que todo o que nele crer não pereça, mas tenha a vida eterna".
- Romanos 5.8: "Mas Deus demonstra seu amor por nós: Cristo morreu em nosso favor quando ainda éramos pecadores".
- 1João 4.9-10: "Foi assim que Deus manifestou o seu amor entre nós: enviou o seu Filho Unigênito ao mundo, para que pudéssemos viver por meio dele. Nisto consiste o amor: não em que nós tenhamos amado a Deus, mas em que ele

nos amou e enviou seu Filho como propiciação pelos nossos pecados".

Às vezes ficamos tão sobrecarregados por nosso pecado, sem vislumbrar nossa identidade em Cristo, que sofremos para crer que Deus de fato nos ama pessoalmente. Acreditamos que Deus ama o mundo, ou alguns indivíduos específicos, mas temos dificuldades em acreditar que ele nos ama. É por isso que sofremos para aceitar que o amor de Deus é graça pura, imerecida e gratuita. Em vista dessa dúvida Paulo repete uma verdade libertadora: Jesus ama você. Ele não pode amá-lo mais. Ele não o amará menos!

Outras vezes temos tão pouca familiaridade com nosso pecado, em geral por não pensar nele de modo honesto nem senti-lo de forma pessoal, que não apreciamos o amor de Deus. Não nos preocupamos em relembrar que o amor divino não se dirige a quem não o merece, mas aos que tudo fazem para desmerecê-lo. Somos todos pecadores que, em vez de receber a merecida morte e o inferno, ganham vida, céu e amor por meio de Jesus. A verdade é que merecemos menos amor do que poderíamos imaginar e, no entanto, Jesus nos ama mais do que poderíamos sonhar.

Com efeito, o amor de Jesus é algo que podemos conhecer verdadeiramente, mas não de modo pleno. Minha filha mais nova, que aprecia poesias, gosta de dizer que me ama "maior que o céu e mais fundo que o oceano". O amor de Jesus é algo assim — visto e apreciado, porém jamais explorado por completo. Nas palavras de Paulo:

> Por essa razão, ajoelho-me diante do Pai, [...] para que Cristo habite no coração de vocês mediante a fé; e oro para que, estando arraigados e alicerçados em amor, vocês possam, juntamente com todos os santos, compreender a largura, o comprimento, a altura e a profundidade, e conhecer o amor de Cristo que excede todo conhecimento, para que vocês sejam cheios de toda a plenitude de Deus.
>
> Efésios 3.14,17-19

Sou cristão desde meus 19 anos, mais que a metade da minha vida, e posso dizer honestamente que continuo a cada dia aprendendo mais e mais do amor de Jesus. Outros cristãos conhecidos meus, que foram amados por Jesus e o amam há mais de noventa anos, relatam a mesma coisa. De fato, o amor de Cristo é tão profundo e tão amplo que nós, cristãos, passaremos a eternidade toda nadando continuamente nesse oceano.

Como Jesus ama

A verdade simples, mas profunda, é esta: Jesus ama a igreja como um noivo ama sua noiva. De todas as ilustrações e metáforas que Paulo poderia ter escolhido, essa talvez seja a que se conecta mais efetivamente à afetividade e emoção do coração.

Na próxima vez que estiver num casamento, folhear uma revista de noivas ou avistar um casal apaixonado, assuma como compromisso divino que se lembrará de que Cristo ama a igreja, incluindo você, como a uma noiva.

Ainda me lembro da cerimônia de meu casamento e regularmente revejo as fotografias daquele dia. Sempre que vejo o rosto de minha esposa nas fotos, sorrio com afeto e carinho ao lembrar o dia em que nossa relação pactual teve início e todos os dias desde então. Eu amo minha esposa. Eu não a amo de modo tão perfeito quanto Jesus, mas saber que ele sente tamanha devoção por mim quanto eu sinto por ela, só que de maneira infinita e perfeita, pegando o melhor de meu amor e o aperfeiçoando, é de transformar a vida.

Essa ilustração do povo de Deus como uma noiva e Deus os amando como um noivo tem origem no Antigo Testamento. O casamento de Oseias com a adúltera Gômer atua como um retrato profético da fiel devoção de Deus por seu povo, mesmo quando este lhe é infiel. A ilustração do noivo aparece em vários outras passagens do Antigo Testamento (Is 54.5; 58.8; 61.10; 62.5; Jr 2.2; 3.6; Ez 16), prosseguindo até o final da Bíblia (At 18.23; 22.17). De fato, a promessa é que a história terminará com um casamento sem precedentes, melhor que a cena de qualquer filme; Jesus, vestido de branco, subirá num cavalo branco para desposar sua noiva, também adornada em branco, e eles festejarão e celebrarão sua nova vida juntos para todo o sempre (Ap 19.1-16). Com efeito, toda festa de casamento e todo vestido branco de noiva é um lembrete profético da ceia das bodas do Cordeiro.

Para a maioria das mulheres, a imagem de Jesus como um noivo que as ama ternamente, que sai em busca delas, que as perdoa, as serve e lhes é fiel é de grande auxílio. Foi assim com Kimberly, que esperava desesperadamente por um cavaleiro para resgatá-la e amá-la, e ela o encontrou em Jesus. Para a maioria dos homens, contudo, esta é uma imagem difícil de conceber, visto que, compreensivelmente, os homens não gostam de se imaginar como noivas num vestido branco. Eu gostaria de lembrar aos homens que, ao falar da noiva de Cristo, a Bíblia nunca se refere a indivíduos, mas sempre ao povo coletivo de Deus: a igreja. Assim, não vamos nos relacionar com Jesus num sentido pessoal romântico, mas sim, como parte da igreja, em submissão, confiança e respeito à sua liderança.

Cinco maneiras de Jesus amar a igreja

Paulo nos ensina cinco maneiras de Jesus demonstrar amor pela igreja.

1. Como *cabeça*, Jesus tomou o pecado de nossa culpa e o tornou sua responsabilidade. Ao morrer em nosso lugar por nossos pecados, Jesus assumiu nosso castigo. Na prática, isso significa que Deus jamais punirá aqueles que estão em Cristo. Certamente colheremos as consequências de nosso pecado nesta vida, e, sendo um Pai amoroso, Deus nos disciplinará para nosso bem e nosso crescimento, mas nunca por castigo. O preço por nosso pecado foi pago de uma vez por todas em Jesus, pois, como nosso líder e cabeça, ele nos tornou responsabilidade sua e nos amou de forma incondicional.

2. Como *salvador*, Jesus nos liberta dos destinos horrendos resultantes de nosso pecado. O pecado produz morte de todas as formas imagináveis. Saúde, alegria, amizades, famílias e abundância, tudo morre por causa do pecado, e um dia morreremos fisicamente por causa do pecado. Como salvador, Jesus nos liberta de misérias e tragédias incontáveis que nosso pecado causaria em nós e nos outros, e nos promete vida nova e eterna nele no porvir. Uma vez que Jesus é nosso Salvador, não precisamos confiar tolamente em salvadores falsos e funcionais, tampouco perder a esperança, mesmo na pior das situações.
3. Como *doador*, Jesus deu a si mesmo por sua noiva. Seu conforto, segurança e bem-estar não eram sua prioridade. Com humildade, abriu mãos de seus direitos e de sua vida no serviço à sua noiva, a igreja. Hoje, Jesus permanece o mesmo e continua a dar generosamente de si para o nosso bem.
4. Como *santificador* e *purificador*, Jesus é paciente conosco, jamais desiste de nós e sempre busca nos tornar mais santos. Ele não está cansado de você, cheio de você ou irritado com você. Jesus o está santificando e purificando e tem esperanças em você. Ele não concluiu o trabalho em sua vida e nem concluirá até que você o veja face a face como um amigo.
5. Como *consolador* e *nutridor*, Jesus ama você e o restante de seu povo de maneira entusiástica, não a contragosto ou com lamentos. E ele sempre nos revela, por meio das Escrituras, as áreas em que deseja nos ajudar a crescer e mudar. Ele não faz isso à distância, com exigências, mas sim inserindo com amor a vida dele em nós, mediante o Espírito Santo.

Jesus ama a igreja e ama você, que faz parte da igreja. Como pastor, estou perfeitamente ciente de que a igreja e seus líderes são pecadores imperfeitos que necessitam da graça de Deus para tudo, todos os dias. Sei também que a igreja às vezes pode parecer o lugar menos amável da terra. Mas Jesus ama a igreja e se entregou por ela. Nós devemos igualmente amar a igreja e nos entregar por ela caso desejemos de fato amar a quem Jesus ama. Agindo assim, presenciaremos o amor de Jesus não só por nós, mas também pelos outros. É maravilhoso o fato de que na igreja, a noiva pecaminosa e muitas vezes má, o grande mistério do amor de Jesus seja visto com mais clareza. Portanto, eu lhe peço, não desista da igreja; antes, entregue-se a ela, como fez o próprio Jesus.

Às vezes as coisas mais simples são as mais profundas. Assim é o amor de Jesus Cristo. Seu amor nos livra, nos liberta e nos transforma. Em cada um de nós existe um desejo profundo de ser amado, e somente Jesus proporciona amor perfeito. Talvez a melhor forma de entender o amor de Deus pela igreja consista em inserir o nome dele no lugar da palavra *amor* em cada declaração de 1Coríntios 13.4-8:

Jesus é paciente e bondoso.
Jesus não sente inveja.
Jesus não se vangloria.
Jesus não se orgulha.
Jesus não maltrata.
Jesus não procura seus interesses.
Jesus não se ira facilmente.
Jesus não guarda rancor.
Jesus não se alegra com a injustiça, mas se alegra com a verdade.
Jesus tudo sofre, tudo crê, tudo espera, tudo suporta.
Jesus nunca perece.

Maridos e esposas

Muitas vezes, as pessoas que acreditam não ser amadas sentem tanto desespero e necessidade de amor que usam outros para satisfazer esse anseio. Tais indivíduos são permissivos para com os outros, toleram abusos e precisam estar sempre num relacionamento romântico ou numa amizade intensa; do contrário, correm o risco de se perder emocionalmente. Os psicólogos diagnosticaram essa condição como *fome de amor*, *vício de amor* e *vício de relacionamento.*

Num sentido espiritual, o vício em relacionamentos constitui de fato um ídolo. Ao invés de fazer de Jesus tudo em sua vida, os viciados em relacionamentos tornam o amor de alguém um ídolo. O problema é que nossos ídolos sempre nos decepcionam, e então demonizamos aqueles a quem idolatramos. No final, o amor de Jesus é o único amor perfeito que satisfaz nosso anseio profundo. Uma vez que conhecemos seu amor, paramos de usar as pessoas e o amor que elas oferecem e começamos a amá-las como Jesus nos ama. Essa era a grande ideia de Paulo em Efésios ao deixar de falar do amor de Jesus por sua noiva, a igreja, para falar de maridos que amam suas esposas como Cristo ama a igreja.

Efésios 5.22-23 trata dos deveres da esposa cristã, que se submete respeitosamente ao seu marido como faz a igreja a Cristo, e dos deveres do marido de amar sua esposa como Cristo ama a igreja. É importante notar que Paulo não estava falando sobre homens e mulheres em geral no que concerne à submissão, mas sim enfocando estritamente um homem e uma mulher no contexto do pacto matrimonial. Além disso, quando Paulo discorre sobre submissão, ele não fala sobre a obliteração de si mesmo, mas sim do respeito à liderança. Por exemplo, Jesus mostrou perfeita submissão no jardim do Getsêmani orando ao Pai e partilhando seus sentimentos e desejos ("Afasta de mim este cálice") e, no entanto, respeitou a vontade do Pai ("contudo, não seja o que eu quero, mas sim o que tu queres") (Mc 14.36).

Existem inúmeros artigos, sermões, *blogs*, livros, conferências e organizações para interpretar e debater o que Paulo e outras passagens bíblicas pretendem dizer com o conceito de submissão. Meu propósito neste capítulo, entretanto, não é ir demasiado a fundo no debate, pois se trata de um assunto muito importante e complexo para uma explanação tão breve.[3] A quem se interessar sobre minhas crenças a respeito dos papéis dos gêneros, tenho uma série de sermões, artigos e *blogs* gratuitos, os quais você está convidado a acessar.[4]

O que desejo enfatizar é bem simples. Jesus é o cabeça da igreja e assume a responsabilidade por seu bem-estar ao amá-la e servi-la de modo sacrificial. O marido é o cabeça de sua esposa e deve igualmente assumir a responsabilidade por seu bem-estar ao amá-la e servi-la de modo sacrificial. Dessa forma, a esposa é como um jardim, e o marido, um jardineiro. A questão não é se o marido deve ou não ser o cabeça de sua casa, uma vez que a Bíblia diz repetidas vezes que ele o é, assim como Jesus é o cabeça da igreja. A única pergunta real é se ele é um bom líder, cuja esposa vem florescendo por causa do amor de Jesus a ela por meio de seu marido. No contexto do casamento, a esposa é quem decide se o marido a está amando bem ou não, e o marido decide se está sendo bem respeitado. Em última análise, contudo, Deus é o juiz final; portanto, nossos conceitos acerca de tais coisas devem estar alinhados à sua Palavra. Essa era a intenção de Paulo ao escrever: "Sujeitem-se uns aos outros, por temor a Cristo" (Ef 5.21).

Este princípio também se aplica aos solteiros, que compõem a maioria dos adultos em muitos países. Homem solteiro, sua conduta espiritual, financeira, emocional, mental e sexual já demonstra seu amor por sua futura esposa? Seu amor a Jesus vem aumentando e você se porta de tal maneira que, ao encontrar sua esposa, ela saberá que você a amou antes mesmo de conhecê-la? Ao invés de se lançar a namoricos e fornicações, você poderia estar orando, servindo e adorando.

Mulher solteira, sua vida hoje é uma demonstração de amor por Jesus e de respeito por seu futuro marido? Quando você conhecer seu marido, ele considerará que suas roupas, suas companhias e sua vida atuais denotam respeito a Jesus e, com efeito, a seu próprio esposo? De fato, amar a Jesus nos ajuda a amar nosso cônjuge antes mesmo de conhecê-lo.

Um amigo me demonstrou isso talvez da forma mais patente. No final da adolescência, ele queria se casar, mas sabia que era facilmente possível se envolver no pecado e em confusão. De modo deliberado, tornou-se membro ativo na igreja, juntou-se a um pequeno grupo com alguns casais mais velhos com quem pudesse aprender e trabalhou duro em seu emprego com o intuito de guardar dinheiro para o casamento. Nesse ínterim, não teve namoros casuais; antes, permaneceu puro sexualmente e começou a registrar orações, passagens bíblicas e pensamentos para sua esposa, confiando que um dia Deus lhe concederia uma companheira para ele amar como Cristo amou a igreja.

Ele finalmente conheceu uma garota, namorou-a e a pediu em casamento. Ela disse sim. Meu amigo e sua noiva passaram por aconselhamento pré-nupcial na igreja, ouviram o parecer de seus familiares e amigos tementes a Deus e, por fim, casaram-se. Como presente de casamento, ele deu a ela o diário que havia mantido por alguns anos. Não é de surpreender que ela tenha se sentido incrivelmente amada e chorado muito ao ler, página após página, o relato de como ele amava Jesus e a ela antes mesmo de se conhecerem.

Para amar sua esposa em aspectos diversos, o marido deve ser amigo dela tal como Jesus é amigo dele. Minha esposa, Grace, e eu escrevemos um livro inteiro sobre casamento chamado *Real Marriage* [O casamento verdadeiro], cuja ideia predominante é a amizade. Quando uma esposa lê que o marido deve amá-la como Jesus, é como se ela ouvisse Deus revelando o desejo de que seu marido seja seu amigo amoroso. E ela está certa.

A ideia da amizade no casamento, exemplificada na amizade de Jesus por nós e conosco, foi revolucionária para Grace e para mim, sem falar nos que leram o livro. Não é uma ideia original, mas é poderosamente apreciada, pois é ideia de Deus.

Para divulgar o conteúdo do livro, Grace e eu partimos numa viagem por inúmeras cidades, ensinando em conferências de fins de semana para casais e solteiros, em igrejas que creem na Bíblia e amam a Jesus. Em todo evento, vi pessoas em busca de Jesus, casais reconciliados, pecados perdoados e divórcios evitados por causa do amor de Cristo. Foi incrível.

Enquanto escrevo este capítulo, estou em Fort Lauderdale, Flórida, recém-saído de um evento Real Marriage. Na noite passada, liguei o noticiário no hotel e fiquei desolado com uma história que correu o mundo.[5] A notícia informava que um jovem chamado Mike e sua esposa, Alanna, grávida de sete meses, estavam de férias naquela região. Após entrarem num quiosque junto à piscina, ocorreu a tragédia. Um carro perdeu o controle e colidiu com o sanitário onde estava Allana, matando-a, bem como ao bebê, de imediato. Orei por aquele moço antes de ir para a cama ontem à noite.

Hoje pela manhã, ao acordar para escrever este capítulo, não sabia como terminá-lo. Então recebi um *e-mail* que me contava o restante da história de Mike e Allana.

Mais de três mil pessoas haviam se juntado a nós para o evento Real Marriage no dia anterior, e o momento mais emocionante do encontro se deu quando os homens se levantaram para prestar este juramento:

Minha igreja será servida por mim.
Minha esposa será amada por mim.
Minha esposa será servida por mim.
Minha família será guiada por mim.
Minha esposa estará sempre presente em minhas orações.
A Bíblia será aberta em nosso lar por mim.
E meus netos adorarão o mesmo Deus que eu, pois meus filhos adorarão o mesmo Deus que eu.

Após afirmar este voto, os maridos passaram um tempo orando por sua esposa em amor. Era possível ouvir o som de mulheres chorando. Foi algo poderoso. Em muitos casos, mulheres viam o marido tornar-se cristão ali mesmo e orar por elas pela primeira vez. O amor de Jesus e o amor do cônjuge se juntaram num momento sagrado.

Mike foi um dos homens que prestaram o voto e oraram. Ele e Allana tinham vindo de Boston. Seu pastor, que faz parte da rede de plantação de igrejas Atos 29, os enviara ao evento; ele vinha pregando uma série de sermões chamada "Eu faço", em conjunto com a leitura de *Real Marriage.* Como parte da série, a igreja generosamente ofereceu passagens a dois casais para que participassem do evento Real Marriage em Fort Lauderdale.

Alanna queria muito participar e, por amor à esposa, Mike concordou. Ela era uma cristã idônea, ativa na igreja; conduzia um pequeno grupo e, segundo todos os relatos, era uma mulher amável, graciosa e maravilhosa. Ele estava em sua jornada de fé e, ao levantar-se para prestar o voto e orar, sua amável esposa lhe disse que aquele era o dia mais feliz de sua vida.

Eles deixaram a conferência e retornaram ao hotel, apaixonados e animados quanto ao futuro juntos. Ambos entraram no sanitário, mas apenas Mike saiu com vida. Tive a oportunidade de conversar com o pastor e com o viúvo enlutado, e de orar por ele.

A vida de Mike tinha acabado de virar de cabeça para baixo. Num instante aquele que fora o melhor dia da vida de sua esposa transformou-se no pior dia da vida dele. Foi uma honra conversar com Mike e ouvir como a família e os amigos lhe davam apoio.

A trágica história de Mike e Allana nos serve como poderoso lembrete. Não sabemos quando será nosso último dia. No que concerne ao casamento, gastamos dinheiro e fazemos planos para que o primeiro dia seja perfeito. Mas a verdade é que o último dia é o mais importante. Nenhum de nós sabe qual será o último dia de nossa vida ou da vida de alguém que conhecemos e amamos. Enquanto eu me afligia profundamente com — e por — Mike, fiquei feliz pelo fato de o último dia de sua esposa ter sido o melhor da vida dela. Ela foi amada por seu marido e acolhida no céu por Jesus.

Hoje, na providência de Deus, sinto-me compelido pelo Espírito Santo a incentivar você a ter um senso de urgência quanto a fazer crescer a amizade com seu cônjuge — se você for casado — e com Jesus. Se ainda não é um cristão, hoje é o dia de entregar sua vida a Jesus. E hoje é o dia de começar a amar seu cônjuge, pela graça de Deus, como Jesus ama a igreja.

CAPÍTULO 15

Eu sou recompensado

Filhos, obedeçam a seus pais no Senhor, pois isso é justo. "Honra teu pai e tua mãe" — este é o primeiro mandamento com promessa — "para que tudo te corra bem e tenhas longa vida sobre a terra".

Pais, não irritem seus filhos; antes criem-nos segundo a instrução e o conselho do Senhor.

Escravos, obedeçam a seus senhores terrenos com respeito e temor, com sinceridade de coração, como a Cristo. Obedeçam-lhes, não apenas para agradá-los quando eles os observam, mas como escravos de Cristo, fazendo de coração a vontade de Deus. Sirvam aos seus senhores de boa vontade, como servindo ao Senhor, e não aos homens, porque vocês sabem que o Senhor recompensará cada um pelo bem que praticar, seja escravo, seja livre.

Vocês, senhores, tratem seus escravos da mesma forma. Não os ameacem, uma vez que vocês sabem que o Senhor deles e de vocês está nos céus, e ele não faz diferença entre as pessoas.

EFÉSIOS 6.1-9

Em seu livro *The 360° Leader* [publicado no Brasil em 2007, com o título *O líder 360 graus*], John Maxwell relata a história do general George Marshall, que exerceu papel fundamental na vitória dos Aliados na Segunda Guerra Mundial. Conquanto homens como Winston Churchill e Franklin D. Roosevelt nos venham à mente ao pensarmos nos líderes da Segunda Guerra, foi Marshall, trabalhando nos bastidores sob a autoridade de Roosevelt, quem orquestrou muitas das estratégias para a vitória.

A carreira de Marshall se destacou no exército. Como aponta Maxwell, dizia-se que ele detinha "um registro de feitos raramente igualados".[1] As realizações de Marshall eram impressionantes e resultaram em sua nomeação como chefe do Estado-maior do

Exército dos Estados Unidos durante a presidência Roosevelt, tornando-o assim o responsável por liderar as Forças Armadas.

No período em que esteve no cargo, Marshall supervisionou a expansão das Forças Armadas, de 200 mil soldados para mais de 8,3 milhões, sendo creditado por Winston Churchill como "o organizador da vitória". Nas palavras de Maxwell:

> O presidente Roosevelt conferia valor inestimável aos seus conselhos e dizia que não conseguia dormir enquanto não se certificasse de que Marshall estava no país. Roosevelt solicitou a presença de Marshall em todas as principais conferências de guerra, desde Argentia, Terra Nova, em 1941, a Potsdam, em 1945.[2]

Apesar de inicialmente visto como um soldado inteligente e organizador, Marshall também se mostrou um político hábil e um pensador estratégico: ajudou a elaborar bem-sucedidos planos de combate, dentre os quais a batalha da Normandia. Muitas vezes, batia de frente com outros generais, incluindo o famoso general MacArthur. Por fim, trabalhando sem cessar em segundo plano, Marshall conquistou os céticos e ganhou o respeito de alguns dos mais poderosos líderes mundiais.

Ao final da guerra, Churchill disse que Marshall era "um estadista com uma visão penetrante e dominante do todo", e o general Dwight D. Eisenhower afirmou a seu respeito:

> Em cada problema e em cada provação que enfrentei nos anos de guerra, seu exemplo foi uma inspiração e seu apoio foi minha maior força. Meu senso de dever para com você só é igualado pelo profundo orgulho e satisfação com que o saúdo como o maior soldado de seu tempo e um verdadeiro líder da democracia.[3]

Após a guerra, quando foi necessário reconstruir a Europa, mais uma vez Marshall assumiu a responsabilidade, formulando o hoje famoso Plano Marshall. Chamado originalmente de Plano Truman, o próprio presidente Harry Truman insistiu que o nome fosse mudado para homenagear Marshall.

Possivelmente a maioria não saiba de imediato quem é esse general nem conhece seus impressionantes feitos quando seu nome aparece desvinculado do Plano Marshall. Como muitas pessoas, ele passou a vida trabalhando incansavelmente sob a autoridade de alguém, comprometido com seu trabalho em vez de buscar obter fama para si. Membro das Forças Armadas, tinha uma compreensão profunda da autoridade e da submissão devida. Entendia também que estava servindo uma causa maior que si mesmo. Seu serviço fiel, todavia, foi recompensado sucessivas vezes por aqueles que lhe exerciam autoridade, com promoções e louvor. E, adiante em sua vida, recebeu o Prêmio Nobel da Paz, o único soldado profissional a ganhar tamanha honra.

Apesar de comumente ser um nome conhecido apenas por aficionados por história, o general Marshall foi recompensado por seu compromisso com os Estados Unidos, com o mundo e com suas autoridades.

Da mesma forma, Paulo nos promete que, ao trabalharmos debaixo de autoridade, receberemos justas recompensas, neste mundo e no mundo vindouro, por nossa fidelidade e esforço.

Um comentário sobre Efésios e a escravidão

Em Efésios 6.9, Paulo abordou as relações entre os que detêm o poder e os que não o têm. Este é um versículo considerado difícil, pois o apóstolo discute um tópico que, compreensivelmente, atinge um ponto sensível para os leitores modernos: a escravidão. Em vista disso, muitos não captam a intenção dessa parte da carta paulina. O autor não pretendia tecer comentários sobre estruturas sociais, mas sim fornecer importantes instruções sobre como viver em tais estruturas de modo semelhante ao de Cristo, tanto para os que exercem autoridade quanto para os que estão sob autoridade, o que igualmente contribui para transformar modelos sociais injustos.

Dito isso, será benéfico passar algum tempo discutindo as diferenças entre a escravidão na época de Paulo e nossa atual compreensão acerca da escravidão, para que possamos, dessa forma, discorrer sobre as ordens paulinas relacionadas à conduta cristã em estruturas sociais complicadas.

Escravidão norte-americana

A escravidão como praticada nos Estados Unidos era quase inteiramente racial, em que brancos eram proprietários de negros. Era também uma servidão para toda a vida. Uma vez que os escravos eram posses, eles e os filhos que gerassem pertenciam ao seu senhor. Particularmente chocantes são os testemunhos de alguns dos fundadores dos Estados Unidos, que alistavam escravos e filhos destes, além do gado e da terra, como propriedade a ser repassada à família. Do ponto de vista desses patriarcas, havia pouca, se alguma, diferença entre negros e animais.

A escravidão americana era grosseiramente pecaminosa, e uma das maiores tragédias da fé reside no fato de homens e mulheres que professavam Cristo também serem donos de escravos. Frederick Douglass, um ex-escravo afro-americano do século 19, metodista e líder abolicionista, escreveu a seguinte denúncia sobre tais escravagistas cristãos em sua biografia:

> O que eu digo a respeito e contra a religião quero dizer estritamente para aplicar à religião escravagista desta terra [...] Eu amo o cristianismo puro, pacífico e imparcial de Cristo; eu, portanto, odeio o cristianismo desta terra, corrupto, escravagista, açoitador de mulheres, sequestrador de berços, parcial e hipócrita [...] Temos ladrões de homens como ministros, açoitadores de mulheres como missionários e sequestradores de berços como membros de igreja.[4]

É importante entender que Paulo denunciou o tipo de escravidão (tráfico de escravos) praticado nos Estados Unidos como um mal, arrolando-o em sua primeira carta a Timóteo como um dos mais horrendos pecados:

> Também sabemos que ela não é feita para os justos, mas para os transgressores e insubordinados, para os ímpios e pecadores, para os profanos e irreverentes, para os que matam pai e mãe, para os homicidas, para os que praticam imoralidade sexual e os homossexuais, para os *sequestradores*, para os mentirosos e os que juram falsamente.
>
> 1Timóteo 1.9-10

Além disso, Deus demonstrou ira justa com relação à opressão de grupos de pessoas, em sua resposta à escravidão má, cruel e racista contra os judeus promovida pelo faraó no Egito. A crueldade do faraó levou Deus a interceder, matando muitos egípcios e libertando seu povo escravizado como um ato de justiça. A história, conforme relatada em Êxodo e em passagens bíblicas afins, como as histórias de Daniel e de José, serve como nítida demonstração de que a escravidão injusta, de motivação racial, é deplorável aos olhos de Deus.

Escravidão no Novo Testamento

Diante disso, é importante contrastar as diferenças significativas entre a escravidão praticada no tempo de Paulo e a escravidão posterior nos Estados Unidos. Na época do apóstolo, a escravidão não era primariamente uma questão racial, visto que havia escravos de todas as raças e todas as raças mantinham escravos, e, em vez de se tratar de uma condição social ao longo da vida, como nos primórdios da história norte-americana, existia motivação econômica.

No período do Novo Testamento, a escravidão muitas vezes consistia num arranjo feito para liquidar uma dívida. Ao contrário de nossos dias, em que é possível declarar falência e inadimplência, no mundo antigo as pessoas trabalhavam para seu credor até conseguir pagar suas dívidas. Em outros casos, pessoas em situação de extrema pobreza se vendiam como escravas a um senhor bondoso e benevolente, a fim de desfrutar de melhor qualidade de vida, não muito diferente do que acontece hoje com certas babás que vivem na casa como parte da família.

Em geral, a maioria dos escravos era liberta por volta dos 30 anos, seja pela compra da liberdade ou por emancipação governamental. Além disso, enquanto escravos, muitos recebiam educação formal e capacitação profissional especializada que lhes seria de grande ajuda caso fossem emancipados. Não raro, os escravos libertos se tornavam cidadãos romanos e desenvolviam uma relação de clientela com seu antigo senhor. E, na igreja, o *status* do indivíduo na sociedade não era necessariamente relacionado ao seu *status* na igreja. Era possível que alguém fosse escravo fora da igreja e, dentro dela, presbítero ou diácono com autoridade espiritual sobre os senhores de escravos.

Em outros casos, menos ideais, as pessoas eram escravizadas por terem sido tomadas na guerra, prática comum em muitas nações, e por vezes as crianças eram tomadas como escravas porque os pais as tinham abandonado ou não eram capazes de cuidar delas.

Sem dúvida, diferentes matizes da escravidão antiga eram diversas e complicadas (e às vezes injustas), o que explica a razão de as Escrituras nunca proibirem expressamente a escravidão como praticada no Novo Testamento, mas incentivarem de fato os que podiam obter sua liberdade a fazê-lo (1Co 7.21). Como escreveu Clinton Arnold:

> A despeito das diferenças substanciais entre a escravidão da era romana e a escravidão do Novo Mundo, é importante não interpretar aquela antiga forma como um sistema econômico mais humano ou moralmente justificável. Embora possamos apontar algumas características que a fazem parecer melhor que a escravidão sulista anterior à Guerra Civil, ainda assim implicava a posse coerciva de outra pessoa.[5]

Ademais, devemos tomar cuidado para não ler o texto considerando que Paulo tolerava as formas antigas de escravidão. Efésios simplesmente não nos diz o que o apóstolo pensava sobre aquele sistema, visto que sua carta não era um tratado sobre os males sociais com os quais ele discordava. Seu propósito ao escrever era abordar a maneira como os cristãos no mundo devem se comportar nas instituições em que vivem. Por fim, embora

> não haja nenhuma crítica explícita à escravidão [em Efésios] [...] o nível de mutualidade e reciprocidade que se presume existir entre senhor e servo produz uma atmosfera na qual teria sido difícil a sobrevivência da escravidão caso os conselhos da passagem fossem seguidos rigorosamente.[6]

Todavia, compreender a escravidão antiga em relação à percepção norte-americana da escravidão nos equipa para melhor entender as instruções de Paulo àqueles que exercem autoridade e aos que estão sob ela.

Deus recompensa

Por meio de Paulo, Deus encoraja os que exercem autoridade e os que estão sob ela a viver de tal modo que ele possa recompensar ambos nesta vida e no porvir. É precisamente isso que Efésios 6.8 diz: "O Senhor recompensará cada um pelo bem que praticar, seja escravo, seja livre".

Muitas vezes parece que os mentirosos, os ladrões e os enganadores são os vencedores em nosso mundo, enquanto o honesto, o confiável e o trabalhador são os perdedores. Isso faz que algumas pessoas parem de tentar fazer o certo, agindo de modo irresponsável e sem maiores esforços ou de fato pecando e agindo de maneira antiética.

E quanto a você? Sente-se desanimado ou mesmo com raiva pelo modo como foi tratado por quem exerce autoridade sobre você ou está sob a sua autoridade? Será que essas pessoas realmente não o apreciam, não lhe agradecem ou não o compensam tanto quanto você considera adequado? Acaso você não tem recebido a recompensa que lhe é devida?

Muitos líderes e professores cristãos são reticentes em falar sobre a recompensa de Deus à fidelidade, pois temem que as pessoas se tornem autojustificadoras, orgulhosas e religiosamente competitivas, buscando superar uns aos outros. Ainda que seja uma preocupação legítima, a Bíblia ensina repetidas vezes que Deus de fato recompensa as obras dos cristãos fiéis como forma de incentivá-los a perseverar na santidade e na fidelidade, cientes de que o Deus que os ama e a tudo conhece recompensará cada ato de obediência.[7] Considere as passagens seguintes como encorajamento para você em quaisquer provações que esteja enfrentando:

> Bem-aventurados serão vocês quando, por minha causa, os insultarem, os perseguirem e levantarem todo tipo de calúnia contra vocês. Alegrem-se e regozijem-se, porque *grande é a sua recompensa nos céus.*
>
> Mateus 5.11-12

> Não acumulem para vocês tesouros na terra, onde a traça e a ferrugem destroem, e onde os ladrões arrombam e furtam. Mas *acumulem para vocês tesouros nos céus*, onde a traça e a ferrugem não destroem, e onde os ladrões não arrombam nem furtam. Pois onde estiver o seu tesouro, aí também estará o seu coração.
>
> Mateus 6.19-21

> O senhor respondeu: "Muito bem, servo bom e fiel! Você foi fiel no pouco, *eu o porei sobre o muito. Venha e participe da alegria do seu senhor!*".
>
> Mateus 25.23

> Amem, porém, os seus inimigos, façam-lhes o bem e emprestem a eles, sem esperar receber nada de volta. Então, *a recompensa que terão será grande.*
>
> Lucas 6.35

Deus "*retribuirá a cada um conforme o seu procedimento*". Ele dará vida eterna aos que, persistindo em fazer o bem, buscam glória, honra e imortalidade. Mas haverá ira e indignação para os que são egoístas, que rejeitam a verdade e seguem a injustiça.

Romanos 2.6-8

Portanto, você, por que julga seu irmão? E por que despreza seu irmão? Pois todos compareceremos diante do tribunal de Deus. Porque está escrito: "'Por mim mesmo jurei', diz o Senhor, 'diante de mim todo joelho se dobrará e toda língua confessará que sou Deus'". Assim, *cada um de nós prestará contas de si mesmo a Deus.*

Romanos 14.10-12

Sua obra será mostrada, porque o Dia a trará à luz; pois será revelada pelo fogo, que provará a qualidade da obra de cada um. Se o que alguém construiu permanecer, *esse receberá recompensa.*

1Coríntios 3.13-14

Tudo o que fizerem, façam de todo o coração, como para o Senhor, e não para os homens, sabendo que *receberão do Senhor a recompensa da herança.* É a Cristo, o Senhor, que vocês estão servindo.

Colossenses 3.23-24

Por isso, não abram mão da confiança que vocês têm; ela será ricamente recompensada. Vocês precisam perseverar, de modo que, quando tiverem feito a vontade de Deus, *recebam o que ele prometeu.*

Hebreus 10.35-36

Por amor de Cristo, [Moisés] considerou sua desonra uma riqueza maior do que os tesouros do Egito, porque *contemplava a sua recompensa.*

Hebreus 11.26

> Tenham cuidado, para que vocês não destruam o fruto do nosso trabalho, antes *sejam recompensados plenamente.*
>
> 2João 8

> As nações se iraram; e chegou a tua ira. Chegou o tempo de julgares os mortos e de *recompensares os teus servos.*
>
> Apocalipse 11.18

> *Os mortos foram julgados de acordo com o que tinham feito, segundo o que estava registrado nos livros.*
>
> Apocalipse 20.12

> Eis que venho em breve! *A minha recompensa* está comigo, e eu *retribuirei a cada um* de acordo com o que fez.
>
> Apocalipse 22.12

Ao tratar das recompensas de Deus, a Bíblia não está dizendo que obtemos a salvação como retribuição por nossas obras. Logo no início de Efésios, Paulo estabeleceu que somos salvos exclusivamente pela graça mediante a fé em Cristo Jesus, e não por alguma contribuição de obras humanas (Ef 2.8-9). Ele também alertou seus leitores sobre o fato de não sermos salvos *por* obras, mas *para* realizar boas obras (Ef 2.10). Ainda assim, o apóstolo expandiu o assunto ao declarar que as boas obras são conhecidas e recompensadas por Deus.

Quando Paulo disse: "Sabendo que receberão do Senhor a recompensa", o verbo grego usado para "receber" é *komizo*, que vai além da mera ideia de "receber", contemplando juntamente a ideia de "ser recompensado ou premiado".[8] Paulo usa a mesma palavra em Colossenses 3.25 e em 2Coríntios 5.10, que discute as recompensas no juízo final: "Pois todos nós devemos comparecer perante o tribunal de Cristo, para que cada um receba [*komizo*] de acordo com as obras praticadas por meio do corpo, quer sejam boas quer sejam más".

É importante perceber que o julgamento dos cristãos visa a avaliar e conceder graus variados de recompensa, e não determinar nosso destino eterno. Como disse Jesus: "Quem ouve a minha palavra e crê naquele que me enviou, tem a vida eterna e *não será condenado*, mas já passou da morte para a vida" (Jo 5.24).

Pelo lado positivo, o dia de nossa provação pode ser um dia de grande alegria. Se formos administradores fiéis nesta vida, ouviremos Jesus declarar: "Muito bem, servo bom e fiel!". Pelo lado negativo, haverá cristãos que ficarão entristecidos pela falta de recompensa por causa vida que tiveram. Em 1Coríntios 3.15, Paulo disse: "Se o que alguém construiu se queimar, esse sofrerá prejuízo; contudo, será salvo como alguém que escapa através do fogo".

A ideia de diferentes níveis de recompensa perturba a muitos, mas a Bíblia afirma com clareza que há consequências eternas para os cristãos, seja por fazerem o bem, seja por praticarem o mal (2Co 5.10). Muitos se sentem ofendidos com a ideia de Jesus não recompensar a todos igualmente, mas isso seria injusto e induziria os cristãos a desperdiçar a vida servindo e doando o menos possível. Como qualquer pai, Deus Pai ama a todos os seus filhos e não negará nenhum deles, mas ele não recompensa os obedientes, os generosos e os trabalhadores da mesma forma que os desobedientes, os avarentos e os preguiçosos.

As recompensas de Deus

O que são as recompensas de Deus, e o que implicam? Uma vez que as descrições bíblicas de recompensas, como dinheiro e coroas, são provavelmente figurativas, é difícil afirmar ao certo seu significado. Mais importante: as recompensas representam maiores oportunidades e responsabilidades no reino (Lc 16.10-12; 19.17-19). Estaremos aptos a cumprir nosso propósito original de governar a criação de Deus em parceria com ele (Gn 1.26-28).

Paulo sugere que uma das retribuições será a possibilidade de assistir ao impacto que tivemos sobre outras pessoas, resultando em profunda alegria interna em vez de riquezas externas. Talvez as profundas relações com outros a quem servimos em Cristo também constituirão uma forma de recompensa (1Ts 2.19-20; 2Co 1.14).

Para todos os que creem, uma rica recompensa será a capacidade de conhecer e experimentar o próprio Deus, de ver Jesus face a face, sendo ele nosso maior prêmio (1Co 13.12; 1Jo 3.2). Eu, pessoalmente, me pergunto se Deus, em toda a sua criatividade, não recompensará cada um de seus servos fiéis com algo especial que lhes seja mais significativo, como um grande abraço de Jesus, uma refeição a sós com ele, ou mesmo uma boa conversa alegre, relembrando a vida com ele. Seja qual for a recompensa, o importante é que a vida tem valor e Deus está observando.

Ao invés de nos tornar competitivos, a noção de que Jesus recompensa a fidelidade nos deveria levar a encorajar uns aos outros a amar e a praticar boas obras. Dessa forma, os cristãos devem assemelhar-se a atletas numa equipe, incentivando-se mutuamente a fazer o melhor. De igual modo, os cristãos devem estimular uns aos outros em amor para se tornar cada vez mais semelhantes a Cristo e edificar a igreja. Visto que Deus tem infinitas recompensas a conceder, não há lugar para ciúmes. Não estamos competindo entre nós por recompensas limitadas, mas sim buscando a plenitude de Jesus e partilhando-a com outras pessoas. O mais importante é que mesmo as obras que realizamos só são possíveis por causa da graça capacitadora de Deus por meio do Espírito Santo atuante no — e por meio do — cristão. E as recompensas de Deus se destinam àqueles que exercem autoridade e aos que estão sob ela.

Deus recompensa os que estão sob autoridade

Curiosamente, no que diz respeito às recompensas de Deus, Paulo escreveu primeiro aos que estão sob autoridade — filhos e escravos.

Aos filhos é ordenado obedecer aos pais e honrá-los, para que tudo corra bem e tenham "longa vida sobre a terra" (Ef 6.3). As duas recompensas são admiráveis e altamente motivadoras. É importante não "superespiritualizar" as promessas, como se Paulo só estivesse falando da vida eterna. Fosse esse o caso, não teria incluído a frase "sobre a terra". Deus promete a cada filho cristão que a obediência a seus pais resultará numa vida boa e longa sobre a terra. Isso não pode, é claro, ser aplicado rigorosamente em cada caso particular. Como qualquer provérbio, deve ser entendido como padrão geral.[9]

Aos escravos, Paulo disse: "Obedeçam a seus senhores [...] com sinceridade de coração [...] fazendo de coração a vontade de Deus" (Ef 6.5-6). Naquela época, os escravos não tinham direitos. Assim, em nossa cultura, na qual existe considerável ênfase nos direitos do indivíduo, as palavras de Paulo aos escravos parecem estranhas. Todavia, se Deus ordenou que pessoas sob autoridade e sem nenhum direito legal vivessem de forma devota, sabendo que ele mesmo os recompensaria nesta vida e na vida futura, quanto mais nós, com proteções e direitos legais, não deveríamos buscar o mesmo tipo de boas obras?

Isso não significa que não devemos lutar por justiça e leis justas, mas sim que, assim como Jesus foi maltratado e não pecou, nós podemos e devemos glorificar a Deus abstendo-nos do pecado quando formos maltratados, a fim de honrá-lo e ser honrados por ele.

E no seu caso? Quem exerce autoridade sobre você e como você tem reagido? Sente alguma acusação de pecado à luz do que Paulo disse e a quem ele disse?

Deus recompensa os que exercem autoridade

Após tratar dos que estão sob autoridade, Paulo se dirige àqueles que a exercem, usando os pais (especialmente os homens) e os senhores de escravos para exemplificar a maneira como Deus comanda os que exercem autoridade, com o poder de abençoar, de agir de forma devota e de recompensar com amor e cuidados os que estão sob seu domínio. Aos pais é dito: "Não irritem seus filhos; antes criem-nos segundo a instrução e o conselho do Senhor" (Ef 6.4). Um pai não deve ser áspero em suas palavras e ações, incitar os filhos à frustração e à raiva, nem desanimá-los, humilhá-los, negligenciá-los ou prejudicá-los de algum modo. Pelo contrário, deve ser uma bênção do Senhor para eles, assumindo a responsabilidade de criá-los em vez de deixar isso a cargo da mãe e de instituições diversas, como escolas, igrejas, assistências sociais, agências de adoção e prisões. Em suma, os pais devem ser pais pastores, ativamente envolvidos em cada aspecto do crescimento de seus filhos, com amor, humildade e sabedoria.

Aos senhores de escravos é ordenado que façam uso de sua autoridade como Jesus usa a dele. Em Efésios 6.9, Paulo escreveu: "Vocês, senhores, tratem seus escravos da mesma forma. Não os ameacem, uma vez que vocês sabem que o Senhor deles e de vocês está nos céus, e ele não faz diferença entre as pessoas". Dessa forma, os senhores devem ver Jesus como seu Senhor, a quem eles prestarão contas e por quem serão chamados a amar os que estão sob a sua autoridade.

Talvez o melhor exemplo bíblico a esse respeito seja a carta de Paulo a Filemom, destinada ao rico senhor de um servo chamado Onésimo, muito querido de Paulo. Possivelmente Onésimo foi um escravo que roubou dinheiro de Filemom e fugiu para Roma. Ali ele se converteu a Jesus sob o ministério de Paulo e se tornou amigo e colaborador do apóstolo. A carta de Paulo apela a que Filemom receba Onésimo como irmão, e não como escravo (Fm 1.16). Trata-se de um testemunho da transformação de relacionamentos pela graça de Jesus, e demonstra como Paulo subverteu as visões culturais da autoridade de seu tempo no que concernia à relação escravo-senhor.

Sobre quem você exerce autoridade no trabalho, em casa, na igreja ou em qualquer outro contexto? Como os que estão sob a sua autoridade descrevem o tratamento que recebem? Eles diriam que você os trata como Jesus os trata? Eles diriam que você os abençoa e os recompensa como Jesus o faz?

Temor de Deus *versus* temor do homem

O que nos impede de obedecer a Deus e viver uma vida de boas obras, de modo que ele venha a nos recompensar? A resposta é o medo. Ciente disso, Paulo escreveu sobre "respeito e temor" (Ef 6.5). Vivemos com temor de Deus ou com temor de outro alguém, e não é possível viver temendo a ambos ao mesmo tempo. Aquele a quem tememos determina o que fazemos e como vivemos.

De quem você tem medo?

Provérbios 29.25 diz: "Quem teme o homem cai em armadilhas, mas quem confia no Senhor está seguro". Segundo o conselheiro bíblico Ed Welch:

> O temor, no sentido bíblico, [...] inclui o medo, mas se estende à ideia de reverenciar alguém, de ser controlado ou dominado por outros, adorar outros, depositar confiança em outros ou necessitar de outros. [...] O temor do homem pode ser resumido da seguinte forma: substituímos Deus por pessoas. Em vez de um temor do Senhor biblicamente orientado, tememos os outros. [...] Na adolescência, isso recebe o nome de "pressão dos pares". Na vida adulta, chama-se "agradar as pessoas". Mais recentemente, tem sido chamado de "codependência".[10]

Quem lhe vem à mente quando você pensa nesse tipo de temor? Quem é a pessoa cujas opiniões importam demasiado para você? Seu apetite por elogios é pouco saudável? Você fica excessivamente magoado ao receber críticas? Está sobrecarregado para fazer coisas que Deus jamais lhe pediu que fizesse, mas alguém pediu? Finge ser alguém que não é quando certas pessoas estão por perto? Tem medo de sofrer rejeição, críticas, decepção, ódio ou conflito?

O medo em sua mente se manifesta como ansiedade em seu corpo? Ocorrem mudanças de humor, tiques nervosos, alterações de peso, pensamentos suicidas, insônia, depressão, agressividade no trânsito, ataques de pânico, pressão arterial alta, ou algo igualmente insalubre? Você tem a propensão de se comportar mal ou de recorrer a coisas como álcool, drogas ou comida?

O medo é a visão sem esperança, e isso nos torna falsos profetas que avistam somente um futuro sombrio e assustador. O medo tem a ver com não conseguir o que desejamos, alcançar o que desejamos e perdê-lo, ou obter o que não desejamos.

A resposta ao temor do homem é o temor de Deus. A ordem número 1 da Bíblia é "Não temam", recorrente mais de 150 vezes (cf. Gn 15.1; 26.24; 28.15; Êx 33.14; 2Rs 1.15; Sl 23.4; 2Cr 20.17; Is 41.14; Jr 1.8; Dn 10.12; Ag 2.4-5; Lc 12.32). Em vez de um medo doentio do homem, a Bíblia nos ordena a ter temor saudável de Jesus, ou seja, devemos nos preocupar mais com o que ele diz do que com as palavras de outros, e também suportar seja lá o que for, sabendo que ele nos recompensará por nossa fidelidade. Paulo confirmou isso quando ordenou que trabalhássemos "não apenas para agradá-los quando eles os observam, mas como escravos de Cristo, fazendo de coração a vontade de Deus". Devemos servir aos nossos senhores "de boa vontade, como servindo ao Senhor, e não aos homens" (Ef 6.6-7).

Reconheço que não sei quais são as circunstâncias de sua vida. Não sei quem exerce autoridade sobre você nem as dificuldades que enfrenta ao exercer autoridade sobre outros. Mas sei que é muito improvável algum leitor deste livro se encontrar em circunstâncias mais difíceis que aquelas usadas como exemplo por Paulo — crianças e escravos no mundo antigo. Portanto, o que se aplica a eles, aplica-se a nós — tanto as responsabilidades como as recompensas.

Em última análise, todo cristão trabalha para Jesus. A estima que Jesus tem por sua vida e suas obras é tudo que importará no final. Dito isso, devemos trabalhar duro e com honestidade para Jesus, não só quando os outros estão olhando, mas todo o tempo, pois Jesus está sempre olhando. Ademais, podemos descansar seguros de que, se trabalharmos dessa forma para o Senhor, ele nos recompensará nesta vida e na vida futura. Portanto, não estamos desperdiçando a vida, mas sim investindo numa recompensa. Essa é uma promessa e tanto!

CAPÍTULO 16

Eu sou vitorioso

Finalmente, fortaleçam-se no Senhor e no seu forte poder. Vistam toda a armadura de Deus, para poderem ficar firmes contra as ciladas do Diabo, pois a nossa luta não é contra seres humanos, mas contra os poderes e autoridades, contra os dominadores deste mundo de trevas, contra as forças espirituais do mal nas regiões celestiais. Por isso, vistam toda a armadura de Deus, para que possam resistir no dia mau e permanecer inabaláveis, depois de terem feito tudo. Assim, mantenham-se firmes, cingindo-se com o cinto da verdade, vestindo a couraça da justiça e tendo os pés calçados com a prontidão do evangelho da paz. Além disso, usem o escudo da fé, com o qual vocês poderão apagar todas as setas inflamadas do Maligno. Usem o capacete da salvação e a espada do Espírito, que é a palavra de Deus. Orem no Espírito em todas as ocasiões, com toda oração e súplica; tendo isso em mente, estejam atentos e perseverem na oração por todos os santos.

Orem também por mim, para que, quando eu falar, seja-me dada a mensagem a fim de que, destemidamente, torne conhecido o mistério do evangelho, pelo qual sou embaixador preso em correntes. Orem para que, permanecendo nele, eu fale com coragem, como me cumpre fazer.

Tíquico, o irmão amado e fiel servo do Senhor, lhes informará tudo, para que vocês também saibam qual é a minha situação e o que estou fazendo. Enviei-o a vocês por essa mesma razão, para que saibam como estamos e para que ele os encoraje.

Paz seja com os irmãos, e amor com fé da parte de Deus Pai e do Senhor Jesus Cristo. A graça seja com todos os que amam a nosso Senhor Jesus Cristo com amor incorruptível.

EFÉSIOS 6.10-24

Travis sempre se considerou abaixo das expectativas de seu pai. “Acho que até hoje a influência dele ressoa em minha alma, confrontando cada um de meus esforços para encontrar minha identidade somente em Cristo."

O pai de Travis é um "homem que se fez na vida". O filho conta que o pai tinha muito pouco e conquistou grandes coisas para os padrões do mundo, tanto nos negócios como no ministério. Ao contrário, Travis cresceu rodeado de recursos, bem como sob a garantia de altos investimentos em seu futuro. Porém, a contínua sensação de que jamais conseguiria atender ao retorno esperado pelo pai minava esses investimentos, o que resultava em críticas constantes.

"Por respeitar meu pai e sempre tê-lo visto como homem devoto, eu deveria buscar aconselhamento, orientação e sabedoria", disse-me Travis. "Eu sofria me perguntando se ele estava certo e se eu deveria ter vergonha de mim mesmo. Conforme eu me questionava se era um bom administrador ou se estava cometendo autoengano e desperdiçando meus talentos de modo vergonhoso, uma insegurança profunda ia firmando raízes. Isso produziu um grau enorme de frustração e instalou um ciclo de fracasso e vergonha."

Como resultado, Travis construiu toda uma vida com base na tentativa de agradar seu pai terreno por meio de realizações, sempre se sentindo aquém. "Num esforço para me desafiar, ele dizia coisas como 'Você não tem vergonha de si mesmo? Eu teria! Você deveria estar fazendo muito mais. Seu caráter não significa nada para você?'." Em consequência disso, Travis se viu incapacitado pelo opressivo sentimento de inadequação em face das expectativas do pai.

Travis descreve esse sentimento como uma "guerra constante" travada no coração e na mente. "Estou sempre às voltas com as mentiras!", diz ele. "O tempo todo preciso imergir em oração as minhas experiências — pedir que Deus me conceda olhos para ver as coisas de maneira clara e correta, para que possa descansar nele e não ser desencorajado por mentiras, falsas perspectivas e uma identidade distorcida." Ele corretamente identifica suas lutas e provações na vida, e com seu pai, como uma batalha espiritual empreendida por um inimigo que o odeia. "Estou ciente de que o inimigo deseja vincular minha identidade aos meus feitos e fracassos, e não a Cristo. O inimigo busca atrair meu foco para meus feitos a fim de me encher de orgulho quando as coisas vão bem, e de desânimo e vergonha quando as coisas vão mal. Sei que tudo isso são armadilhas e mentiras contra as quais preciso estar alerta."

Felizmente, Travis sabe que não enfrenta essa batalha sozinho: "O Senhor tem mostrado sua graça ao me colocar num ambiente em que o verdadeiro evangelho é pregado com ousadia e regularidade". Deus abençoa Travis com irmãos em Cristo que, ao seu lado, confrontam os ataques de um inimigo que visa a destruí-lo numa constante e furiosa guerra espiritual. "Sou grato por Deus ter me colocado perto de homens diligentes em proclamar o evangelho em minha vida, deslocando minha atenção de mim mesmo e dirigindo-a ao Senhor. Oro para que Deus continue a gravar a verdade em meu coração e que ele continue a me renovar dia a dia, para que eu conheça o amor de Deus e supere as dúvidas e os medos tão enraizados dentro de mim."

Travis sabe que o inimigo o odeia, mas ele encontra força em saber que Cristo e seus irmãos e irmãs em Cristo o amam, e que, no final, ele terá vitória contra seu inimigo porque Cristo é vitorioso. Em Cristo, Travis é vitorioso. E você também.

É guerra!

Você já se perguntou por que a vida é tão difícil, por que há tanto sofrimento, por que a agonia está sempre perto e Deus parece tão distante? A resposta é que há um inimigo que odeia Deus, odeia você e montou um exército contra você porque você está em Cristo. Deus o ama. Mas Satanás o odeia. Deus planeja seu bem. Mas Satanás planeja destruí-lo.

Todo cristão é um soldado em guerra — incluindo crianças pequenas que oram a Jesus à noite e senhoras de idade que usam véus e levam à igreja antigas versões da Bíblia. Quando não sabemos que a vida é uma guerra e que Satanás é o inimigo, ou quando nos esquecemos disso nos momentos em que mais precisamos lembrar, não conseguimos conferir sentido a nossas lutas, sofrimentos e conflitos. Nessas ocasiões, interpretamos erroneamente tudo de negativo que acontece em nossa vida, como se fossem castigo de Deus, embora na maioria das vezes se trate de um ataque do inimigo ou de uma consequência de escolhas ruins. A boa notícia é que, em vez de nos julgar, Deus derramou sua ira em Jesus, que na cruz nos assegurou vitória sobre Satanás, o pecado e a morte.

Nos momentos difíceis da vida, é fácil perder a esperança e esquecer que somos vitoriosos em Cristo. Quando as coisas dão errado, algumas pessoas depreciam e culpam a si mesmas. Algumas, por sua vez, depreciam e culpam os outros. E algumas depreciam e culpam a Deus. Às vezes, o problema que enfrentamos se deve, em parte, ao nosso pecado ou ao de outra pessoa, mas nunca é culpa de Deus, pois ele é bom e jamais causa pecado. Por trás de todo pecado, contudo, está Satanás. Embora permaneçamos moralmente responsáveis por nosso pecado, Satanás às vezes também detém algum grau de responsabilidade, uma vez que é o enganador que se agrada quando nos unimos a ele em rebelião contra Deus.

Paulo discorre sobre Satanás e os poderes demoníacos ao longo de toda a carta aos efésios. Seu desejo com isso é que saibamos combater numa batalha espiritual. Se realmente cremos nisso, enxergaremos a vida de modo diferente. Nesta vida, já não esperaremos mais conforto e facilidade do que espera um soldado exausto nas linhas de frente da batalha. Isso suscita a seguimte pergunta: por que tantas vezes ficamos surpresos quando surgem problemas em nossa vida cristã?

Talvez o problema tenha origem no modo como somos convidados a nos tornar cristãos. Ouvimos, de maneiras variadas: "Confesse seus pecados a Jesus, e ele o levará para o céu". Conquanto isso seja verdadeiro, muitas vezes omite-se o período, também chamado de vida, entre nosso compromisso com Cristo e o dia em que o veremos face a face. E é provavelmente por essa mesma razão que sofremos de amnésia espiritual — ou delírios, como acontece com Leonard no filme *Amnésia*, sobre o qual falei no início deste livro. Mas o fato é que nesta vida existe uma guerra entre dois reis, Jesus e Satanás, dois reinos, luz e escuridão, e dois exércitos, o de Jesus e o de Satanás. E embora a Bíblia nos prometa que o rei Jesus é vitorioso, estamos numa peregrinação rumo ao reino eterno de Cristo, pregando o evangelho pelo poder do Espírito Santo na esperança de libertar alguns cativos de guerra de sua escravidão a Satanás, ao pecado e à morte.

Conheça seu inimigo

O regime nazista comissionou o famoso encouraçado *Bismarck* em 1940. Com 250 metros de comprimento, era o maior navio de guerra do mundo. Ostentava oito canhões com 380 milímetros de espessura, bem como cerca de cinquenta outros armamentos. O computador de bordo do *Bismarck* era tão preciso que explodiu, com um único disparo, o navio de guerra *HMS Hood*, do qual se orgulhava a Marinha Real Britânica. Porém, por maior que fosse, o *Bismarck* possuía apenas uma fatal fraqueza. Um leme vulnerável foi alocado logo abaixo da porta de exaustão térmica. Na sombria noite de 24 de maio de 1941, a Marinha Real teve pouco sucesso ao atacar o navio — até que um torpedo atingiu esse leme. A embarcação foi gravemente danificada, ferozmente atacada e, por fim, derrotado.[1]

Na guerra, a chave para a vitória é conhecer seu inimigo (2Co 2.11). Se você não conhece o inimigo, não saberá como atacá-lo nem como se defender dele. A Marinha Real descobriu o ponto fraco do *Bismarck*, mas isso demandou muitas batalhas e severas perdas.[2] Imagine quantas vidas e navios teriam sido poupados caso a vulnerabilidade do navio fosse conhecida de antemão. Nesta vida, temos de conhecer os pontos fracos de nosso inimigo, a fim de nos defender e também atacar, visando à vitória.

As Escrituras apresentam Satanás como inimigo de Deus e de seu povo. Ele é chamado de várias maneiras: Diabo, dragão, serpente, inimigo, tentador, assassino, pai da mentira, adversário, acusador, destruidor, maligno, entre outras. Ao contrário dos seres humanos, por quem Jesus morreu e ressuscitou, Satanás e os demônios não têm possibilidade de salvação. Tudo que lhes espera é o inferno e o tormento justo e eterno (2Pe 2.4).

A Bíblia, desde Gênesis 3 até Apocalipse 21, deixa claro que Satanás e seus demônios são reais. Mas apenas nos últimos séculos essa verdade passou a ser amplamente questionada pelos cristãos professos. Muito influenciados pelo filósofo ateu David Hume e a subsequente era da modernidade, "estudiosos" bíblicos liberais rejeitaram o sobrenatural, desde milagres aos demônios, considerando-o algo mítico, obsoleto e primitivo. Tais coisas não se encaixam em sua visão moderna do mundo como sistema fechado e natural.

O cristianismo não se opõe à ciência, e muitos cientistas importantes foram e são cristãos. No entanto, o reino espiritual está além da capacidade científica de comprovar e conhecer. Em vez de aceitar que existem coisas que a ciência não pode explicar, muitos preferem crer somente no mundo natural e físico, algo que Satanás contabiliza como vitória em sua guerra. Como diz acertadamente a frase do filme *Os suspeitos*, "O maior truque do Diabo foi convencer o mundo de que ele não existe".

Para crer na Bíblia, é necessário acreditar em Satanás, em demônios, no sobrenatural e em milagres. Não podemos selecionar as partes da Bíblia de que gostamos e descartar o restante. Antes de nos aprofundarmos no estudo daquilo que a Bíblia diz a esse respeito, quero atenuar algumas preocupações.

Não é incomum que as pessoas façam demasiado ou pouco caso de Satanás. Como disse C. S. Lewis: "Existem dois erros iguais e opostos nos quais nossa raça pode cair com relação aos demônios.

Um é não crer em sua existência. O outro é crer e sentir interesse excessivo e doentio por eles".[3] Alguns querem culpar a tudo e a todos, menos a Satanás e a si mesmos, pelos males do mundo. Outros querem fugir da responsabilidade e culpar Satanás e seus demônios por tudo, como se fôssemos sempre vítimas e nunca réus. Ainda que seja muito mais importante conhecer Jesus e seu poder sobre o inimigo, Satanás é real, e é fundamental que nós, como cristãos, conheçamos o máximo possível sobre o nosso adversário.

Para começar, Satanás é um ser criado e, portanto, de modo nenhum equivalente a Deus. Seu conhecimento, presença e poder são limitados porque ele é um ser angelical criado por Deus para o propósito de glorificá-lo e servi-lo. Satanás, no entanto, se tornou orgulhoso em seu coração e desejou ser adorado e exaltado como Deus. Assim, ele declarou guerra contra Deus e teve o apoio de um terço dos anjos, os quais se juntaram ao seu exército (Ap 12). Julgados por Deus em vista de seu pecado, a Serpente e seus servos foram lançados à terra (Is 14.12-23; Ez 28.1-19). De acordo com a linguagem bíblica, os anjos caídos são como uma unidade militar e organizam planos de batalha contra o povo de Deus. Em razão disso, ao longo deste capítulo, quando tratarmos sobre Satanás, nem sempre será em referência a ele individualmente, mas sim a todo o reino demoníaco que ele supervisiona como um comandante militar.

A motivação para toda a obra de Satanás é o orgulho e a glória para si, em vez de humildade e glória para Deus (Ez 28.2; Tg 4.6-7). E, para nos confrontar, um de seus aliados mais poderosos é o nosso próprio orgulho. Alguns especulam a razão de a Serpente prosseguir sua guerra contra Deus mesmo que as Escrituras deixem claro que Jesus já venceu a guerra e que, no final, a Serpente será derrotada e dolorosamente julgada. Talvez a Serpente seja de fato tão orgulhosa que acabou enganando a si mesma e agora acredita que Deus é um mentiroso passível de ser derrotado. É esse mesmo engano que ela sussurra em nossos ouvidos diariamente, dizendo que não somos vitoriosos em Cristo, além de nos contar mentiras a respeito de nós mesmos e de Deus.

Em sua guerra contra Deus, a Serpente não só lança mão de demônios, mas também de pessoas que são aliadas em seu exército, seja por possessão ou influência demoníaca, ou simplesmente por viverem em conformidade com a natureza pecaminosa da carne. Entre tais pessoas incluem-se falsos profetas (2Pe 2.1), falsos apóstolos (2Co 11.13), falsos irmãos (Gl 2.4) e mestres enganadores que ensinam doutrinas heréticas em favor da Serpente (2Pe 2.1).

O objetivo último de Satanás para nós que estamos em Cristo é uma vida negligente e infrutífera assolada por heresia e pecado (1Tm 4.1-2; 1Jo 3.7-10) — e, finalmente, a morte (Jo 8.44; 1Pe 5.8). Se o inimigo não nos pode tentar com o pecado e o erro, ele simplesmente tentará nos exaurir até a rendição. Essa oposição demoníaca se torna cada vez maior para os que servem a Deus com mais fidelidade. Como disse o puritano William Gurnall: "Se Deus está de um lado, pode ter certeza de que o Diabo estará do outro".[4]

Como Satanás nos enfrenta

A Bíblia faz menção à obra de Satanás como algo que pode ser comumente entendido como ordinário ou extraordinário. A obra demoníaca ordinária induz ao pecado sexual (1Co 7.5), ao casamento entre cristãos e não cristãos (2Co 6.15), à falsa religião baseada em falsos ensinos sobre um falso Jesus (1Co 10.14-22; 2Co 11.1-4; 1Tm 4.1-2), ao rancor e à amargura (Ef 4.17-32), à insensatez e à embriaguez (Ef 5.8-21), às fofocas e à ociosidade (1Tm 5.11-15), às mentiras (Jo 8.44), ao ataque à nossa identidade por meio de pensamentos falsos e acusadores (1Cr 21.1; Mt 4.8-10; Lc 4.5-8), a sonhos demoníacos e terrores noturnos (Jó 4.13-16; Sl 9.5) e à idolatria (1Jo 5.18-21). A obra demoníaca extraordinária inclui tormento (At 5.16), danos físicos (Mt 9.32-33; 12.22-23; At 8.4-8), falsos milagres (At 8.9-23; 16.16; 2Ts 2.9-10), acusação (Ap 12.10), morte (Pv 8.36; Jo 8.44) e interação com demônios (1Jo 4.1-6).

Muitos cristãos se perguntam, preocupados, se alguém pode ser possuído por demônios. Por meio de coisas como ocultismo, feitiçaria (incluindo práticas espirituais Wicca e não cristãs), abuso de drogas e de álcool, e grave pecado habitual, quando praticado em medida extrema, é possível, sim, que o não cristão seja significantemente influenciado por forças do mal (1Sm 16.14-23; Mc 5.1-15; Mc 9.17-29; Lc 8.27-39).

O dr. Gerry Breshears me ajudou a entender que a dúvida sobre a possibilidade de cristãos serem ou não possuídos por demônios costuma ser respondida rápido demais. O problema é que a palavra *possuir* tem vários significados. De acordo com o *Merriam-Webster's 11th Collegiate Dictionary*, pode significar diversas coisas, incluindo: 1) "ter posse", de modo que o cristão pertença essencialmente a Satanás; 2) "sofrer influência", de modo que a vida do cristão seja marcada pelas influências de Satanás; 3) "dominar", de modo que o cristão seja controlado por Satanás. Obviamente, a intenção ao dizer *possuído* deve ser levada em conta.

No primeiro sentido, o demônio jamais *tem posse* de um cristão. Fomos resgatados do domínio das trevas e transferidos para o reino do Filho (Cl 1.13).

No segundo sentido, o demônio pode *influenciar* um cristão. Foi o caso de Pedro, a quem Jesus disse: "Para trás de mim, Satanás!" (Mt 16.23), e de Ananias e Safira, a quem Pedro perguntou: "Como você permitiu que Satanás enchesse o seu coração, ao ponto de você mentir ao Espírito Santo?" (At 5.3).

O terceiro sentido é o que suscita maior debate entre os cristãos. Os cristãos podem ser dominados por *possessão* demoníaca? É possível que os cristãos sejam enganados, acusados ou tentados por Satanás, e é igualmente possível que cedam a tais ataques (embora não tenham de fazê-lo). Se respondermos de maneira errada a essas investidas, daremos aos demônios influência em nossa vida. Os espíritos maus podem promover, estimular, encorajar e explorar os desejos pecaminosos de um cristão. Mas, como filhos de Deus, regenerados e habitados pelo Espírito Santo, somos capacitados por Deus e ordenados a resistir a Satanás. Se o fizermos, não precisaremos sofrer a influência de nosso inimigo (Ef 6.10-18; Tg 4.7; 1Pe 5.7-9; 1Jo 4.1-4; 5.1-5,18-19). Embora alguns ensinem que, por meio de pecado pessoal, pecado geracional, ou mesmo maldições, os demônios podem possuir os cristãos, a Bíblia afirma claramente que os cristãos nunca ficam sob a autoridade dominadora das trevas (Ef 5.8; Cl 1.13; 1Ts 5.5). O demônio não pode assumir autoridade sobre um cristão (Jo 10.27-30; Rm 8.38-39; 1Jo 4.4; 5.18). Por causa da vitória de Jesus assegurada por nós na cruz, em Cristo temos a capacidade de resistir ao nosso inimigo, e, quando o fazemos, ele foge (Tg 4.7).

Como enfrentamos Satanás

Todo soldado cristão precisa aprender a fortalecer-se "no Senhor e no seu forte poder" (Ef 6.10). Felizmente, isso é algo que Deus deseja fazer por nós e em nós. Segundo o dr. D.A. Carson, a ordem de Paulo, *fortaleçam-se*, "talvez não consiga destacar a força do verbo na forma passiva ('sejam fortalecidos')".[5] Para sermos fortalecidos, Deus tem de nos fortalecer. Isso é realizado em Cristo e "no seu forte poder".

O Senhor Jesus Cristo é forte. Em seu período na terra, Jesus resistiu a cada tentação do inimigo. Em Jesus, a dívida que temos com Satanás por meio do pecado é cancelada, e somos assim libertos da escravidão ao reino das trevas e acolhidos como cidadãos do reino da luz. Atualmente, Jesus governa e reina como o Rei dos reis e Senhor dos senhores sobre todas as coisas. Por estarmos em Cristo, nós também podemos viver pelo poder do Espírito Santo, como fez Jesus na terra, honrando seu reino e vivendo em vitória sobre o nosso inimigo.

Em Cristo, somos fortalecidos por sua força e nos tornamos fortes. Se tentarmos "nos fortalecer" em nossa própria força, sucumbiremos à tática inimiga do orgulho. Uma vez, porém, que podemos "ser fortalecidos [...] no Senhor", é possível obter humildade e vitória. A vida é uma guerra contra um inimigo espiritual invisível. Não conseguimos vencer por conta própria, mas o Deus que a tudo vê nos concede coragem, perseverança e sabedoria para ter êxito em uma guerra que, do contrário, jamais venceríamos.

"Fortaleçam-se no Senhor" é uma das últimas ordens de Paulo para nós. Quando ler essas palavras, pense num general dando as últimos comandos às suas tropas antes de uma grande ofensiva. Assim são as ordens de Paulo para esta guerra que é a nossa vida em Cristo. A linguagem usada é a de uma batalha "corpo a corpo". A ideia fundamental é a de gingar como um boxeador engajado num combate mortal. Não é retratada aqui uma troca de flechas ou artilharia, mas suor contra suor, respiração contra respiração.[6]

Por vezes, conforme lutamos pelo evangelho em nossa vida, família e igreja, nos sentimos como se Satanás nos tivesse confinado numa batalha aparentemente sem fim. Certo comentarista da Bíblia disse:

> Apesar de Paulo tomar sua linguagem emprestada do Antigo Testamento, para a maioria de seus leitores as palavras por ele usadas neste parágrafo evocavam um soldado romano pronto para a batalha. Os adultos que ouvissem a leitura de sua carta teriam visto soldados romanos e relacionariam esta imagem à sua guerra espiritual contra os poderes demoníacos atuantes no mundo; o Deus que por eles lutava lhes havia fornecido a armadura divina.[7]

As armas de nossa guerra

Neste combate, Paulo se referiu às armas para a nossa guerra.[8] Algumas são *ofensivas*, visando ao avanço progressivo do reino de Deus por meio do avanço do evangelho e da igreja de Jesus Cristo. Algumas são *defensivas*, destinadas a nos proteger de nosso inimigo e de seus ataques contra nós.

Como guerreiro vitorioso em Cristo, sua vida consiste em empenhar-se na missão do reino com Jesus para ajudar a libertar outros cativos. Em última análise, as pessoas não são suas inimigas; antes, estão presas por seu inimigo e precisam ser libertas. Jesus não nos deixa à nossa própria sorte para lutar esta guerra. Ele lidera o ataque por meio de sua vitória sobre Satanás, o pecado e a morte e nos equipa com armas poderosas.

1. *Verdade*. O inimigo é um mentiroso, o "pai da mentira". Tudo que ele faz é mentir. Se você acredita em suas mentiras, desacreditará na verdade de Deus. A verdade é encontrada na Bíblia e sempre resulta na glória de Jesus Cristo. É preciso conhecer a verdade, crer nela e partilhá-la, por maior que seja o custo. Ao lidar com as pessoas, sempre procure os dois lados da história para assegurar que você conhece a verdade antes de emitir um veredicto. Se você tem dificuldades em descrer nas mentiras de Satanás, inicie um diário, trace uma linha vertical no meio das páginas e escreva "Mentiras" no topo de uma coluna e "Verdade" no topo da outra. Toda vez que ouvir uma mentira, registre-a na primeira coluna e, na outra, anote — com base nas Escrituras — uma verdade que refute a mentira correspondente. Agindo assim, você estará se engajando na guerra espiritual.
2. *Justiça*. O puritano Thomas Brooks diz que o nosso inimigo nos atrai ao seu anzol, como fez com nossos primeiros pais, usando como isca qualquer coisa que consideremos desejável.[9] Isso significa que ele nos oferece de bom grado coisas como sexo, dinheiro, poder, prazer, fama, fortuna, conforto e relacionamentos, a fim de nos afastar de Deus. O objetivo de Satanás é que você morda a isca sem ver o anzol. Uma vez que o anzol estiver em sua boca, ele vai puxá-lo e tomá-lo como prisioneiro. Jesus foi tentado, e você também o será. Quando diz não ao pecado e sim à justiça, você vence uma batalha espiritual. Quando diz sim ao pecado e não à justiça, perde uma batalha espiritual e precisa rapidamente

arrepender-se perante Jesus, renunciar seu pecado, remover o anzol de sua boca e progredir na justiça de Cristo.

3. *Evangelho.* As boas-novas acerca da pessoa e da obra de Jesus Cristo constituem nossa mais poderosa arma. Use-as para si e partilhe-as com os demais. Você faz parte da guerra terrena de Deus, e Jesus o envia diariamente às pessoas para lhes falar de seu Rei e de seu reino, de modo que elas sejam libertas do cativeiro.
4. *Fé.* A fé é uma convicção interna que leva a uma ação externa. Por exemplo, se você crê que Jesus ressuscitou da morte, não morrerá angustiado pelo medo de morrer, mas sim se agarrará à fé convicto de que estará com ele no após a morte. Essa mesma fé fez um covarde como Pedro, que negou Jesus três vezes antes que este morresse na cruz, transformar-se num guerreiro corajoso a ponto de morrer por Jesus, pendurado de cabeça para baixo, também numa cruz. Ele viu o Jesus vivo e, em fé, não mais temeu a morte. Assim deve ser conosco.

Nesta vida, o inimigo dispara "setas inflamadas" (Ef 6.16). Na antiguidade, o soldado que não dispunha de um escudo largo ficava indefeso contra esse tipo de ataque. As setas inflamadas de Satanás aparecem na forma de lembranças assombrosas, pensamentos condenadores, tentações, acusações, vãos pesares, sonhos perturbadores e coisas semelhantes. A fé é o seu escudo. Arrependa-se de seu pecado, confie em Deus e nas promessas dele, ordene que seus inimigos vão embora no poder do nome de Jesus, e você estará seguro.

5. *Salvação.* Paulo diz que a salvação é como um capacete. O capacete nos protege a mente para que não sejamos atingidos — se o formos, deixaremos de pensar com clareza e convicção. Jamais se esqueça de que você é salvo e assegurado da vitória em Cristo. Lembre-se diariamente disso. Você é salvo de Satanás, do pecado, da morte e da ira de Deus.

Nunca se esqueça nem duvide de que sua salvação o protegerá em todas as batalhas espirituais.

6. *Escrituras.* A Bíblia é como uma espada que nos defende dos ataques do inimigo e de seus falsos mestres. Também é uma arma ofensiva para propagar a verdade e libertar cativos. O que a igreja precisa é de menos historiadores de guerra e mais guerreiros como o grande pregador John Knox. Por correr risco de perder a vida, Knox viajava portando uma espada e uma Bíblia. Quando pregava, batia no púlpito com tanta força que chegava a desprender lascas. Não somente compartilhe a Palavra — proclame-a com alaridos! Não sugira timidamente como viver — exemplifique com paixão o que a Bíblia ordena! Não faça apenas palestras interessantes comparando a Bíblia a uma espada — empunhe-a com grande eficácia para libertar cativos! A última coisa de que a igreja precisa são covardes que tratam a Bíblia como um artefato mais adequado a um museu que uma arma para o campo de batalha.
7. *Oração.* Em todo campo de batalha, a chave é a comunicação. O Rei Jesus está sempre acessível para ouvi-lo e falar com você. Ore vigorosamente sobre tudo e qualquer coisa. Ore antes que os problemas venham. Ore a Deus em seu devocional particular e coletivamente acerca dos ataques inimigos, como é comum nos salmos. E, quando atacado por demônios, ore algo assim:

   Senhor Jesus Cristo, reconheço que [cite a área específica de pecado] pode ser promovida por demônios e espíritos malignos. Sendo assim, não quero ter nada com eles. Confesso que triunfaste sobre tais demônios e espíritos malignos pelo poder de teu sangue derramado, que comprou o perdão para todos os meus pecados, e por tua morte, sepultamento e ressurreição, que me concederam nova vida em ti. Peço que afastes de mim quaisquer demônios e espíritos malignos. Em teu nome e na tua autoridade eu ordeno: Demônio, afasta-te de mim neste momento.

Senhor Jesus, eu te agradeço por me ouvires e responderes à minha oração. Por favor, enche-me mais e mais de teu Espírito Santo para que eu seja capacitado a viver em obediência a ti e em liberdade do pecado e da perturbação.

8. *Força para perseverar.* No encerramento de Efésios, o Espírito Santo, por meio de Paulo, ordena por quatro vezes que "permaneçamos firmes".[10] Este é um termo militar que significa "guardemos nossa posição". Um jeito de exercer isso, como fez Jesus em Mateus 4 ao resistir às tentações de Satanás, é citar as verdades das Escrituras diante do ataque espiritual, repreendendo o demônio e ordenando que ele vá embora. Nessa batalha espiritual, não bata em retirada; corra para Jesus. Não se renda; siga em frente, na segurança da vitória de Jesus. Mantenha-se firme por Jesus, capacitado pelo Espírito Santo, em sua vida, família, igreja e comunidade, até morrer, ver Cristo face a face e ouvir "Muito bem, servo bom e fiel", ou vê-lo retornar na glória.

Paz e graça mediante Jesus

Assim como fazia no início de suas cartas, Paulo as encerrava com duas palavras cheias de significado: "paz" e "graça". Ele escreveu: "Paz seja com os irmãos, e amor com fé da parte de Deus Pai e do Senhor Jesus Cristo. A graça seja com todos os que amam a nosso Senhor Jesus Cristo com amor incorruptível" (Ef 6.23-24).

A questão não é saber se você vive ou não numa guerra espiritual. A única pergunta é de que lado você está. Nós, os que temos paz com Deus por meio de Cristo, não somos apenas salvos pela graça; somos também capacitados pela graça para viver vitoriosamente nossa nova identidade em Cristo.

Em Adão, uma guerra foi perdida. Em Jesus, uma guerra foi vencida. Satanás tentou nossos primeiros pais a pecar, e eles pecaram. Com isso, envolveram todos nós em sua tragédia e miséria. Nascemos todos pecadores por natureza e vivemos como pecadores por escolha.

Você, como cristão, era um cativo nessa guerra até que Jesus lhe concedeu a graça dele e a paz com ele, ou seja, exatamente o que ele prometeu no início de seu ministério público:

> O Espírito do Senhor está sobre mim, porque ele me ungiu para pregar boas novas aos pobres. Ele me enviou para proclamar liberdade aos presos e recuperação da vista aos cegos, para libertar os oprimidos.
>
> Lucas 4.18

O tema da liberdade do cativeiro de Satanás e do pecado está entrelaçado em toda a Bíblia. A primeira promessa de que Jesus nos libertará do cativeiro aparece logo após o relato do pecado cometido pelos primeiros humanos, em Gênesis 3.15. Deus proclamou as primeiras boas-novas (ou evangelho) de Jesus a Adão e a Eva, prometendo a esta que Jesus nasceria de uma mulher e se tornaria o homem que enfrentaria Satanás, pisando-lhe a cabeça, derrotando-o e libertando os cativos. E esse tema da redenção percorre todo o Antigo Testamento, nas histórias de Noé, Abraão e Moisés, em Salmos e nos livros proféticos, entre outras passagens. Seu cumprimento é visto nos evangelhos por meio de Jesus e ensinado mais a fundo nas epístolas.

Jesus nasceu de Maria conforme prometido em Gênesis 3, e então começou a batalha por nossa alma.[11] O ataque de Satanás contra Jesus se iniciou ainda na infância de nosso Senhor. O rei Herodes, descendente de uma linhagem de ditadores malignos diabolicamente influenciada, decretou que todas as crianças do sexo masculino com menos de dois anos fossem mortas. Era uma tentativa de assassinar Jesus na infância. Satanás engendrou esse plano por saber que Jesus tinha vindo para derrotá-lo e para libertar seus cativos. Deus alertou os pais de Jesus acerca desse plano, eles fugiram como refugiados para o Egito, e a vida de Jesus foi poupada.

Satanás atacou Jesus na vida adulta ao oferecer-lhe uma vida muito mais fácil que aquela planejada por Deus Pai. Deus enviou Jesus à terra com a missão de viver sem pecado até chegar à cruz para morrer pelos pecadores. Satanás, por sua vez, ofereceu um reino sem cruz e prometeu que Jesus governaria em glória e poder sem oposição nem crucificação — contanto que se prostrasse em honra a ele. Satanás apresentou essa proposta por meio da simples e amistosa oferta de partir o pão com Jesus, faminto após quarenta dias de jejum. Jesus resistiu a essas tentações, como fez com todas as outras.

Jesus então se dirigiu para a cruz e morreu a morte que deveríamos ter morrido. Cada pecado que você cometeu ou vai cometer foi perdoado na cruz, e todo pecado que foi ou será cometido contra você foi purificado por completo, sem exceção, na cruz. Você está livre do cativeiro, redimido por Cristo para viver nele. Em Cristo você é vitorioso.

Em Colossenses 2.13-15, nós lemos:

> Quando vocês estavam mortos em pecados e na incircuncisão da sua carne, Deus os vivificou com Cristo. Ele nos perdoou todas as transgressões, e cancelou a escrita de dívida, que consistia em ordenanças, e que nos era contrária. Ele a removeu, pregando-a na cruz, e, tendo despojado os poderes e as autoridades, fez deles um espetáculo público, triunfando sobre eles na cruz.

Essa ilustração de Colossenses foi extraída das grandes vitórias de batalhas celebradas na antiguidade. Naquele tempo, eram comuns guerras entre reis e reinos. Por meio do pecado, nós todos nos rendemos a Satanás e fomos levados como cativos na guerra. Então Deus veio como nosso Rei Guerreiro, Jesus Cristo. Em termos legais, éramos posse de Satanás em razão de nossa dívida com ele por culpa de nosso pecado, mas Jesus nos redimiu mediante sua vitória na cruz. As palavras finais de Jesus, "Está consumado!", formam a proclamação de nossa libertação. E sua ressurreição significa sua vitória completa sobre Satanás, o pecado e a morte na vida de todos os crentes.

Em Cristo, você é perdoado. Em Cristo, você é purificado. Em Cristo, seu cativeiro foi substituído por uma nova identidade. Para os que não estão em Cristo, esta vida é o mais perto do céu a que chegarão, e a derrota está, em última análise, reservada a eles. Mas, para os que estão em Cristo, esta vida é o mais perto do inferno a que chegaremos, e a vitória está, em última análise, reservada a nós. Como dizem as famosas palavras de Winston Churchill: "Se você está passando pelo inferno, siga em frente".

Então quem você pensa que é? Se você ama Jesus, o serve, o segue e o chama de seu Senhor e Salvador, há boas notícias: em Cristo você tem uma nova identidade. E a *grande* notícia a respeito dessa boa notícia é que, uma vez que você realmente sabe e crê nisso, sua vida será transformada para sempre.

Graça e paz para você *em* Cristo.

Notas

Capítulo 1

[1] Em especial, quero agradecer a Bill Clem, pastor da Mars Hill Church, por ensinar a mim e ao restante da igreja tanta coisa sobre esse assunto, causando grande impacto em nossa pregação, nosso ensino e aconselhamento. O livro de Clem, *Disciple* [Discípulo], contém um bom resumo de suas opiniões.

[2] Comentando sobre *O desespero humano*, livro do filósofo dinamarquês Søren Kierkegaard publicado em 1849, o dr. Tim Keller diz: "O pecado é a recusa desesperada do homem a encontrar sua identidade mais profunda no relacionamento com Deus e no serviço a ele. O pecado é a busca de tornar-se o próprio eu, de obter uma identidade separada da dele. [...] Em geral, as pessoas entendem o pecado sobretudo como 'desobediência às regras divinas', mas Kierkegaard sabe que o primeiro dos Dez Mandamentos é 'Não terás outros deuses além de mim'. Portanto, de acordo com a Bíblia, a maneira primária de definir o pecado não diz respeito apenas a fazer coisas ruins, mas a transformar coisas boas em coisas *indispensáveis*. É a intenção de conferir sentido a si próprio e, para tanto, tornar algo mais importante para o valor, o propósito e a felicidade humana do que o relacionamento com Deus" (*The Reason for God*, p. 162 [grifos do original]).

[3] *Unceasing Worship*, p. 21.

[4] Idem, p. 23 (grifos do original).

[5] Idem, p. 18 (grifos do original).

[6] Idem, p. 17-18.

[7] "Idols of the Heart and 'Vanity Fair'", *Journal of Biblical Counseling*, 13, nº 2 (1995), p. 35, disponível em: <http://www.ccef.org/sites/default/files/pdf/IdolsOfTheHeart&VanityFair.DP.pdf>. Acesso em: 3 de set. de 2013.

Capítulo 2

[1] Joseph Lelyveld, *Great Soul*.

[2] Assista à minha palestra sobre casamentos ministeriais na NewSpring Leadership Conference de 2011, disponível em: <http://unleash.cc/nlc/2011>. Acesso em: 3 de set. de 2013.

[3] "William Wilberforce: Antislavery Politician", *Christianity Today*, 8 de ago. de 2008, disponível em: <http://www.christianitytoday.com/ch/131christians/activists/wilberforce.html>. Acesso em: 3 de set. de 2013.

[4] Os itálicos nos textos bíblicos a partir desta citação referem-se a grifos do autor.

[5] *Ephesians*, p. 10:45.

[6] P. T. O'Brien, *The Letter to the Ephesians*, p. 57.

[7] Peter Williamson, *Ephesians, Catholic Commentary on Sacred Scripture*, p. 20-21.

[8] Robert Letham, *Union With Christ: In Scripture, Theology, and History*, p. 2.

[9] Números baseados na edição em inglês *Sermons on the Epistle to the Ephesians*, p. viii.

[10] *Homilies of St. John Chrysostom, Archbishop of Constantinople, on the Epistle of St. Paul the Apostle to the Ephesians* (NPNF1-13), Christian Classics Ethereal Library, disponível em: <http://www.ccel.org/ccel/schaff/npnf113.iii.iv.i.html>. Acesso em: 3 de set. de 2013.

[11] O'Brien, *The Letter to the Ephesians*, p. 1-2.

[12] John A. MacKay, *God's Order*, p. 17.

[13] J. Armitage Robinson, *St. Paul's Epistle to the Ephesians*, p. vii.

[14] Samuel Taylor Coleridge, *Specimens of the Table Talk*, p. 82.

[15] Max Turner, "Ephesians" em *Theological Interpretation of the New Testament*, p. 124.

[16] William Owen Carver, *The Glory of God in the Christian Calling*, p. 3.

[17] David Powlison, *Seeing with New Eyes*, p. 17.

[18] *What Luther Says*, entrada n. 3.258, p. 1.026.

[19] *Paul: Missionary of Jesus*, p. 7.

[20] Idem, p. 198.

[21] D. A. Carson e Douglas J. Moo, *An Introduction to the New Testament*, p. 354.

[22] As evidências ainda apontam para a veneração em Éfeso das seguintes divindades: Afrodite, Ágata, Apolo, Asclépio, Atena, os gêmeos Cabiros, Cibele (a deusa-mãe), Concódia, Deméter, Dionísio, Enedra, Hécate, Hefesto, Héracles, Héstia, Koré, Nêmesis, Pã, Pião (um deus da montanha), Plutão, Poseidon, Zeus Hipsisto, Tiqué, Zeus e diversas deidades dos rios. A Éfeso antiga em nada devia ao pluralismo religioso e espiritual de nossos dias.

[23] *Strabo's Geography,* 14.1.24.

[24] C. J. Hemer, "Ephesus", em *New Bible Dictionary*, p. 326.

[25] Por exemplo, E. D. Martin, *Colossians, Philemon, Believers Church Bible Commentary*, p. 25; R. J. D. Utley, *New Testament Survey*, p. 91; A. C. Myers, *The Eerdmans Bible Dictionary*, p. 851; J. W. Drane, *Introducing the New Testament*, p. 365; D. R. W. Wood e I. H. Marshall, *New Bible Dictionary*, p. 216; P. T. O'Brien, *The Epistle to the Philippians*, p. 21.

[26] Lewis B. Smedes, *Union with Christ*, p. 55.

[27] Frank Thielman, *Ephesians: Baker Exegetical Commentary on the New Testament*, p. 37; Andrew T. Lincoln, *Ephesians, Word Biblical Commentary*, p. 10.

[28] Como ilustração do uso frequente da expressão "em Cristo", uma busca no texto grego revela as seguintes ocorrências: Rm 3.24; 6.11,23; 8.1,2,39; 9.1; 12.5; 15.17; 16.3,7,9,10; 1Co 1.2,4,30; 3.1; 4.10,15,17; 15.18,19,31; 16.24; 2Co 2.17; 3.14; 5.17,19; 12.2,19; Gl 1.22; 2.4,17; 3.14,26,28; Ef 1.1,3; 2.6,7,10,13; 3.6,21;

4.32; Fp 1.1,13,26; 2.1,5; 3.3,14; 4.7,19,21; Cl 1.2,4,28; 1Ts 2.14; 4.16; 5.18; 1Tm 1.14; 3.13; 2Tm 1.1,9,13; 2.1,10; 3.12,15; Fm 1.8,20,23. Não estão incluídas na lista variações como "nele" ou frases redigidas de forma diferente mas com a mesma ideia. Além disso, nem todas as ocorrências listadas são usadas de modo a descrever os crentes que estão "em Cristo", embora muitas o sejam.

[29] Bruce DEMAREST, *The Cross and Salvation*, p. 313.

[30] R. K. HUGHES, *Ephesians*, p. 42.

[31] Idem, p. 42.

Capítulo 3

[1] Kate PICKERT, "A Brief History of Sainthood", *Time*, 13 de out. de 2008.

[2] "How to Become a Saint in Ten Steps", jan. de 2012, disponível em: <http://www.beliefnet.com/Faiths/Catholic/2010/01/How-to-Become-a-Saint.aspx>. Acesso em: 3 de set. de 2013.

[3] Idem.

[4] Em inglês, *worm theology*, termo relacionado à visão inferior que o cristão faz de si mesmo à luz da santidade e do poder de Deus. Sua origem remonta ao hino de Isaac Watts, "Alas! And Did My Saviour Bleed" (em português, conhecido como "Foi na cruz"), que trazia o trecho "Ele se entregou por um verme como eu". (N. do T.)

[5] A versão em inglês *The Flies* pode ser consultada em: <http://www.scribd.com/doc/72494205/h-Jean-Pau-Satre-the-Flies>. Acesso em: 3 de set. de 2013.

[6] "The Reformed Perspective", em Melvin E. DIETER e outros, *Five Views on Sanctification*, p. 74.

[7] *The Saint and His Saviour*, p. 12.

[8] Para saber mais sobre humildade, ver C. J. MAHANEY, *Humility: True Greatness*.

Capítulo 4

[1] Para saber mais sobre o assunto, ver Clinton ARNOLD, *Powers of Darkness*.

[2] Walter BAUER e outros (eds.), *A Greek-English Lexicon of the New Testament and Other Early Christian Literature*, p. 408.

[3] *Paul, Apostle of God's Glory in Christ*, p. 156.

[4] "Adoption", nº 360, *The Charles H. Spurgeon Library*, p. 183.

[5] DEMAREST, *The Cross and Salvation*, p. 72. (Cf. cap. 2, nº 29.)

[6] THIELMAN, *Ephesians*, p. 37. (Cf. cap. 2, nº 27.)

Capítulo 5

[1] "We Liked You Better Fat: Confessions of a Pariah", 28 de fev. de 2012, disponível em: <http://www.patrickstump.com/>. Acesso em: 3 de set. de 2013.

[2] J. Ligon Duncan III, "Ephesians 1:1-2: Revelation and Benediction", 26 de jun. de 2005, disponível em: <http://new.fpcjackson.org/resource-library/sermons/revelation-and-benediction>. Acesso em: 9 de out. de 2013.

[3] J. M. Boice, *Ephesians*, p. 35-36.

Capítulo 6

[1] Klyne Snodgrass, *Ephesians*, p. 93.

[2] *The Redeemer's Return.*

[3] Ver Thielman, *Ephesians*, p. 121. (Cf. cap. 2, n. 27.)

[4] Andrew T. Lincoln, *Ephesians*, p. 97.

[5] Ernest Best, *Ephesians*, p. 206.

[6] Lincoln, *Ephesians*, p. 97.

[7] Bauer, W. e outros (eds.), *A Greek-English Lexicon of the New Testament and Other Early Christian Literature*, p. 1.069.

[8] O'Brien, *The Letter to the Ephesians*, p. 166-167. (Cf. cap. 2, nº 6.)

[9] Thielman, *Ephesians*, p. 139-140.

[10] F. F. Bruce, *The Epistle to the Ephesians*, p. 52.

[11] Abraham Kuyper, "Not a Square Inch", 1º de fev. de 2006, disponível em: <http://kuypersociety.blogspot.com.br/2006/02/not-square-inch.html>. Acesso em: 3 de set. de 2013.

[12] "The Estate of Marriage", em Timothy F. Lull (ed.), *Martin Luther's Basic Theological Writing*, p. 158-159.

Capítulo 7

[1] Todas as citações e os detalhes da história de Perkins neste capítulo foram extraídas do texto de Roberta Rand, "The Amazing Journey of John Perkins", partes 1—3.

[2] "The Amazing Journey of John Perkins." (Cf. cap. 7, nº 1.)

[3] Idem.

[4] Disponível em:<http://spencerperkinscenter.org/v1/about>. Acesso em: 14 de out. de 2013.

[5] *Antiquities of the Jews*, XV, 11.5, disponível em: <http://gutenberg.org/ebooks/2848>. Acesso em: 3 de set. de 2013.

[6] *The Wars of the Jews*, trad. William Whiston, livro 5, cap. 5, par. 2.

[7] Algumas traduções usam o termo "mulher cuxita" para se referir à esposa de Moisés. Assim diz a *ESV Study Bible*: "Nada se sabe acerca da 'mulher cuxita' além desta breve menção. Ela pode ser Zípora (Êx 2.16-22), apesar de ser usualmente descrita como midianita. Alguns textos, no entanto, sugerem que Midiã e Cuchã são o mesmo lugar (cf. Hq 3.7). Uma vez que Cuxe em geral se refere à antiga

Etiópia, a maioria dos intérpretes acredita que a 'mulher cuxita' era provavelmente a segunda esposa de Moisés, vinda da Etiópia".

[8] O'BRIEN, *Ephesians*, p. 182. (Cf. cap. 2, nº 6.)

[9] Craig S. KEENER, *The IVP Bible Background Commentary*, comentário em Ef 2.11-13.

[10] William BARCLAY, em John STOTT, *The Message of Ephesians*, p. 91.

[11] KEENER, *The IVP Bible Background Commentary*, comentário em Ef 2.19-22.

[12] Idem, comentário em Ef 2.14-16.

[13] "Letter from a Birmingham Jail", 16 de abr. de 1963, African Studies Center-University of Pennsylvania, disponível em: <http://www.africa.upenn.edu/Articles_Gen/Letter_Birmingham.html>. Acesso em: 3 de set. de 2013.

Capítulo 9

[1] O'BRIEN, *The Letter to the Ephesians*, p. 266. (Cf. cap. 2, nº 6.)

[2] *Studies in the Sermon on the Mount*, v. 2, p. 45.

[3] *God's New Society*, p. 137.

[4] O'BRIEN, *The Letter to the Ephesians*, p. 258-259.

[5] "Concerning the End for Which God Created the World", em *Ethical Writings*, v. 8, p. 405-415.

[6] Westminster Shorter Catechism, Q. 1, disponível em: <http://www.reformed.org/documents/WSC.html>. Acesso em: 3 de set. de 2013.

[7] *Desiring God*, p. 18.

Capítulo 10

[1] Para uma abordagem teológica dos dons espirituais, D. A. CARSON, *Showing the Spirit* e Wayne GRUDEM, *Systematic Theology* serão úteis. Para uma análise mais prática dos dons, a fim de descobrir os seus, leia Sam STORMS, *The Beginners Guide to Spiritual Gifts*.

[2] Erros comuns concernentes ao dom de cura: algumas pessoas dizem que os dons mais sobrenaturais, como o de cura, deixaram de operar no final do primeiro século, mas os pais da igreja do segundo e terceiro séculos relatam que em seu tempo ocorreram coisas semelhantes às curas bíblicas. Alguns grupos extremos ensinam que, sendo Deus capaz de curar, os cristãos não devem recorrer a médicos. A Bíblia, no entanto, não se pronuncia contra esses profissionais: médicos como Lucas usavam sua habilidade em seu ministério pastoral com o intuito de ajudar pessoas (Cl 4.14; 2Tm 4.11; Fm 1.24). Alguns dizem que nenhum cristão que caminha na fé e vive longe do pecado adoece, mas Epafrodito (Fm 2.25-27), Timóteo (1Tm 5.23), Trófimo (2Tm 4.20) e Paulo (1Co 2.3; 2Co 11.30; 12.5,7-10; Gl 4.13) tinham todos alguma doença não curada, embora amassem profundamente a Deus e andassem fielmente com Jesus.

[3] Erros comuns concernentes aos milagres: 1) Alguns indivíduos que afirmam possuir este dom usam-no para exaltar a si mesmos, mas os dons existem para

exaltar a Deus e para propagar o nome de Jesus. 2) Alguns dizem que as pessoas mais tementes e piedosas possuem este dom, mas nem o próprio João Batista realizou milagres (Jo 10.41). 3) Alguns cristãos tendem a correr atrás de sinais e maravilhas, mas Jesus disse que buscar essas coisas é algo perverso e mau (Lc 11.29). 4) Alguns pensam que sinais ou milagres são garantias para os não cristãos de que Jesus é real, mas o próprio Jesus disse que alguns jamais creriam nele ainda que vissem um milagre (Jo 4.48).

[4] Erros comuns concernentes ao dom de apostolado: líderes de seitas e mestres equivocados afirmam possuir autoridade que, efetivamente, se iguala às Escrituras, pois se declaram apóstolos tais como foram os que escreveram a Bíblia. Esses indivíduos, contudo, são falsos (2Co 11.13; Ap 2.2) e delirantes "superapóstolos" (2Co 11.5,13; 12.11).

[5] Erros comuns concernentes ao dom de línguas: a Bíblia afirma claramente que nem todos poderão exercer o dom de línguas, não sendo este, portanto, um sinal de que alguém possui o Espírito Santo (Rm 12.6; 1Co 12.10-11,29-30). Quem ora ou canta em línguas deve pedir a Deus para capacitá-los a ter o dom da interpretação, para que sua mente e seu coração estejam envolvidos na adoração (1Co 14.13-17). Quando a igreja toda se reúne, há regras para o falar em línguas que visam a dar ordem ao culto (1Co 14.18-19). Às vezes as línguas eram usadas também como sinal do juízo de Deus sobre os desobedientes (1Co 14.20-22; cf. Is 28.11-12; Dt 28.49-50).

[6] Erros comuns concernentes ao dom de profecia: Jesus (Mt 7.15; 24.11,24), Paulo (At 20.29-31) e João (1Jo 4.1) declararam que falsos profetas apareceriam. Os falsos profetas alegam enganosamente que falam em nome de Deus (1Rs 22) e podem também operar falsos milagres (Dt 13.1-3; 2Ts 2.9; Ap 13.13-15). O profeta verdadeiro tinha excelente caráter moral (Ez 13.10-16); não era o caso dos falsos profetas (Is 28.7). A profecia do profeta verdadeiro sempre se concretizava (Dt 18; Jr 28; 1Rs 22). Os falsos profetas eram contratados e pregavam aquilo para o que eram pagos (Mq 3.11). Profetizavam apenas paz (Jr 6.13-14; 8.10-11). A mensagem de um falso profeta conflitava com a revelação prévia de Deus, levava ao culto de falsos deuses e era punida com a morte (Dt 13). Possivelmente a mais completa descrição dos falsos profetas esteja em Deuteronômio 18.14-22 e Jeremias 23.9-40. Atualmente, os cristãos também podem discernir entre verdadeiros e falsos profetas pelo testemunho interior do Espírito (Dt 18.14-22; Jo 7.17).

Capítulo 11

[1] R. R. MELICK, *Philippians, Colossians, Philemon, The New American Commentary*, v. 32, p. 130.

[2] Daniel B. WALLACE, "A Brief Word Study on: Skuvbalon", disponível em: <https://bible.org/article/brief-word-study-font-facegreekskuvbalonfont>. Acesso em: 3 de set. de 2013.

[3] "The Weight of Glory", *The Weight of Glory and Other Addresses*, p. 25-26.

Capítulo 12

[1] *Essential Truths of the Christian Faith*, p. 144.

[2] John Piper, *What Jesus Demands from the World*, p. 92.

[3] De acordo com Martin H. Manser, entre as causas da raiva de Deus estão a idolatria e a incredulidade (Nm 25.3; cf. Êx 32.8-10; Dt 8.19; Jz 2.10-14; 1Rs 14.9; 16.32-33; 22.53; 2Rs 23.19); ofertas e santuários idólatras (2Cr 28.25; 34.25; Jr 8.19; 32.29; 44.3); a descrença no Filho de Deus e a rejeição a ele (Jo 3.36; Rm 1.18-23; 2.8); a desobediência e a deslealdade (Js 7.1; cf. Dt 9.7; 2Rs 22.13; 1Cr 13.10; Sl 106.29; Jr 32.32; Zc 7.13; Ef 5.6); vida ímpia, sendo o juízo de Deus contra os ímpios um sinal de sua raiva contra ações que contradizem seu justo caráter e seus justos propósitos (2Tm 3.1-9; Jd 14-16); o orgulho, a arrogância e a hipocrisia (Mt 23.27-28; cf. 2Cr 32.25; Pv 3.34; 8.13; Is 13.11; Os 12.14; Ml 4.1); murmurações e oposição aos propósitos de Deus (Nm 11.1; cf. Nm 14.27; 21.5); a injustiça (Zc 7.9-12; cf. 2Cr 19.7; Jr 22.13; Ez 9.9; Ml 3.5; Mt 23.23); e a rejeição aos servos de Deus (Hb 10.29-31; cf. Dt 32.35-36; Sl 135.14; Ne 9.26; Zc 7.12; Mt 21.33-41; At 7.35-37). *Zondervan Dictionary of Bible Themes.*

[4] Manser identifica vários exemplos e causas da raiva de Jesus Cristo, incluindo o legalismo mesquinho na conduta religiosa (Mt 15.3; 23.1-4; Mc 3.4-5); tentativas de impedir o acesso ao próprio Jesus (Mc 10.14); e pessoas que levam outras a pecar (Mt 18.6-7; Mc 9.42; Lc 17.1-2). Jesus demonstrou sua raiva ao purificar o templo (Mt 21.12-13; Mc 11.15-17; Lc 19.45-46; Jo 2.14-16) e ao amaldiçoar a figueira (Mc 11.14; Mt 21.19). Jesus também expressou palavras de raiva contra demônios (Mt 17.18; Mc 9.25; Lc 9.42; cf. Mc 1.25-26; Lc 4.35); contra seus discípulos (Lc 9.55-56; cf. Mt 16.23; Mc 8.33); contra os fariseus (Mt 23.13; cf. Mt 12.34; 15.7-9; Mc 7.6-8; Mt 23.15-16,23-33; Lc 11.42-44; 13.15; Jo 8.44); contra a incredulidade (Mt 17.17; Mc 9.19; Lc 9.41; cf. Mt 12.39-45; Lc 11.29-32; Mc 8.38; Lc 11.50-51); contra falsos profetas (Mt 7.15); contra os ricos (Lc 6.24-26); e contra cidades que não se arrependeram (Mt 11.20; cf. Mt 11.21-24; Lc 10.13-15). Jesus expressa a raiva de Deus Pai (Jo 3.36; cf. Mt 5.21-22,29; 22.7,13; 25.30,46; Lc 21.23). Também lemos a respeito da raiva do Cristo glorificado contra o mundo descrente (Ap 6.16) e contra a igreja rebelde (Ap 2.16; cf. Ap 2.5,22-23; 3.3,16). *Zondervan Dictionary of Bible Themes.*

[5] David Stoop, *Forgiving the Unforgivable*, p. 97.

[6] "MADD has saved 27,000 young lives through passage of groundbreaking public health laws", disponível em: <http://www.madd.org/statistics/>. Acesso em: 3 de set. de 2013.

[7] L. Morris, *The Gospel According to Matthew*, p. 472.

Capítulo 13

[1] Para saber mais, veja W. A. Strange, *Children in the Early Church*.

[2] J. Todd Billings, *Union with Christ*, p. 18. Para mais informações, veja Trevor J. Burke, *Adopted into God's Family*, p. 60-63.

[3] Jeanne Stevenson Moessner, "One Family, Under God, Indivisible", em *Journal of Pastoral Theology*, n. 13, p. 52–53, 2003.

[4] *Adopted for Life*, p. 25-26.

[5] Idem.

[6] Ao chamar cristãos homens e mulheres de *filhos*, a Bíblia está dizendo que desfrutamos do mesmo *status* legal e dos privilégios que tinham os filhos na época de Paulo. Isso não exclui de modo algum as mulheres. No período neotestamentário, pelo contrário, a vida familiar e a herança eram passadas aos filhos, não as filhas, e ao chamar homens e mulheres de "filhos", a Bíblia concede a ambos a mais honrosa e privilegiada posição familiar naquela cultura. Homens e mulheres são igualmente adotados e recebem de Deus situação jurídica e herança equivalentes.

[7] Billings, *Union with Christ*, p. 16.

[8] Theodore Graebner (ed.), *Commentary on St. Paul's Epistle to the Galatians*, Christian Classics Ethereal Library, cap. 4, p. 160, disponível em: <http://www.ccel.org/ccel/luther/galatians.vii.html>, acesso em: 23 de out. de 2013.

[9] *Adopted for Life*, p. 38-39.

[10] Para saber mais sobre Grupos de Redenção, veja Mike Wilkerson, *Redemption: Freed by Jesus from the Idols We Worship and the Wounds We Carry*. Para conhecer mais sobre cura de abuso sexual, veja Justin e Lindsey Holcomb, *Rid of My Disgrace: Hope and Healing for Victims of Sexual Assault*.

[11] Billings, *Union with Christ*, p. 21-25.

Capítulo 14

[1] Harold Hoehner, *Ephesians*, p. 749.

[2] "Mystery", em Gerald F. Hawthorne, Ralph P. Martin e Daniel G. Reid, *Dictionary of Paul and His Letters*, p. 622.

[3] O debate se dá entre o que é chamado de complementariedade e igualitarismo. Acredito que a noção de complementariedade é mais fiel às Escrituras e penso que *Recovering Biblical Manhood and Womanhood*, de John Piper e Wayne Grudem, bem como *God, Marriage, and Family*, de Andreas Kostenberger, são livros bastante úteis sobre o assunto. Para quem deseja estudos mais aprofundados, veja também o *site* <www.cbmw.org> (acesso em: 23 de out. de 2013), repleto de artigos úteis sobre o papel dos gêneros no casamento.

[4] Por exemplo, veja os sermões da série Real Marriage: "Men and Marriage" e "The Respectful Wife", disponíveis em: <http://marshill.com/media/real-marriage/sermons>. Veja também "FAQ: Women and Ministry", disponível em: <http://pastormark.tv/2011/09/20/faq-women-and-ministry>; artigo de 29 de fev. de 2012 publicado no jornal *The Washington Post* sob o título "Let's Have a Baby", disponível em: <http://www.washingtonpost.com/blogs/guest-voices/post/sad-statistics-on-sex-and-marriage-lets-have-a-baby/2012/02/29/gIQAb8sZiR_blog.html>; e o ensaio "Why Men Need Marriage", de 11 de jan. de 2012, no mesmo jornal, disponível em: <http://www.washingtonpost.com/

blogs/guest-voices/post/why-men-need-marriage/2012/01/11/gIQALubyqP_blog.html>. Acessos em: 3 de set. de 2013.

[5] Mike Clary, "Tragedy strikes Fort Lauderdale visitors preparing for son's birth", *Sun-Sentinel*, 19 de mar. de 2012, disponível em: <http://articles.sun-sentinel.com/2012-03-19/news/fl-alanna-demella-cabana-death-20120319_1_cabana--essay-contest-michael-davis>. Acesso em: 3 de set. de 2013.

Capítulo 15

[1] *The 360° Leader*, p. 293.

[2] Idem, p. 293.

[3] Idem, p. 294.

[4] *Narrative of the Life of Frederick Douglass, An American Slave*, p. 93-94.

[5] *Ephesians*.

[6] Thielman, *Ephesians*, p. 404 (cf. cap. 2, nº 27). Veja também W. N. Kerr, "Slavery", em *Evangelical Dictionary of Theology*, p. 1.113: "A igreja primitiva não atacou a escravidão como instituição. De fato, porém, reordenou a relação entre escravos e senhores (Filemom), indicou que aos olhos de Deus não havia "escravo nem livre" (Gl 3.28) e afirmou que ambos eram responsáveis diante de Deus (Ef 6.5-9). O relacionamento interpessoal foi reformulado com base no caráter de Cristo e de seu reino".

[7] Wayne Grudem oferece a seguinte lista de passagens que "ensinam ou implicam graus de recompensa para os crentes no juízo final": Dn 12.2; Mt 6.20-21; 19.21; Lc 6.22-23; 12.18-21,32,42-48; 14.13-14; 1Co 3.8; 9.18; 13.3; 15.19,29-32,58; Gl 6.9-10; Ef 6.7-8; Cl 3.23-24; 1Tm 6.18; Hb 10.34,35; 11.10,14-16,26,35; 1Pe 1.4; 2Jo 8; Ap 11.18; 22.12; cf. Mt 5.46; 6.2-6,16-18,24; Lc 6.35 (*Systematic Theology*, p. 1.144; ver cap. 10, nº 6).

[8] Arnold, *Ephesians*, p. 425. Ver também Walter Bauer, Frederick William Danker, William F. Arndt e F. Wilber Gingrich (eds.), *A Greek-English Lexicon of the New Testament and Other Early Christian Literature*, 3ª ed., p. 557.

[9] Arnold, *Ephesians*, p. 417. (Cf. cap. 2, nº 5.)

[10] Edward T. Welch, *When People Are Big and God Is Small*, p. 14.

Capítulo 16

[1] Tony Long, "May 27, 1941: Sink the Bismark", *Wired*, disponível em: <www.wired.com/thisdayintech/2009/05/dayintech_0527>. Acesso em: 3 de set. de 2013.

[2] Idem.

[3] *The Screwtape Letter*, p. ix.

[4] *The Christian in Complete Armour*, p. 781.

[5] *New Bible Commentary*, p. 1.242.

[6] R. K. HUGHES, *Ephesians*, p. 214.

[7] KEENER, *The IVP Bible Background Commentary* (cf. cap. 7, nº 15), comentário sobre Ef 6.10-20.

[8] O dr. Gerry Breshears aponta que tais armas são todas tiradas de Isaías e são características do Messias. Revestir-se de armas significa revestir-se de Cristo e de sua semelhança (cf. Ef 4.2).

[9] *Precious Remedies Against Satan's Devices*.

[10] O dr. Gerry Breshears aponta que, na verdade, existem duas ideias aqui: *permanecer firme* e *resistir*. É ordenado aos crentes que permaneçam firmes nas verdades bíblicas e resistam ao demônio (Ef 6.13; Tg 4.7; 1Pe 5.9). A palavra *resistir* significa engajar-se em ativa oposição (At 13.8; Gl 2.11; 2Tm 3.8), incluindo repreensão expressa diretamente ao demônio na autoridade de Jesus, o exaltado Senhor (Zc 3.2; Mt 4.4,7,10; Jd 9).

[11] Cf. <http://www.ligonier.org>, *site* da fundação Ligonier Ministries, instituição de ensino criada e mantida por R. C. Sproul. Acesso em: 26 de out. de 2013.

Referências bibliográficas

ARNOLD, Clinton. *Ephesians: Zondervan Exegetical Commentary on the New Testament.* Grand Rapids: Zondervan, 2010.

______. *Powers of Darkness: Principalities & Powers in Paul's Letters.* Downers Grove, IL: InterVarsity Press, 1992.

BARNETT, Paul. *Paul: Missionary of Jesus.* Grand Rapids: Eerdmans, 2008.

BAUER, Walter e outros (eds.), *A Greek-English Lexicon of the New Testament and Other Early Christian Literature.* 3ª ed. Chicago: University of Chicago Press, 2000.

BEST, Ernest. *Ephesians: International Critical Commentary.* Edinburgh: T. & T. Clark, 1998.

BEST, Harold M. *Unceasing Worship: Biblical Perspectives on Worship and the Arts.* Downers Grove, IL: InterVarsity Press, 2003.

BILLINGS, J. Todd. *Union with Christ: Reframing Theology and Ministry for the Church.* Grand Rapids: Baker Publishing Group, 2011.

BOICE, J. M. *Ephesians: An Expositional Commentary.* Grand Rapids: Ministry Resources Library, 1998.

BROOKS, Thomas. *Precious Remedies Against Satan's Devices.* Ed. Kindle. GLH Publishers, 2011.

BRUCE, F. F. *The Epistle to the Ephesians.* London: Pickering & Inglis, 1973.

BURKE, Trevor J. *Adopted into God's Family.* IVP Academic, 2006.

CALVINO, João. *Sermons on the Epistle to the Ephesians.* Edinburgh: Banner of Truth, 1973. [Publicado no Brasil como *Exposição de Efésios.* São Paulo: Parakletos, 1998.]

CARSON, D. A. *Showing the Spirit: A Theological Exposition of 1 Corinthians 12—14.* Ada, MI: Baker Publishing House, 2000.

______; MOO, Douglas J. *An Introduction to the New Testament.* 2. ed. Grand Rapids: Zondervan, 1992, 2005. [A primeira edição brasileira desta obra foi publicada sob o título *Introdução ao Novo Testamento*. São Paulo: Vida Nova, 1997.]

CARSON, D. A. e outros. *New Bible Commentary*. Downers Grove, IL: IVP Academic, 1994. [Publicado no Brasil como *Comentário Bíblico Vida Nova*. São Paulo: Vida Nova, 2009.]

CARVER, William Owen. *The Glory of God in the Christian Calling*. Nashville: Broadman, 1949.

COLERIDGE, Samuel Taylor. *Specimens of the Table Talk*. London: John Murray, 1858.

DEMAREST, Bruce. *The Cross and Salvation: The Doctrine of Salvation*. Wheaton, IL: Crossway, 1997.

DIETER, Melvin E. e outros. *Five Views on Sanctification*. Grand Rapids: Zondervan, 1987.

DOUGLASS, Frederick. *Narrative of the Life of Frederick Douglass, An American Slave*. nº 45. Boston: Anti-Slavery Office/Cornhill, 1845.

DRANE, J. W. *Introducing the New Testament*. Oxford: Lion Publishing PLC, 2000.

ELWELL, Walter A. *Evangelical Dictionary of Theology*. 2ª ed. Grand Rapids: Baker, 2001.

GRUDEM, Wayne. *Systematic Theology*. Leicester, UK: InterVarsity Press/Grand Rapids: Zondervan, 1994. [Publicado no Brasil como *Teologia Sistemática*. São Paulo: Vida Nova, 2011.]

GURNALL, William. *The Christian in Complete Armour*. London: William Tegg, 1862. [Publicado no Brasil como *O cristão em armadura completa*. Monte Verde: Missão Horizontes, 2004.]

HAWTHORNE, Gerald F.; MARTIN, Ralph P.; REID, Daniel G. (eds.). *Dictionary of Paul and His Letters*. Downers Grove, IL: InterVarsity Press, 1993. [Publicado no Brasil como *Dicionário de Paulo e suas cartas*. São Paulo: Loyola/Paulus/Vida Nova, 2008.]

HOEHNER, Harold. *Ephesians*. Grand Rapids: Baker, 2002.

HOLCOMB, Justin; HOLCOMB, Lindsey. *Rid of My Disgrace: Hope and Healing for Victims of Sexual Assault*. Wheaton, IL: Crossway, 2011.

Hughes, R. K. *Ephesians: The Mystery of the Body of Christ, Preaching the Word*. Wheaton, IL: Crossway, 1990.

Keener, Craig S. *The IVP Bible Background Commentary*. Downers Grove, IL: InterVarsity Press, 1993.

Keller, Timothy. *The Reason for God: Belief in an Age of Skepticism*. New York: Penguin Group, 2008. [Publicado no Brasil como *A fé na era do ceticismo: como a razão explica as crenças divinas*. Rio de Janeiro: Campus, 2008.]

Kostenberger, Andreas. *God, Marriage, and Family*. 2ª ed. Wheaton, IL: Crossway, 2010. [Publicado no Brasil como *Deus, casamento e família*. São Paulo: Vida Nova, 2011.]

Lelyveld, Joseph. *Great Soul: Mahatma Gandhi and His Struggle with India*. New York: Knopf, 2011. [Publicado no Brasil como *Mahatma Gandhi e sua luta com a Índia*. São Paulo: Companhia das Letras, 2012.]

Letham, Robert. *Union With Christ: In Scripture, Theology, and History*. Phillipsburg, NJ: R & R Publishing, 2011.

Lewis, C. S. *The Screwtape Letters*. New York: HarperCollins, 2001. [Publicado no Brasil como *Cartas de um diabo a seu aprendiz*. São Paulo: WMF Martins Fontes, 2009.]

______. *The Weight of Glory and Other Addresses*. New York: Simon and Schuster, 1996.

Lincoln, Andrew T. *Ephesians, Word Biblical Commentary*. Dallas: Word, 1990.

Lloyd-Jones, Martyn. *Studies in the Sermon on the Mount*. Grand Rapids: Eerdmans, 1979. [Publicado no Brasil como *Estudos no Sermão do Monte*. São José dos Campos: Fiel, 2011.]

Lull, Timothy F. (ed.). *Martin Luther's Basic Theological Writings*. 2ª ed. Minneapolis: Augsburg Fortress, 2005.

MacKay, John A. *God's Order: The Ephesian Letter and This Present Time*. New York: Macmillan, 1959.

Mahaney, C. J. *Humility: True Greatness*. Sisters, OR: Multnomah, 2005. [Publicado no Brasil como *Humildade: verdadeira grandeza*. São José dos Campos: Fiel, 2008.]

MANSER, Martin H. *Zondervan Dictionary of Bible Themes: The Accessible and Comprehensive Tool for Topical Studies*. Grand Rapids: Zondervan, 1999.

MARTIN, E. D. *Colossians, Philemon: Believers Church Bible Commentary*. Scottdale, PA: Herald Press, 1993.

MAXWELL, John. *The 360° Leader: Developing Your Influence from Anywhere in the Organization*. Nashville: Thomas Nelson, 2005. [Publicado no Brasil como *O líder 360 graus: desenvolvendo sua influência de qualquer posição em sua organização*. Rio de Janeiro: Thomas Nelson Brasil, 2007.]

MELICK, R. R. *Philippians, Colossians, Philemon: The New American Commentary*. v. 32. ed. eletr. Logos Library System. Nashville: Broadman & Holman Publishers, 2001.

MOORE, Russell. *Adopted for Life: The Priority of Adoption for Christian Families & Churches*. Wheaton, IL: Crossway, 2009. [Publicado no Brasil como *Adoção: sua extrema prioridade para famílias e igrejas cristãs*. Brasília: Monergismo, 2012.]

MORRIS, Leon. *The Gospel According to Matthew*. Grand Rapids: W. B. Eerdmans/Leicester, UK: InterVarsity Press, 1992.

MYERS, A. C. *The Eerdmans Bible Dictionary*. Grand Rapids: Eerdmans, 1987.

O'BRIEN, P. T. *The Epistle to the Philippians: A Commentary on the Greek Text*. Grand Rapids: Eerdmans, 1991.

______. *The Letter to the Ephesians: The Pillar New Testament commentary*. Grand Rapids: W. B. Eerdmans, 1999.

PLASS, Ewald M. *What Luther Says: An Anthology*. St. Louis: Concordia Publishing House, 1959.

PINK, A. W. *The Redeemer's Return*. Bellingham, WA: Logos Research Systems, Inc., 2005.

PIPER, John. *Desiring God*. Sisters, OR: Multnomah, 2003. [Publicado no Brasil como *Em busca de Deus*. São Paulo: Vida Nova, 2008.]

______. *What Jesus Demands from the World*. Wheaton: Crossway, 2006. [Publicado no Brasil como *O que Jesus espera de seus seguidores*. São Paulo: Vida, 2010.]

______; Grudem, Wayne. *Recovering Biblical Manhood and Womanhood*. Wheaton, IL: Crossway, 2012.

Powlison, David. *Seeing with New Eyes: Counseling and the Human Condition Through the Lens of Scripture*. Phillipsburg, NJ: P & R Publishing, 2003. [Publicado no Brasil como *Uma nova visão: o aconselhamento e a condição humana através das lentes da Escritura*. São Paulo: Cultura Cristã, 2010.]

Ramsey, Paul (ed.). *Ethical Writings: The Works of Jonathan Edwards*. v. 8. New Haven: Yale University Press, 1989.

Robinson, J. Armitage. *St. Paul's Epistle to the Ephesians*. London: Macmillan, 1903.

Schreiner, Thomas R. *Paul, Apostle of God's Glory in Christ: A Pauline Theology*. Downers Grove, IL: InterVarsity Press, 2001.

Smedes, Lewis B. *Union with Christ: A Biblical View of the New Life in Jesus Christ*. ed. rev. Grand Rapids: Eerdmans, 1983.

Snodgrass, Klyne. *Ephesians: The NIV Application Commentary*. Grand Rapids: Zondervan, 1996.

Sproul, R. C. *Essential Truths of the Christian Faith*. Carol Stream, IL: Tyndale, 1992. [Publicado no Brasil como *Verdades essenciais da fé cristã*. São Paulo: Cultura Cristã, 2010.]

Spurgeon, C. H. *The Saint and His Saviour: The Progress of the Soul in the Knowledge of Jesus*. Bellingham, WA: Logos Research Systems, Inc., 2009.

Storms, Sam. *The Beginners Guide to Spiritual Gifts*. Ventura, CA: Regal 2002.

Stott, John R. W. *The Message of Ephesians*. Downers Grove, IL: InterVarsity Press, 1979. [Publicado no Brasil como *A mensagem de Efésios*. São Paulo: ABU Editora, 1991.]

Strange, W. A. *Children in the Early Church: Children in the Ancient World, The New Testament and the Early Church*. Eugene, OR: Wipf & Stock Publishers, 2004.

Thielman, Frank. *Ephesians: Baker Exegetical Commentary on the New Testament*. Grand Rapids: Baker Academic, 2010.

UTLEY, R. J. D. *New Testament Survey: Matthew—Revelation*. Marshall, TX: Bible Lessons International, 2001.

VANHOOZER, Kevin J. (ed.). *Theological Interpretation of the New Testament*. Grand Rapids: Baker, 2008.

WILKERSON, Mike. *Redemption: Freed by Jesus from the Idols We Worship and the Wounds We Carry*. Wheaton, IL: Crossway, 2011.

WILLIAMSON, Peter. *Ephesians: Catholic Commentary on Sacred Scripture*. Grand Rapids, MI: Baker Academic, 2009.

WOOD, D. R. W.; MARSHALL, I. Howard (eds.). *New Bible Dictionary*. 3ª ed. Leicester, UK/Downers Grove, IL: InterVarsity Press, 1996.

Índice remissivo

B

C

R

S

T

Compartilhe suas impressões de leitura escrevendo para:
opiniao-do-leitor@mundocristao.com.br
Acesse nosso site: www.mundocristao.com.br

Diagramação: Triall Composição Editorial Ltda
Preparação: Luciana Chagas
Gráfica: Imprensa da Fé
Fonte: Bembo
Papel: Polen Bold 70 g/m² (miolo)
Cartão 250 g/m² (capa)